21世纪物流管理系列教材

Logistics Management Classics

Warehousing and Distribution Management

仓储与配送管理

孙家庆　杨永志　编著

中国人民大学出版社
· 北京 ·

图书在版编目（CIP）数据

仓储与配送管理/孙家庆等编著．—北京：中国人民大学出版社，2016.4
21 世纪物流管理系列教材
ISBN 978-7-300-22669-9

Ⅰ.①仓…　Ⅱ.①孙…　Ⅲ.①仓库管理-高等学校-教材②物流配送中心-企业管理-高等学校-教材
Ⅳ.①F253

中国版本图书馆 CIP 数据核字（2016）第 053376 号

21 世纪物流管理系列教材
仓储与配送管理
孙家庆　杨永志　编著
Cangchu yu Peisong Guanli

出版发行	中国人民大学出版社		
社　　址	北京中关村大街 31 号	**邮政编码**	100080
电　　话	010－62511242（总编室）		010－62511770（质管部）
	010－82501766（邮购部）		010－62514148（门市部）
	010－62515195（发行公司）		010－62515275（盗版举报）
网　　址	http://www.crup.com.cn		
	http://www.ttrnet.com（人大教研网）		
经　　销	新华书店		
印　　刷	北京鑫丰华彩印有限公司		
规　　格	185 mm×260 mm　16 开本	**版　　次**	2016 年 5 月第 1 版
印　　张	16 插页 1	**印　　次**	2019 年 8 月第 4 次印刷
字　　数	355 000	**定　　价**	35.00 元

版权所有　侵权必究　印装差错　负责调换

前 言

仓储与配送是现代物流的两大功能要素，随着自动化仓库、配送中心的建设以及电子计算机辅助管理的广泛采用，仓储与配送技术上了一个新台阶。近年来，在国家实施宏观调控政策的推动下，我国仓储与配送业提升了运作效率和管理水平，凸显出良好的发展势头。尤其是我国经济的持续健康发展和我国物流业的逆势崛起，以及我国制造业、商贸业外包需求的释放和仓储、配送业战略地位的加强，为仓储与配送业的未来发展提供了巨大的市场需求。在这一战略背景下，我们编著了本教材，并在编写过程中力图体现以下特点：

（1）操作性强。本书在编写伊始就强调“知识、能力、素质”三位一体，内容以仓储、配送管理人员的实际工作与任务为主线，根据企业主要工作岗位的不同划分教学单元，以提高学生实践技能为本位，结合项目导向、任务驱动等教学模式，合理设计“教”与“学”活动，重视学生对教学的参与和教学内容的实践性。同时，通过大量的实例、计算和图表、流程和课后习题来帮助学生理解业务操作程序与技术，真正体现“重在应用”。

（2）体系清晰。基于仓储与配送一体化的思路，按不同管理层次（战略规划层、商务管理层、运营管理层）、不同服务层次（基本服务、增值服务）、不同货种（普通货物与特殊货物）、不同区域（国内与国际），形成了由仓储与配送概述、仓储与配送设施设备、仓储与配送规划管理、仓储与配送商务管理、仓储与配送运营管理、仓储与配送增值服务管理、危险货物与冷藏货物仓储与配送管理、国际仓储与配送管理 8 章组成的现代仓储与配送管理体系。

（3）适用性强。本书系高等院校本科、专科物流专业及相关专业的教学用书，也可以作为物流培训和自学用书。此外，本教材配有电子课件、各章习题答案等，用书教师可从出版社免费获取。

本书由孙家庆与杨永志编著，参加编写的人员包括刘路、沙小卜、娄丽杰、张姗姗、张雪洁、冯兰莹、吴静雨、孙倩雯、臧洋、党琴琴、许红香、翟飞飞、张婷玉。

本书在编写过程中参考吸收了众多学者的学术专著、教材及在杂志、报纸、网站上发表的研究成果，值本书出版之际，谨向这些专家和学者表示衷心的感谢。

由于作者水平有限，书中不妥之处在所难免，敬请同行专家和广大读者批评指正。

孙家庆

目 录

第 1 章

仓储与配送概述

引导案例　城市配送“最后一公里”难题

“最后一公里”问题是指在城市配送的末端环节“最后一公里”所出现的进城难、配送难、线路选择优化等问题。当前，最后一公里配送存在五大难题：一是进城难、停靠难、装卸难、仓储难、用工难、车辆选型难；二是社会化、专业化发展程度不够；三是城市配送基础设施及相关建设有待完善；四是城市配送盈利模式单一，缺乏协同竞争理念，缺乏专业经营人才；五是政策支持、政府重视程度不够。由此可见，随着我国物流发展面临新的要求和机遇，不断解决城市配送“最后一公里”问题，改善城市管理与公共服务是非常必要的。显然，掌握配送的基本理论与技术是解决城市配送“最后一公里”问题的基础。

1.1 仓储概述

一、仓储的概念

根据我国国家标准《物流术语》（GB/T 18354—2006）中的定义，所谓仓储（warehousing），是指利用仓库及相关设施设备进行物品的入库、存储、出库的活动。“仓”即仓库（下文将专门阐述其定义）；“储”即储存，表示将储存对象储存以备用，具有存放、保护物品及交付使用的功能。简言之，“仓储”就是在特定的场所储存物品的行为。

二、仓储的特点

与传统仓储比较，现代仓储由空间的管理转到空间、时间和数量的管理，由封闭式管理到密切供应链伙伴关系管理。因而，现代仓储具有以下主要特点：

（1）管理对象：由管理仓库到管理物品。

（2）管理手段：由手工、垛卡、表单到信息系统。

（3）管理方法：由粗放到规范、精细、个性。

（4）服务对象：由单一企业到供应链。

（5）服务功能：由单一的储存保管到系列化的增值服务。

（6）经营业态：由简单、雷同到多元化、细分。

三、仓储的种类

仓储业务的根本任务是储藏和保管物品，经营主体的不同和行业归属的不同、仓储对象的不同、经营方式的不同、仓储功能的不同，使得仓储业务具有不同的特征。

1. 按仓储对象划分

（1）普通物品仓储。普通物品仓储是指不需要特殊保管条件的普通物品的仓储。这种仓储不需要针对货物设置特殊的保管条件，一般采用无特殊装备的通用仓库或货场存放货物。

（2）特殊物品仓储。特殊物品仓储是指在保管中有特殊要求和需要满足特殊条件的物品的仓储。如危险物品仓储、冷库仓储、粮食仓储等。特殊物品仓储一般为专用仓储，按照物品的物理、化学、生物特性，以及法规规定进行仓库建设并实施管理。

2. 按仓储功能划分

（1）物流中心仓储。物流中心仓储是指物流服务活动的开展所必需的仓储活动。为了实现有效的物流服务，对物流的过程、数量、方向进行控制，实现物流的时间价值，需要进行必要的仓储。

（2）配送仓储。配送仓储也称为配送中心仓储，是指商品在配送之前进行的短期仓储，是商品在销售或者生产使用前的最后储存。配送仓储物品品种繁多、批量少，需要一定量进货、分批少量出库操作，往往需要进行拆包、分拣、组配等作业，主要目的是支持销售，注重对物品存量的控制。

（3）运输转换仓储。运输转换仓储是指衔接不同运输方式的运输转换的仓储。其目的是保证不同运输方式的高效衔接，减少运输工具的装卸和停留时间。运输转换仓储具有大进大出的特性，货物存期短，注重货物的周转作业效率。

3. 按仓储物的处理方式划分

（1）保管式仓储。保管式仓储是指保持保管物物理状态不变的仓储，也称为纯仓储。存货人将特定的物品交由保管人进行保管，到期保管人将原物交还存货人。保管物除了所发生的自然损耗和自然减量外，数量、质量、件数不发生变化。

（2）加工式仓储。加工式仓储是指保管人在仓储期间根据存货人的要求对保管物进行一定加工的仓储。在保管期间，保管人根据委托人的要求对保管物进行外观、形状、成分构成、尺度等加工，使仓储物发生委托人所希望的变化。

四、仓储的作用

如果说运输是以改变物品的空间位置为主要目的的物流活动，那么储存是以改变物品的时间状态为主要目的的物流活动。储存的作用在于创造物品的时间价值，对市场供应起到“蓄水池”的调节作用。物品在储存过程中经过流通加工实现增值，经过组合配置实现配送目的。

随着经济的发展，物流由少品种、大批量物流进入多品种、小批量或多批次、小批量物流时代，仓储功能从重视保管效率逐渐变为重视如何才能顺利地进行发货和配送作业。此时，仓储的作用主要表现在两个方面：一是完好地保证货物的使用价值和价值；二是为将货物配送给用户，在物流中心进行必要的加工活动所需的保存。

（1）仓储为加速商品周转、加快流通起保证作用。仓储本身已不仅是货物的储存，而越来越多地承担具有生产特性的加工业务，例如，分拣、挑选、整理、加工、简单的装配、包装、加标签、备货等活动，仓储过程与生产过程更有机地结合在一起，从而增加了商品的价值。

（2）仓储具有调节商品价格的作用。商品的仓储可以克服生产旺季和生产淡季与消费之间巨大的供求矛盾，调整由于供求矛盾而造成的价格差异。

（3）仓储可以直接起到调节运输工具载运能力不平衡的作用。无论是出口还是进口，仓储皆可以减少压船、压港，弥补内陆运输工具运载量的不足，在船舶与内陆运输之间起缓冲调节作用，保证国际贸易货物运输顺利畅通。

（4）仓储管理是缩短商品流通时间、节约流通费用的重要手段。随着综合物流管理的进展，仓储业开展集装箱的拆、装作业，集装箱货运站兼营国际贸易货物仓储业务越来越普遍。仓储业通过开展物流管理拓展服务业务，发挥国际物流运输网络的节点作用。

1.2 配送概述

一、配送的概念

配送是指在合理区域范围内根据客户要求，对物品进行拣选、加工、包装、分割、组配等作业，并按时送达指定地点的物流活动。

（1）配送和送货的区别。配送不是一般概念的送货，也不是生产企业推销产品时直接从事的销售性送货，而是一种从物流据点至用户的特殊送货形式。从送货功能看，其特殊性表现为：第一，从事送货的是专职流通企业，而不是生产企业；第二，配送是“中转”型送货，而一般送货尤其是从工厂至用户的送货往往是直达型的；第三，一般送货是生产什么、有什么送什么，配送则是需要什么送什么。

（2）配送与供应或供给的区别。供应是指组织物资订货、签约、结算、进货及分配。配送是一种“门到门”的服务，即将物资从配送中心送至用户的仓库、营业所、车间乃至生产线。

（3）配送与运送、发放、投送的区别。配送除了各种“运”、“送”活动外，还要按照客户对货物的种类、数量、时间等方面的要求进行大量的分货、配货、装配等工作，是“配”和“送”的有机结合。

（4）配送与运输的区别。配送不是单纯的运输或输送，而是运输与其他活动构成的有机体。配送中所包含的那一部分运输活动在整个输送过程中处于“二次输送”——“支线输送”、“末端输送”的位置，其起止点是物流据点和用户，这是不同于一般输送的特点。表1—1显示了配送与运输的主要区别。

表1—1　　配送与运输的区别

比较指标	运输	配送
运输性质	干线运输	支线运输、区域内运输、末端运输
货物性质	少品种、大批量	多品种、小批量
运输工具	大货车或铁路、水路	小型货车（国际配送可采用小型船舶）
管理重点	效率优先	服务优先
附属功能	装卸、捆包	装卸、保管、包装、分拣、流通加工、订单处理等

二、配送的特点

一般而言，配送具有以下主要特点：

（1）配送提供的是物流服务，因此满足顾客对物流服务的需求是配送的前提。由于在买方市场条件下，顾客的需求是灵活多变的，消费特点是多品种、小批量，因此从这个意义上说，配送活动绝不是简单的送货活动，而应该是建立在市场营销策划基础上的企业经营活动。

（2）配送是“配”与“送”的有机结合。所谓“合理地配”，是指在送货活动之前必须依据顾客需求对其进行合理的组织与计划。只有“有组织、有计划”地“配”，才能实现现代物流管理中所谓的“低成本、快速度”地“送”，进而有效满足顾客的需求。

（3）配送是在合理区域范围内的送货。配送不宜在大范围内实施，通常仅局限在一个城市或地区范围内进行。

（4）配送活动包含拣选、加工、包装、分割、组配、运送等多种物流功能，只不过是比大物流系统在程度上有些降低，在范围上有些缩小罢了，因而，配送是现代物流的一个最重要的特征，配送可以说是物流所有功能要素的一个缩影。

三、配送的种类

基于不同的角度，配送可分为不同的类型。

1. 按配送主体不同分类

（1）配送中心配送：指配送的组织者是专职从事配送业务的配送中心。配送中心配送的数量大、品种多、半径大、能力强，可以承担企业生产用主要物资的配送及向商店的补充性配送等。它是配送的主体形式，但由于需要大规模的配套设施，投资较大，且一旦建成则机动性较差，因此有一定的局限性。

（2）商店配送：指配送的组织者是商业或物资经营网店，主要承担零售业务，规模一般不大，但经营品种齐全，容易组织配送。组织者实力有限，但网点多、配送半径小，比较机动灵活，可承担生产企业非主要生产用物资的配送，是配送中心配送的辅助及补充形式。

（3）仓库配送：指以一般仓库为据点进行配送的形式，在仓库保持原有功能的前提下，增加配送功能。仓库配送规模较小、专业化程度低，但可以利用仓库的原有资源而无须大量投资，上马较快。

(4) 生产企业配送：指配送的组织者是生产企业，尤其是进行多品种生产的企业。可以直接由企业配送，而无须再将产品发运到配送中心进行中转配送。由于避免了一次物流的中转，因此具有一定的优势，但无法像配送中心那样依靠产品凑整运输取得优势。

2. 按配送服务范围不同分类

(1) 城市配送：即向城市范围内的众多用户提供服务的配送。其辐射距离较短，多使用载货汽车配送，机动性强、供应快、调度灵活，能实现小批量、多批次、多用户的“门到门”配送。

(2) 区域配送：是一种辐射能力较强、活动范围较大、可以跨市、省甚至国家的配送活动。它具有以下特征：经营规模较大，设施齐全，活动能力强；货物批量较大而批次较少。区域配送中心是配送网络或配送体系的支柱。

3. 按配送企业业务关系不同分类

(1) 综合配送：指配送商品种类较多，在一个配送网点中组织不同专业领域的产品向用户配送的方式。

(2) 专业配送：指按产品性质、形状的不同适当划分专业领域的配送方式。其重要优势在于可以根据专业的共同要求来优化配送设施，优选配送机械及配送车辆，制定适用性强的工艺流程等，从而提高配送各环节的工作效率。

(3) 共同配送：指多家企业共同参与，在配送中心的统一计划、统一调度下完成配送作业。有关具体内容将在后续章节中予以说明。

4. 按配送方式不同分类

(1) 直送：指生产厂商或供应商根据订货要求，直接将商品运送给客户的配送方式。特点是需求量大，每次订货往往大于或接近一整车，且品种类型单一。

(2) 集取配送：即往复配送，指与用户建立稳定的协作关系，在将用户所需的生产物资送到的同时，将该用户生产的产品用同一车运回。不仅充分利用了运力，也降低了生产企业的库存。

(3) 交叉配送：指在配送据点将来自各个供应商的货物按客户订货的需求进行分拣装车，并按客户规定的数量与时间要求进行送货。有利于减少库存、缩短周期、节约成本。

5. 按配送商品的种类和数量不同分类

(1) 单（少）品种、大批量配送：配送的商品品种少、批量大，不需与其他商品搭配即可使车辆满载。

(2) 多品种、小批量配送：按用户要求将所需各种物资配备齐全，凑整装车后由配送据点送达用户的一种配送方式。

(3) 配套成套配送：按生产企业的需要，将生产每台产品所需的所有零部件配齐，按生产节奏定时送到生产线装配产品。

6. 按配送时间及数量不同分类

(1) 定时配送：指按规定时间或时间间隔进行配送。每次配送的品种及数量可按计划进行，也可在配送前由供需双方商定。定时配送有以下几种具体形式：一是小时配，即接到配送订货要求 1 小时内将货物送达。适用于一般消费者突发的个性化配送需求，也经常用作应急配送。二是日配，即接到订货要求 24 小时之内将货物送达。三是准时配送方式，即按照双方协议的时间，准时将货物配送给用户的一种方式。四是快递方式，是一种在较短时间内实现货物的送达，但不明确送达的具体时间的快速配送方式。

（2）定量配送：即按事先协议规定的数量进行配送。这种方式货物数量固定，备货工作有较强的计划性，容易管理。

（3）定时定量配送：即按规定的时间和数量进行配送，兼有定时、定量两种方式的优点，是一种精密的配送服务方式。

（4）定时定路线配送：即在规定的运行路线上，按配送车辆运行时间表进行配送，用户在指定时间到指定位置接货。

（5）即时配送：即完全按用户突发的配送要求随即进行配送，是对各种配送服务的补充和完善，灵活但配送成本很高。

7. 按加工程度不同分类

（1）加工配送：指在配送据点中设置流通加工环节，当社会上现成的产品不能满足用户需要，或用户提出特殊的工艺要求时，可以加工后进行分拣、配货再送货到户。流通加工与配送的结合使流通加工更有针对性，可取得加工增值收益。

（2）集疏配送：是只改变产品数量组成形态而不改变产品本身的物理、化学形态，与干线运输相配合的一种配送方式。比如大批量进货后小批量、多批次发货，零星集货后以一定批量送货等。

四、配送的作用

（1）有利于物流运动实现合理化。配送不仅能促进物流的专业化、社会化发展，还能以其特有的运动形态和优势调整流通结构，促使物流活动向规模经济发展。从组织形态上看，它是以集中、完善的送货取代分散、单一的取货。从资源配置上看，则是以专业组织的集中库存代替社会上的零散库存，衔接了产需关系，打破了流通分割和封锁的格局，很好地满足社会化大生产的发展需要，有利于实现物流社会化和合理化。

（2）完善运输和整个物流系统。配送环节处于支线运输，灵活性、适应性、服务性都比较强，能将支线运输与小搬运统一起来，使运输过程得以优化和完善。

（3）提高末端物流的效益。采取配送方式，通过增大经济批量来达到经济地进货。它采取将各种商品配齐集中起来向用户发货和将多个用户的小批量商品集中在一起进行发货等方式，提高末端物流的经济效益。

（4）通过集中库存使企业实现低库存或零库存。实现高水平配送之后，尤其是采取准时制配送方式之后，生产企业可以完全依靠配送中心的准时制配送而不需要保持自己的库存。或者，生产企业只需保持少量保险储备而不必留有经常储备，这就可以实现生产企业多年追求的“零库存”，将企业从库存的包袱中解脱出来，同时形成大量储备资金，从而改善企业的财务状况。实行集中库存，库存总量远低于不实行集中库存时各企业分散库存的总量。同时，增强了调节能力，也提高了社会经济效益。此外，采用集中库存可利用规模经济的优势，使单位存储成本下降。

（5）简化事务，方便用户。采用配送方式，用户只需要从配送中心一处订购就能达到向多处采购的目的，只需组织对一个配送单位的接货便可替代现有的高频率接货，因而大大减轻了用户工作量和负担，也节省了订货、接货等的一系列费用开支。

（6）提高供应保证程度。生产企业自己保持库存、维持生产，供应保证程度很难提高（受库存费用的制约）。采取配送方式，配送中心可以有比任何企业都大的储备量，因而对每个企业而言，中断供应、影响生产的风险便相对减小，使用户免去短缺之忧。

（7）为电子商务的发展提供基础和支持。电子商务的进行需要与之协调的物流配送，停滞不通的物流配送只会阻碍电子商务贸易的进行。及时有效的物流配送促使消费者更加青睐电子商务，由此高水平的物流配送能力促进电子商务更加蓬勃地发展。

习　题

1. 单项选择题

（1）下列不是现代仓储的主要特点的是（　　）。

A. 经营业态　　B. 管理方法　　C. 客户管理　　D. 服务对象

（2）下列不是配送的主要特点的是（　　）。

A. 配送提供的是物流服务

B. 配送是“配”与“送”的有机结合

C. 配送是在积极合理区域范围内的送货

D. 配送的产品满足少品种、大批量的特点

（3）下列不属于配送方式的是（　　）。

A. 直送　　B. 间接配送　　C. 集取配送　　D. 交叉配送

2. 多项选择题

（1）根据仓储功能的不同可以将仓储划分为（　　）。

A. 物流中心仓储　　B. 配送仓储　　C. 运输转换仓储　　D. 特殊物品仓储

（2）仓储的作用包括（　　）。

A. 加速商品周转、加快流通　　B. 调节商品价格

C. 调节运输工具载运能力不平衡　　D. 缩短商品流通时间、节约流通费用

（3）按企业业务关系不同，配送可分为（　　）。

A. 综合配送　　B. 专业配送　　C. 共同配送　　D. 城市配送

3. 是非题

（1）按配送服务范围的不同可以将配送分为城市配送和区域配送。（　　）

（2）配送就是送货，是生产企业推销产品时直接从事的销售性送货，两者没有区别。（ ）

（3）与传统仓储比较，现代仓储由空间的管理转到空间、时间和数量的管理，由封闭式管理到密切供应链伙伴关系管理。（ ）

4. 简答题

（1）解释仓储的概念。

（2）配送的特点是什么？

（3）配送与运输的主要区别有哪些？

第2章

仓储与配送设施设备

引导案例　沃尔玛配送中心

沃尔玛1945年诞生于美国。在创立之初，由于地处偏僻小镇，几乎没有哪个分销商愿意为它送货，于是不得不自己向制造商订货，然后再联系货车送货，效率非常低。在这种情况下，沃尔玛的创始人山姆·沃尔顿决定建立自己的配送组织。1970年，沃尔玛的第一家配送中心在美国阿肯色州的一个小城市本顿维尔建立，这个配送中心供货给4个州的32个商场，集中处理公司所销商品的40%。

20世纪80年代初，沃尔玛配送中心的电子数据交换系统逐渐成熟。到了90年代初，它购买了一颗专用卫星，用来传送公司的数据及其信息。具有以卫星技术为基础的数据交换系统的配送中心，使沃尔玛与供应商及各个店面实现了有效连接，沃尔玛总部及配送中心在任何时间都可以知道，每一个商店现在有多少存货，有多少货物正在运输过程当中，有多少货物存放在配送中心等；同时还可以了解某种货品上周卖了多少，去年卖了多少，并能够预测将来能卖多少。沃尔玛的供应商也可以利用这个系统了解自己昨天、今天、上周、上个月和去年的销售情况，并根据这些信息来安排组织生产，保证产品的市场供应，同时使库存降到最低限度。由于沃尔玛采用了这项先进技术，配送成本只占其销售额的3%，其竞争对手的配送成本则占到销售额的5%，仅此一项，沃尔玛每年就可以比竞争对手节省下近8亿美元的商品配送成本。

从配送中心的设计上看，沃尔玛的每个配送中心都非常大，平均占地面积11万平方米，相当于23个足球场。沃尔玛的配送中心虽然面积很大，但只有一层，之所以这样设计，主要是考虑到货物流通的顺畅性，可以让产品从一个门进，从另一个门出。如果产品不在同一层就会出现许多障碍，如电梯或其他物体的阻碍，产品流通就无法顺利进行。沃尔玛配送中心的一端是装货月台，可供30辆卡车同时装货，另一端是卸货月台，可同时停放135辆大卡车。每个配送中心有600～800名员工，24小时连续作业；每天有160辆货车开来卸货，150辆车装好货物开出。

在沃尔玛的配送中心，大多数商品停留的时间不会超过48小时，但某些商品有一定数量的库存，包括化妆品、软饮料、尿布等各种日用品，配送中心根据这些商品库存量的多少自动进行补货。到现在，沃尔玛在美国已有30多家配送中心，分别供货给美国18个州的3 000多家商场。

沃尔玛的供应商可以把产品直接送到众多商店中，也可以把产品集中送到配送中心，两相比较，显然集中送到配送中心可以使供应商节省很多钱。所以在沃尔玛销售的商品中，有87%是经过配送中心的，而沃尔玛的竞争对手仅能达到50%的水平。由于配送中心能降低约50%的物流成本，使得沃尔玛能比其他零售商向顾客提供更廉价的商品，这正是沃尔玛迅速成长的关键所在。

2.1 仓　库

一、概念

从字面上理解，仓库是指存放、保管、存储物品的建筑物和场所的总称，是进行仓储活动的主体设施，可以是房屋建筑、大型容器、洞穴或者特定的场所。不过，物流仓库有别于传统仓库，往往是指同时具有储存和配送功能的流通仓库，显然，物流仓库实现的是动态流水式的短期储存及运输功能，强调的是物品通过仓库的流通，加快实现物品的价值。

二、分类

基于不同的角度，仓库的分类有所不同。以下主要介绍内贸仓库的分类，至于外贸仓库，将在国际仓储与配送管理一章予以介绍。

1. 按物品流通过程分类

（1）购销仓库。购销仓库一般设置在生产地区，主要机能是保管生产企业生产的产品和进口物品。这类仓库通常规模比较大，多设置在企业比较集中的大城市、港口地区和交通发达的物资流通要地。

（2）商业批发仓库。商业批发仓库一般设置在市场附近，迅速并有效地向零售商店供应物品是这类仓库的基本特征。这类仓库设置在物品的需求地即最终消费地，负责保管从购销仓库购入的物品或在当地购买的物品，然后供应给同一地区的中小批发商店及零售商店。

（3）商业零售仓库。商业零售仓库的特点是保管短期物品。它的机能是：将从批发部门购入的物品入库，进行检查、分类、分级、区分、更换包装。这类仓库归零售行业所属，设在商店内，一般规模较小。

（4）中转仓库。中转仓库的特征是设置在生产地和消费地之间，负责保管在运输过程中改装的物品。这类仓库通常设置在铁路货运站、卡车中转站及港口附近。而且，在大规模中转仓库库区内建有铁路专用线，以提高装卸、保管、运输的效率。

（5）战略物资储藏仓库。战略物资储藏仓库的主要机能是保管国家的战略物资。通常作为商业一级站和二级站进行管理，规模有大有小，一般设置在交通不方便的深山地区，而且，保管的物品需要定期进行更换。

（6）商业加工仓库。商业加工仓库是物品保管和加工相结合的流通仓库。主要机能是根据市场需要，对物品进行选择、分类、整理、更换等流通加工。

2. 按仓库建筑物的构造特征分类

按仓库建筑物的构造特征，可以将仓库分为封闭式仓库、半封闭式仓库、露天仓库、特殊仓库。

（1）封闭式仓库。封闭式仓库简称库房。它是四周建有墙壁并有屋顶的建筑物，能够减少外界环境对于储存于其中的物品的影响。这类仓库一般存放工业产品，包括各类制成品和半制成品。

（2）半封闭式仓库。半封闭式仓库简称料棚。它是四周没有墙壁，只有立柱和屋顶的建筑。这类仓库可以减少货物遭受风雨吹打的机会。

（3）露天仓库。露天仓库又称室外仓库，简称料场，是货物的露天保管场所，一般比地面略高，中间凸起，向四周稍微倾斜，周围建有下水道。主要用来保管即使受到风雨影响也不会严重影响货物性质的物资，如矿砂、煤炭、砂石等原材料。

（4）特殊仓库。建筑结构或建筑材料比较特殊的仓库。例如塑料大棚、帐篷、自动化仓库、气罐库、油罐库以及水库等。

3. 按照仓库建筑物的空间位置分类

按建筑物的空间位置不同，一般可以将仓库分为地面仓库、半地下仓库和地下仓库三种。

（1）地面仓库。地面仓库是建筑于地面以上的建筑物，按其构造特征，又可分为封闭式仓库（其中包括平房库、楼房库、筒库、油罐等）、半封闭式仓库（即料棚，包括固定料棚和活动料棚）和露天仓库（即料场）。

（2）半地下仓库。半地下仓库是一部分建筑于地平面以下，一部分露出地平面的仓库，此类仓库一般适合存放油料等易挥发、怕高温的物品。

（3）地下仓库。地下仓库建筑于地平面以下或山洞等处，其建筑结构与地面封闭式仓库略同，但在建筑设计和施工方面应有防水、防潮等措施。建设此类仓库的成本相对较高，但是其安全性较好，适宜存放大多数的危险品。

4. 按库房的结构分类

（1）平房仓库。传统的老式仓库较多采用这种形式，其优点是减少搬运和装卸的工作量，但是占地面积较大。平房仓库的层高一般应在 5 米左右，大型仓库占地面积大约在 1 000 平方米以上，小型仓库则在 500 平方米以下，两者之间的是中型仓库。

（2）楼房仓库。在土地资源缺乏的地区，采用楼房仓库可以极大地减少对土地的占用。楼房仓库的存货搬运工作量增加，操作成本较高。通常楼房仓库底层的层高在 4～5 米，二楼以上的层高在 3～4 米。

（3）大跨无梁仓库。大跨无梁仓库采用轻型钢结构建造，仓库内几乎没有柱子，这极大地方便了仓库的平面布局和日常操作，因此受到了仓储业的普遍欢迎。现在这种仓库正在各地大规模兴建，以取代原来的平房仓库和楼房仓库，存放大量的工业产品，包括各种消费品、工业制成品和半制成品等。

（4）球罐仓库。球罐仓库通常也是钢质的，主要用于存放液态物质或者气态物质，尤其是液化石油气和液化天然气。采用球罐的原因是所存放的物品处于较大的压力下，以保证存放货物的安全性。

（5）桶罐仓库。桶罐仓库通常由钢材制成，一般存放处于自然压力状态下的粉末状、液态或者气态货物。

5. 按仓库作业的自动化程度分类

（1）人力作业仓库。人力作业仓库是最基本、最原始的仓库类型。这类仓库的固定资产投资规模较小，劳动生产率较低，适用于企业内部小型仓库，供生产线上存储小件物品和原材料之用。

（2）半机械化仓库。这类仓库采用部分机械化、自动化工具帮助货物存储作业，如小型叉车、铲车、条码识别仪和简单的计算机信息管理系统等。

（3）机械化仓库。机械化仓库一般具备货物传送带、大型货架、升降机和高架叉车等大型仓储搬运和储存机械，这种仓库一般都是超大型的大跨无梁仓库，层高一般在8米以上，通常作为配送中心，以较高的劳动效率为众多货主提供货物储存、包装、流通加工和配送服务。

（4）自动化仓库。自动化仓库通常也是机械化仓库，但相对机械化仓库增加了大量的自动化智能工具，如自动识别仪、自动堆码机、自动导航车等，这些自动化机器的运用离不开自动化仓库的核心——仓库自动管理系统。

自动化仓库通常适用于大型物流分拨中心，包括快件分拨、日用食品百货分拨和电子产品分拨。

自动化技术在仓储领域（包括主体仓库）中的发展可分为人工仓储阶段、机械化仓储阶段、自动化仓储阶段、集成自动化仓储阶段和智能自动化仓储阶段。

第一阶段是人工仓储阶段，物资的输送、存储、管理和控制主要靠人工实现，其实时性和直观性是明显的优点。人工仓储技术在初期设备投资的经济指标也具有优越性。

第二阶段是机械化仓储阶段，物料可以通过各种各样的传送带、工业输送车、机械手、吊车、堆垛机和升降机来移动和搬运，用货架托盘和可移动货架存储物料，通过人工操作机械存取设备，用限位开关、螺旋机械制动和机械监视器等控制设备的运行。机械化满足了人们对速度、精度、高度、重量、重复存取和搬运等的要求。

第三阶段是自动化仓储阶段，自动化技术对仓储技术的发展起了重要的促进作用。20世纪五六十年代，相继研制和采用了自动导引小车（AVG）、自动货架、自动存取机器人、自动识别和自动分拣等系统。七八十年代，旋转体式货架、移动式货架、巷道式堆垛机和其他搬运设备都加入自动控制的行列，但这时只是各个设备的局部自动化和各自独立应用，称为“自动化孤岛”。随着计算机技术的发展，工作重点转向物资的控制和管理，要求实时、协调和一体化，计算机之间、数据采集点之间、机械设备的控制器之间以及它们与主计算机之间的通信可以及时地汇总信息，仓库计算机及时地记录订货和到货时间，显示库存量，计划人员可以方便地作出供货决策，他们知道正在生产什么、订什么货、什么时间发什么货，管理人员随时掌握货源及需求。信息技术的应用成为仓储技术的重要支柱。

第四阶段是集成自动化仓储阶段。在20世纪七八十年代，自动化技术越来越多地应用到生产和分配领域，显然，“自动化孤岛”需要集成化，于是便形成了“集成系统”的概念。在集成系统中，整个系统的有机协作使总体效益大大超过各部分独立效益的总和。集成化仓库技术作为计算机集成制造系统（computer integrated manufacturing system，CIMS）中物资存储的中心受到人们的重视。虽然人们在80年代已经注意到系统集成化，但至今在我国建成的集成化仓储系统还不多。70年代初期，我国开始研究采用巷道式堆垛机的立体仓库。1980年，由北京机械工业自动化研究所等单位研制建成的我国第一座自动化立体仓库在北京汽车制造厂投产。从此之后，立体仓库在我国得到了迅速的发展。据不完全统计，目前我国已建成的立体仓库有近300座，其中全自动的立体仓库有30多个。我国的自动化仓库技术已实现与其他信息决策系统的集成，智能控制和模糊控制的研究工作正在进行。

第五阶段是智能自动化仓储阶段。智能自动化仓库是现代物流技术的核心环节和最新发展阶段，适合于大型、大量、大流量及高速物流的自动化处理。智能自动化仓库在自动化立体仓库基础上最大限度地提高物件周转速度和流通效率，加速仓库储备资金的周转，有效利用货物资源，并最大限度地降低货物的破损率。它能适应各种特殊要求，例如低温、黑暗、有毒、污染、易爆、易燃等特殊场合，实现无人化。其应用领域遍及汽车制造、化工、医药、橡胶、邮电、纺织、日用品、家电产品等各行各业。

三、功能

传统仓库主要具有储存与保管功能，现代仓库则根据客户的需要增加了许多新的功能。

1. 储存和保管

仓库具有一定的空间，用于储存物品，并根据储存物品的特性配备相应的设备，以保持储存物品完好性。例如，储存挥发性溶剂的仓库必须设有通风设备，以防止空气中挥发性物质含量过高而引起爆炸。储存精密仪器的仓库需防潮、防尘、恒温，因此，应配置空调、恒温等设备。在仓库作业时，还有一个基本要求，就是防止搬运和堆放时碰坏、压坏物品，从而要求搬运器具和操作方法不断改进和完善，使仓库真正起到储存和保管的作用。

2. 调节供需、平衡生产和防范偶发事件

创造物质的时间效用是物流的两大基本职能之一，物流的这一职能是由物流系统的仓库来完成的。现代化大生产的形式多种多样，从生产和消费的连续性来看，每种产品都有不同的特点，有些产品的生产是均衡的，而消费是不均衡的，还有一些产品的生产是不均衡的，而消费却是均衡不断地进行的。要使生产和消费协调起来，这就需要仓库来起“蓄水池”的调节作用。

对于一般商品，原材料应该适量地进行安全储备，这是生产稳定进行和促进销售的重要手段，也是防范突发事件造成破坏的重要手段。具有季节性销售特性的产品，

可以在一段持续的生产时间后通过仓储的方式储存，然后在销售旺季集中向市场供货，这样就避免了在销售高峰前才组织大批生产这种既不经济也不可能实现的方法。部分常年销售的产品，则能通过仓储的方式向市场提供稳定的货源。

3. 调节运输能力

不同运输工具的运输能力是不一样的，彼此差别很大。这种运输能力的差异可以通过仓库进行调节。

4. 集运与分拨功能

由于运费率随着运量的增大而降低，因此节省运输费用的最直接手段便是尽可能大批量地运输。在始发地，仓库起到“集零为整”的作用，它既可以将众多小批量托运的货物集中成大批量，也可以对多个供货商所提供的产品进行整合。通过整合不仅实现充分利用交通工具的运输空间，也降低仓储和运输成本，同时使运输作业效率提高；反之，在目的地，仓库则起到“化整为零”的作用，它将大批量货物通过小型运输工具进行分送，以适应不同收货人的需要。

5. 产品加工、组合与延迟生产

仓储的流通加工指的就是将产品加工工序从生产环节转移到物流环节中进行。由于仓储中物品处于停滞状态，在仓储中进行流通加工，不影响物品的流通速度，又能实现产品及时满足市场不同客户的需要和消费变化的需要。流通加工包括产品包装、装潢包装、贴标签、上色、组装、定量、成型等。虽然流通加工通常比在生产地加工成本更高，但能及时满足销售、促进销售，还能降低整体物流成本。

仓库不仅要有储存、保管货物的设备，使得保管物尽可能满足货品的保质要求以及存货人和客户的要求，而且要增加分拣、配套、捆绑、流通加工、信息处理等设置，这样可以通过流通加工参与少量的制造活动，用以延期或延迟生产。比如，具有包装能力或贴标签能力的仓库可以把最后一道生产工序一直推迟到知道该产品的需求时为止。此外，仓库也可以将不同供应商的产品进行重新组合，以适应不同收货人的需要。

6. 存货控制

存货控制指的是对整个仓储线的商品的存量进行控制。仓储存货控制包括存量控制、仓储点的安排、出货安排、补充控制等工作。由于绝大多数普通产品很难达到零库存，因此控制存货以降低成本是物流管理的重要内容之一。

7. 信息传递功能

任何产品的生产都必须满足社会的需求，生产需要把握市场的动向，社会仓储产品的变化是了解市场需求极为重要的途径。需要依靠计算机和互联网，通过电子数据交换（EDI）和条形码技术来提高仓储物品信息的传输速度，及时而准确地了解仓储信息，如仓库利用水平、进出库的频率、仓库的运输情况、顾客的需求以及仓库人员的配置等。

8. 提供信用保障

在大批量的实货交易中，购买方必须先查看、检验货物，确定货物是否存在和货物的品质，方可成交。由仓库保管人员出具的货物仓单是实物交易的凭证，由此产生了仓单质押服务，仓单本身也可以作为融资工具。

2.2 配送中心

一、概念

配送中心（distribution center）是指从事配送业务的物流场所或组织。从事配送业务的场所或组织，应基本符合下列要求：

（1）主要为特定的用户服务；

（2）配送功能健全；

（3）辐射范围小；

（4）多品种、小批量、多批次、短周期；

（5）主要为末端客户提供配送服务。

在实践中，人们常常将配送中心与物流中心、物流节点、物流园区混为一谈。实际上，它们之间还是有较大区别的。

（1）物流中心（logistics center）是指从事物流活动的场所或组织。完整意义上的物流中心应当集货物集散中心、物流信息中心和物流控制中心的功能为一体。物流中心可以分为国际物流中心、区域物流中心和城市物流中心等不同层次的物流节点进行规划建设，一般布局在交通枢纽位置或商品集散地，从事商品转运、存储、流通领域加工、分类包装、配送、传递物流信息等业务。由此可见，尽管配送中心与物流中心都属于典型的物流作业场所或组织，但主要服务对象不同，辐射范围和规模大小也有一定差别，如表 2—1 所示。

表 2—1　　物流中心与配送中心的比较

对比指标	物流中心	配送中心
服务对象	主要面向社会服务	主要为特定的用户服务
服务功能	物流功能健全	配送功能健全
信息网络	完善的信息网络	完善的信息网络
辐射范围	大	小
货物品种批量	少品种、大批量	多品种、小批量
业务特点	存储、吞吐能力强	以配送为主，储存为辅
管理特点	物流业务统一经营、管理	缺乏统一经营与管理

（2）物流节点（logistics node）一般是指由运输通道与物流据点等基础设施形成的物流通道、物流作业衔接、交汇的场所或组织。物流节点种类很多，诸如物流中心、配送中心、货运站、仓库等。一般将具有一定规模、功能比较齐全的物流节点，根据其主要服务对象、辐射范围等特点，称为物流中心或配送中心。

(3) 物流园区（logistics park）也称物流基地，是指多种物流设施和不同类型物流企业在空间上集中布局的场所，是具有一定规模和综合服务功能的特定区域。由此可见，物流园区有别于物流中心。物流园区是一家或多家物流（配送）中心在空间上集中布局的场所，是具有一定规模和综合服务功能的物流集结点。显然，物流园区是物流中心的空间载体，但不是物流管理和经营的实体，而是物流管理和经营企业的聚集地。

二、分类

配送中心根据不同的标准可以划分为不同的类型，具体来讲，有以下几种划分方式：

1. 根据机能划分

作为配送中心，其主要的机能有周转、分拣、保管、在库管理和流通加工等，根据其侧重点不同，可以分为不同类型的物流中心。具体讲，主要有 TC，DC，SC，PC 等四种类型。

(1) TC（transfer center）：不具有商品保管、在库管理等机能，单纯从事商品周转、分拣业务的配送中心。

(2) DC（distribution center）：拥有商品保管、在库管理等机能，同时又进行商品周转、分拣业务的配送中心。

(3) SC（stock center）：具有商品保管机能的配送中心。

(4) PC（process center）：具有流通加工机能的配送中心。

以上各种类型配送中心的区别反映在物资流动上，体现为配送中心的作业内容和服务范围的差异，如图 2—1 所示。

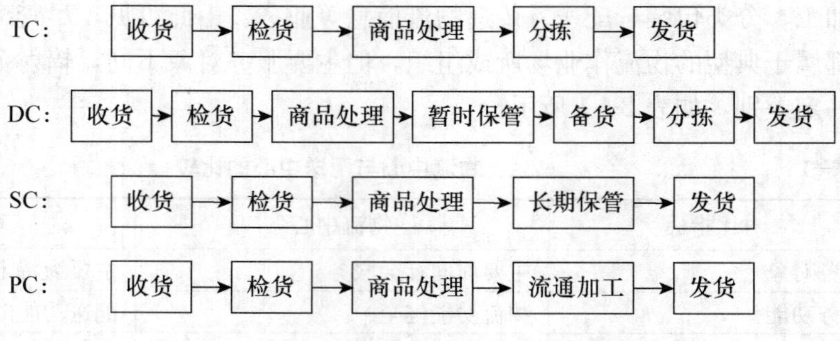

图 2—1　不同类型配送中心内的物资流动

从现代物流发展的趋势看，为了加速商品的流动，使物流系统更好地顺应用户需求，物流中心逐渐从 TC 转向 DC。目前在发达国家，DC 一般占所有配送中心的 70%以上，PC 的发展也非常迅速。

2. 根据不同的流通阶段划分

商品的流动是从生产地经流通渠道到消费地的过程，亦即在整个商品流通渠道中的流动过程。根据配送中心在这种流通渠道中所处的地位和作用来划分，可以有多种形式。

(1) 处于生产地附近，属于制造商的物资调运或产品存放的配送中心；

（2）处于生产地与消费地之间，属于大型厂商或批发商的配送中心；

（3）处于消费地附近，属于批发商或零售商的旨在为零售店铺服务的配送中心；

（4）面向不特定多数消费者，从事商品配送业务的配送中心。

3. 根据不同的运营主体划分

一般而言，根据不同的管理、运营主体，配送中心可以分为以下几种：

（1）自营配送中心：即厂商运营的配送中心、批发商运营的配送中心和零售商运营的配送中心。在这类配送中心内，配送业务是由厂商、批发商或零售商直接从事的，即它们在负责商品生产、流通或销售的同时，也全权负责商品物资流动或管理事务，而且配送中心的基础建设（如土地购买、设施建设等）和相关的投资都由它们独自进行。

（2）外包配送中心：即第三方运营的配送中心。显然，自营配送中心在利益上表现为厂商、批发商或零售商对商品流动、经营的全过程进行控制和管理，但问题是相应的成本较高，不仅建设成本高昂，而且管理费用居高不下。为了避免上述问题，出现了由第三方运营的配送中心，即厂商、批发商或零售商租赁专业物流经营者的配送中心，并委托他们来从事商品物资流动的管理。

4. 按服务范围不同分类

（1）城市型配送中心：以城市为配送范围的配送中心。这种配送中心往往和零售经营相结合，由于运距短，反应能力强，因而从事多品种、小批量、多用户的配送较有优势。

（2）区域配送中心：以较强的辐射能力和库存准备，向省、全国乃至国际范围的用户配送的配送中心。一般而言，这种配送中心配送批量较大，而且往往是配送给下一级的城市配送中心，也配送给营业所、商店、批发商和企业用户，虽然也从事零星的配送，但不是主体形式。

三、功能

配送中心除了具有仓库的功能之外，最主要的是增加了与配送相关的功能，比如，流通加工（再包装、换贴标签等）、在库管理（按照货主的指示制作入、出库文件，在库盘点等）、配送、库存控制等功能。

2.3　仓储与配送设备

一、叉车

叉车是指对成件托盘货物进行装卸、堆垛和短距离运输、重物搬运作业的各种轮式搬运车辆，ISO/TC110 称为工业车辆，属于物料搬运机械，广泛应用于车站、港口、机场、工厂、仓库等场所，是机械化装卸、堆垛和短距离运输的高效设备。

叉车通常可以分为三大类：内燃叉车、电动叉车和仓储叉车。

1. 内燃叉车

内燃叉车又分为普通内燃叉车、重型叉车、集装箱叉车和侧面叉车。

(1) 普通内燃叉车。一般采用柴油、汽油、液化石油气或天然气发动机作为动力，载荷能力为1.2～8.0吨，作业通道宽度一般为3.5～5.0米，考虑到尾气排放和噪音问题，通常用在室外、车间或其他对尾气排放和噪音没有特殊要求的场所。由于燃料补充方便，因此可实现长时间的连续作业，而且能在恶劣的环境（如雨天）下工作。

(2) 重型叉车。采用柴油发动机作为动力，承载能力为10.0～52.0吨，一般用于货物较重的码头、钢铁等行业的户外作业。

(3) 集装箱叉车。采用柴油发动机作为动力，承载能力为8.0～45.0吨，一般分为空箱堆高机、重箱堆高机和集装箱正面吊。应用于集装箱搬运，如集装箱堆场或港口码头作业。

(4) 侧面叉车。采用柴油发动机作为动力，承载能力为3.0～6.0吨。在不转弯的情况下，具有直接从侧面叉取货物的能力，因此主要用来叉取长条形的货物，如木条、钢筋等。

2. 电动叉车

以电动机为动力，蓄电池为能源。承载能力为1.0～4.8吨，作业通道宽度一般为3.5～5.0米。由于没有污染、噪音小，因此广泛应用于对环境要求较高的行业，如医药、食品等行业。由于每个电池一般在工作约8小时后需要充电，因此对于多班制的工况需要配备备用电池。

3. 仓储叉车

仓储叉车主要是为仓库内货物搬运而设计的叉车。除了少数仓储叉车（如手动托盘叉车）采用人力驱动，其他都是以电动机驱动，因其车体紧凑、移动灵活、自重轻和环保性能好而在仓储业得到普遍应用。在多班作业时，电动机驱动的仓储叉车需要有备用电池。仓储叉车主要有以下几种。

(1) 电动托盘搬运叉车。承载能力为1.6～3.0吨，作业通道宽度一般为2.3～2.8米，货叉提升高度一般在2.1米左右，主要用于仓库内的水平搬运及货物装卸。一般有步行式和站驾式两种操作方式，可根据效率要求选择。

(2) 电动托盘堆垛叉车。承载能力为1.0～1.6吨，作业通道宽度一般为2.3～2.8米，在结构上比电动托盘搬运叉车多了门架，货叉提升高度一般在4.8米内，主要用于仓库内的货物堆垛及装卸。

(3) 电动拣选叉车。在某些工况下（如超市的配送中心），不需要整托盘出货，而是按照订单拣选多个品种的货物组成一个托盘，此环节称为拣选。按照拣选货物的高度，电动拣选叉车可分为低位拣选叉车（2.5米内）和中高位拣选叉车（最高可达10米）。承载能力为2.0～2.5吨（低位）、1.0～1.2吨（中高位，带驾驶室提升）。

(4) 低位驾驶三向堆垛叉车。通常配备一个三向堆垛头，叉车不需要转向，货叉旋转就可以实现两侧的货物堆垛和取货，通道宽度为1.5～2.0米，提升高度可达12米。叉车的驾驶室始终在地面不能提升，考虑到操作视野的限制，主要用于提升高度低于 6 米的工况。高位驾驶三向堆垛叉车与低位驾驶三向堆垛叉车类似，高位驾驶三向堆垛叉车也配有一个三向堆垛头，通道宽度为 1.5～2.0 米，提升高度可达 14.5 米。其驾驶室可以提升，驾驶员可以清楚地观察到任何高度的货物，也可以进行拣选作业。高位驾驶三向堆垛叉车的效率和各种性能都优于低位驾驶三向堆垛叉车，因此该车型已经逐步替代低位驾驶三向堆垛叉车。

（5）电动牵引车。电动牵引车采用电动机驱动，利用其牵引能力（3.0～25 吨），后面拉动几个装载货物的小车。经常用于车间内或车间之间大批货物的运输，如汽车制造业仓库向装配线的运输、机场的行李运输。

二、堆垛机

堆垛机是用货叉或串杆攫取、搬运和堆垛或从高层货架上存取单元货物（见单元化运输）的专用起重机。它是一种仓储设备（见物料搬运机械），分为巷道式单立柱堆垛机（又称巷道式起重机）和桥式堆垛机两种。

1. 巷道式单立柱堆垛机

单立柱结构的堆垛机机架由一根立柱和下横梁组成。立柱多采用较大的 H 型钢焊接制作，立柱上附加导轨。整机重量较轻，消耗材料少，因此制造成本相对较低，但刚性稍差。该设备的参数如下所示。

主要性能：仓库高度 6～24 米，最高 40 米；运行速度：标准型 80 米/分钟、高速型 200 米/分钟；起升高度：标准型 Hmax＝20 米/分钟、高速型 Hmax＝50 米/分钟；货叉伸缩速度：Vmax＝12 米/分钟（标准型）、50 米/分钟（高速型）。

2. 桥式堆垛机

主要由桥架、大车运行机构、小车运行机构、电器设备等部分组成。操纵驾驶室有单独的起升机构，保证司机有良好的视野，同时驾驶室还有安全装置，保证了操纵者的安全。桥式堆垛机还有多种安全装置，保证了起重机的安全工作。

三、自动分拣机

自动分拣机一般由输送机械、电器自动控制部分和计算机信息系统组合而成。它可以根据用户的要求、场地情况，对条烟、整箱烟、药品、货物、物料等按用户、地名、品名进行自动分拣、装箱、封箱的连续作业。机械输送设备根据输送物品的形态、体积、重量而设计定制。自动分拣机是工厂自动化立体仓库及物流配送中心对物流进行分类、整理的关键设备之一，通过应用分拣系统可实现物流中心准确、快捷的工作。因此，在快递行业它被誉为“智能机器手”。

自动分拣机按照其分拣结构分为不同的类型，常见的有下列几种：

1. 挡板式分拣机

挡板式分拣机利用一个挡板（挡杆）挡住在输送机上向前移动的商品，将商品引导到一侧的滑道排出。另一种形式是挡板一端作为支点，可旋转。挡板运动时，像一堵墙似地挡住商品向前移动，利用输送机对商品的摩擦力，使商品沿着挡板表面移动，从主输送机上排出至滑道。平时挡板处于主输送机一侧，可让商品继续前移；如挡板作横向移动或旋转，商品就排向滑道。挡板一般安装在输送机的两侧，和输送平面不接触，即使在操作时也只接触商品而不触及输送机的输送表面，因此它对大多数形式的输送机都适用。就挡板本身而言，有不同形式，如直线型、曲线型，也有的在挡板工作面上装滚筒或光滑的塑料材料，以减少摩擦力。

2. 浮出式分拣机

浮出式分拣机把商品从主输送机上托起，从而将商品引导出主输送机。从引离主输送机的方向看，一种是引出方向与主输送机构成直角；另一种是呈一定夹角（通常是30°～45°）。一般前者比后者生产率低，且容易对商品产生较大的冲击力。浮出式分拣机大致有以下几种形式：

（1）胶带浮出式分拣机。这种分拣结构用于辊筒式主输送机，将有动力驱动的两条或多条胶带或单个链条横向安装在主输送辊筒之间的下方。当分拣机接受指令启动时，胶带或链条向上提升，接触商品底部把商品托起，并将其向主输送机一侧移出。

（2）辊筒浮出式分拣机。这种分拣结构用于辊筒式或链条式主输送机，将一个或数个有动力的斜向辊筒安装在主输送机表面下方，分拣机启动时，斜向辊筒向上浮起，接触商品底部，将商品斜向移出主输送机。这种上浮式分拣机有的采用一排能向左或向右旋转的辊筒，以气力提升，可将商品向左或向右排出。

3. 倾斜式分拣机

（1）条板倾斜式分拣机。这是一种特殊形式的条板输送机，商品装载在输送机的条板上，当商品移动到需要分拣的位置时，条板的一端自动升起，使条板倾斜，从而将商品移离主输送机。商品占用的条板数随不同商品的长度而定，占用的条板如同一个单元，同时倾斜，因此，这种分拣机对商品的长度在一定范围内不作要求。

（2）翻盘式分拣机。这种分拣机由一系列的盘子组成，盘子为铰接式结构，向左或向右倾斜。装载商品的盘子移动到一定位置时，盘子倾斜，将商品翻到旁边的滑道中，为减轻商品倾倒时的冲击力，有的分拣机能控制商品以抛物线状倒出。这种分拣机对分拣商品的形状和大小不作要求，但以不超出盘子为限。对于长形商品可以跨越两只盘子放置，倾倒时两只盘子同时倾斜。这种分拣机常采用环状连续输送，其占地面积较小，由于是水平循环，使用时可以分成数段，每段设一个分拣信号输入装置，以便商品输入，而分拣排出的商品在同一滑道排出，这样就可提高分拣能力。

4. 滑块式分拣机

滑块式分拣机是一种特殊形式的条板输送机。输送机的表面由金属条板或管子构成，如竹席状，在每个条板或管子上有一个用硬质材料制成的导向滑块，能沿条板作横向滑动。平时滑块停在输送机的侧边，滑块的下部有销子与条板下导向杆联结，通过计算机控制。当被分拣的货物到达指定道口时，控制器使导向滑块有序地自动向输送机的对面一侧滑动，把货物推入分拣道口，从而商品被引出主输送机。这种分拣机将商品侧向逐渐推出，并不冲击商品，商品不容易受损，故适用范围较广，是目前国外最新的一种高速分拣机。

5. 托盘式分拣机

托盘式分拣机是一种应用十分广泛的机型，主要由托盘小车、驱动装置、牵引装置等组成。其中托盘小车形式多种多样，有平托盘小车、U形托盘小车、交叉带式托盘小车等。传统的平托盘小车通过盘面倾翻，利用重力卸载货物，结构简单，但存在上货位置不稳、卸货时间过长的缺点，从而造成高速分拣时不稳定以及格口宽度尺寸过大。交叉带式托盘小车的特点是取消了传统的盘面倾翻、利用重力卸落货物的结构，而在车体下设置了一条可以双向运转的短传送带（又称交叉带），用它来承接上货机，并由牵引链牵引运行到格口，再由交叉带运送，将货物强制卸落到左侧或右侧的格口中。

6. 悬挂式分拣机

悬挂式分拣机是用牵引链（或钢丝绳）作牵引件的分拣设备，按照有无支线，它可分为固定悬挂和推式悬挂两种机型。前者用于分拣、输送货物，只有主输送线路，吊具和牵引链是连接在一起的；后者除主输送线路外还具备储存支线，具有分拣、储存、输送货物等多种功能。

(1) 固定悬挂式分拣机主要由吊挂小车、输送轨道、驱动装置、张紧装置、编码装置、夹钳等组成。分拣时，货物吊夹在吊挂小车的夹钳中，通过编码装置控制，由夹钳释放机构将货物卸落到指定的搬运小车或分拣滑道上。

(2) 推式悬挂式分拣机具有线路布置灵活、允许线路爬升等优点，普遍用于货物分拣和储存业务。

悬挂式分拣机具有利用空间进行作业的特点，它适于分拣箱类、袋类货物，对包装物形状要求不高，分拣货物重量大，一般可达 100 千克以上，但需要专用场地。

7. 滚柱式分拣机

滚柱式分拣机是用于对货物进行输送、存储与分路的分拣设备，按处理货物流程需要，可以布置成水平形式，也可以和提升机联合使用构成立体仓库。

滚柱式分拣机的每组滚柱（一般由 3～4 个滚柱组成，与货物宽度或长度相当）均具有独立的动力，可以根据货物的存放和分路要求，由计算机控制各组滚柱的转动或停止。货物输送过程中在需要存放、分路的位置均设置光电传感器进行检测。当货物输送到需分路的位置时，光电传感器给出检测信号，由计算机控制货物下面那组滚柱停止转动，并控制推进器将货物推入相应支路，实现货物的分拣工作。滚柱式分拣机一般适用于包装良好、底面平整的箱装货物，其分拣能力强但结构较复杂，价格较高。

四、托盘

根据国家物流标准术语的定义，托盘是“在运输搬运和存储过程中，将物品规整为货物单元时，作为承载面并包括承载面上辅助结构件的装置”。从定义中可以看出，托盘不仅是运输搬运的集装工具，也是物流配送中心的储存工具。

托盘是物流作业中不可缺少的装卸工具，它具有承载面，可供集合一定数量的物品，便于物品的装卸、储存和运输。由于货物种类繁多，性质不同，规格尺寸多样，形态各异，所以与之相适应的托盘也各种各样，大体上可分为平托盘、箱托盘、储槽式托盘和箱柜式托盘。

平托盘是物流作业中使用最多的一种，它从不同的角度划分为不同的种类。

(1) 按照叉车叉入方式，分为单向叉入型、双向叉入型和四向叉入型三种。

(2) 按照制造材料的不同，分为木制托盘、钢制托盘、塑料托盘和胶合板托盘。

箱托盘的面上具有上层结构，其四周至少有三个侧面固定，另一个侧面是可折叠的垂直面。各侧面可以是平板、条状板和网状板。

储槽式托盘主要用于粉状物的搬运，它实际上是在箱托盘中增加一个容器。

箱柜式托盘主要用于液体的搬运，它具有密封的侧面和盖子，底部和顶部有装入口和流出口。

托盘的尺寸是物流单元化的重要标准。托盘与存储的货架、搬运的产品、集装箱、运输车辆、卸货平台以及搬运设施等有直接关系，因此托盘的规格尺寸是考虑其他物流设备规格尺寸的基点。例如，托盘横梁货架的横梁宽度尺寸最常见的有 2 300mm 和 2 700mm，前者承放两个 1 200mm×1 000mm 的托盘，后者承放三个 1 200mm×800mm 的托盘。这里特别值得一提的是，要建立有效的托盘公用系统，必须使用统一规格的托盘，托盘标准化是托盘作业一贯化的前提。

(1) 1200 系列（1 200×800 和 1 200×1 000）。1 200×800 托盘也称欧洲托盘，它的应用范围最广，1 200×1 000 托盘多用于化学工业。

(2) 1100 系列（1 100×1 100）。这个尺寸系列是由发展较晚的国际集装箱最小内部宽度尺寸 2 300mm 确定形成的。

(3) 1140 系列（1 140×1 140）。是对 1100 系列的改进，目的是充分利用集装箱内部空间。

(4) 1219 系列（1 219×1 019）（48in×40in）。是考虑北美国家习惯以英寸为单位制定的系列。

我国于 1982 年制定了联运托盘外形尺寸系列的国家标准。将联运托盘即平托盘的平面尺寸定为 800×1 200，800×1 000，1 000×1 200 三种。

在选择托盘尺寸时应该考虑以下因素：

(1) 运输工具和运输装备的规格尺寸。合适的托盘尺寸应该符合运输工具的尺寸，这样可以充分利用运输工具的空间，提高装载率，降低运输费用，尤其要考虑海运集装箱和运输商用车的箱体尺寸。

(2) 托盘装载货物的包装规格。根据托盘装载货物的包装规格选择合适的托盘，尽量最大限度地利用托盘的表面积，控制所载货物的重心高度。托盘承载货物的合理指标为：达到托盘 80%的表面积利用率，所载货物的重心高度不应超过托盘宽度的 2/3。

(3) 托盘尺寸的通用性。应该尽可能地选用国际标准的托盘规格，便于托盘的交换和使用。

(4) 托盘尺寸的使用区域。装载货物的托盘流向直接影响托盘尺寸的选择。通常去往欧洲的货物要选择 1210 托盘（1 200mm×1 000mm）或 1208 托盘（1 200mm×800mm）；去往日本、韩国的货物要选择 1111 托盘（1 100mm×1 100mm）；去往大洋洲的货物要选择 1 140mm×1 140mm 或 1 067mm×1 067mm 的托盘；去往美国的货物要选择 48in×40in 的托盘，国内常用 1210 托盘发往美国。1 200mm×1 000mm 托盘在全球应用最广。

五、货架

货架泛指存放货物的架子。在仓库设备中，货架是指由支架、隔板或托架组成的立体储存货物的设施。货架在物流及仓库中占有非常重要的地位。随着现代工业的迅猛发展，物流量的大幅增加，为实现仓库的现代化管理，改善仓库的功能，不仅要求货架数量多，而且要求具有多功能，并能实现机械化、自动化。

1. 托盘式货架

托盘式货架俗称横梁式货架，或称货位式货架，由横梁、支柱、横梁与支柱装配结构、托盘支撑架、两列托盘货架背面连接杆构成。通常为重型货架，在国内的各种仓储货架系统中最为常见。既适用于多品种、小批量物品，又适用于少品种、大批量物品。

托盘式货架的优点有：一是每一块托盘均能单独存入或移动，而不需移动其他托盘；二是可适应各类货物，可按照货物尺寸要求调整横梁高度；三是配套设备简单，成本低，能快速安装及拆除；四是货物装卸迅速，主要适用于托盘出入库或收购拣选的场合。

2. 重力式货架

重力式货架利用一边巷道作为存放，一边巷道作为存取。滚筒线按一定角度固定在横梁上，托盘从高处放下，利用自身重力沿滚筒线方向下滑。为了控制托盘稳定地下滑，避免碰撞，在滚筒线上每隔一段距离设置一个阻尼系统，托盘下滑速度越快，阻尼系统产生的阻力越大。端部分离机构设置在低端，用来分离最低端相邻的两个托盘，这样最低端托盘就可以顺利取出。重力式货架对托盘的要求比较高，目前木制托盘的使用已经比较成熟，其他材质托盘需要做阻尼实验。

3. 流动式货架

流动式货架根据货物负载单元不同分为托盘式流动货架和容器式流动货架。货物从有坡度的滑道上端存入，当在低端取货时，货物借助重力自动下滑。可实现“先进先出”作业，使用成本低，存储密度大，比一般托盘货架空间多50%左右，常用于超市、医药和电子等行业。

4. 驶入式货架

驶入式货架又称为贯通式货架或通廊型货架，是指可供叉车（或带货叉的无人搬运车）驶入并存取单元托盘物品的货架。托盘的存放由里向外逐一进行，叉车存取同一托盘使用相同通道。这种货架适用存储大批量、少品种货物，广泛应用于各类仓库及物流中心，如食品、烟草、乳业、饮料等行业，冷库中也较为多见。

5. 驶出式货架

驶出式货架与驶入式货架结构相同，不同之处在于驶出式货架的前后通道是通的，没有拉杆封闭，前后均可安排存取货，能够实现“先进先出”作业。

6. 抽屉式货架

抽屉式货架由重型托盘式货架演化而成，平日用于寄存模具等重物，而现场无适合的叉车可用。采用组合装配、螺栓跟尾式货架结构，货架高度通常在2.5米以下，除顶层外的几层均可设计制造成抽屉式结构，安全牢靠，可轻松抽出重达 2 000 千克/层的货色，辅之以行车或葫芦吊，轻松完成货色的存取作业。此类货架主要用于寄存模具等场合。

7. 阁楼式货架

阁楼式货架系统是在已有的工作场地或货架上建一个中间阁楼，以增加存储空间，可做二、三层阁楼，宜存取一些轻泡及中小件货物，适于多品种、大批量或多品种、小批量货物，它具有承载能力强、整体性好、承载均匀、精度高、表面平整、提升货架高度、充分利用仓储高度、更好地利用仓储空间等特点。单元货架每层载重量通常在 500 千克以内，楼层间距通常为 2.2～2.7 米，顶层货架高度一般为 2 米左右，充分考虑工作人员操作的便利性。

阁楼式货架可以提升货架高度，充分利用仓储高度，更好地利用仓储空间；楼面铺设货架专用楼板，与花纹钢板或钢格栅相比有承载能力强、整体性好、承载均匀、表面平整、易锁定等特点；充分考虑人性化物流，设计美观，结构大方，安装、拆卸方便，可根据实地灵活设计；适合存储多种类型物品。

8. 移动式货架

移动式货架是一种带轮且可移动的货架。根据驱动方式不同，分为人力摇动式和电力驱动式两种。该货架使仓库空间利用率成倍提高，货物存取方便，易于控制，安全性好。主要用于小件、轻体货物的存取，尤其适用于环境条件要求高、投资大的仓库，如冷冻、气调等仓库，可相应减少环境条件的投资。

9. 悬臂式货架

该类货架是在立柱上装设杆臂构成的，分单面和双面两种。在架子两边存放货物，存取货物作业强度大，适于长条形材料存放，尤其适合存放钢管、型钢等长形物品。若要放置圆形物品，在其臂端装设阻挡以防止滑落。货架高度通常在 2.5 米以内（如由叉车存取货则可高达 6 米），悬臂长度在 1.5 米以内，每臂载重通常在 1 000 千克以内。

习 题

1. 单项选择题

（1）下列不是仓库主要功能的是（　　）。

A. 储存和保管　　B. 存货控制

C. 加快产品周转率　　D. 调节运输能力

（2）多种物流设施和不同类型物流企业在空间上集中布局，并且具有一定规模和综合服务功能的特定区域称为（　　）。

A. 物流中心　　B. 物流节点　　C. 物流园区　　D. 物流工厂

（3）不属于仓储与配送设备的是（　　）。

A. 起重机　　B. 堆垛机　　C. 叉车　　D. 托盘

2. 多项选择题

(1) 按仓库建筑物的构造特征分类，内贸仓库可分为（　　）。

A. 封闭式仓库　　B. 半封闭式仓库

C. 露天仓库　　D. 特殊仓库

(2) 配送中心根据不同的标准可以划分为不同的类型，根据机能划分，配送中心可分为（　　）。

A. TC　　B. DC　　C. SC　　D. PC

(3) 叉车可以分为（　　）。

A. 内燃叉车　　B. 电动叉车　　C. 仓储叉车　　D. 柴油叉车

3. 是非题

(1) 仓库是存放、保管、存储物品的建筑物和场所的总称，是进行仓储活动的主体设施，可以是房屋建筑、大型容器、洞穴或者特定的场所。（　　）

(2) 配送中心是指从事配送业务的物流场所或组织，配送中心的产品具有少品种、大批量、少批次、长周期的特点。（　　）

(3) 货架泛指存放货物的架子。在仓库设备中，货架是指由支架、隔板或托架组成的立体储存货物的设施。（　　）

4. 简答题

(1) 说明物流中心与配送中心的异同。

(2) 说明配送中心的功能。

(3) 说明仓储与配送设备的种类。

5. 案例分析

目前宜家（IKEA）在瑞典总部的 3 个配送中心通过铁路线相互连接。以宜家 2000 年建成的物流中心——DC008 为例，它的库容约为 8 万平方米。其中 5 万平方米采用的是全自动化的仓库（AS/RS），其余 3 万平方米是普通货架仓库。配送中心按功能分为两个部分：一部分是 DC，主要负责对销售网点的货物配送；另一部分是 CDC，是配合网上销售，直接面向顾客提供送货上门服务的配送中心，通过地下隧道和 DC 连接在一起。宜家的 CDC 每天要处理 1 200 多个订单，生成 300 多个货物单元，每天大概会有 65 辆卡车从配送中心出发以公路运输的方式送货到北欧四国的客户家中。在瑞典宜家总部设有一个运输部门，控制着全球的 10 000 多辆卡车，其中 3 000 多辆是宜家自有的。整个配送中心有 1 000 名员工，工作时间为 5:30 到 23:00，每天要处理 12 000 立方米的家居物品，一年下来合计是 230 多万立方米的货物。

DC008 的自动化立体库货架高 26 米，有 11 台堆垛机，22 个巷道，存储 8 000～9 000 种货物，可以存放 57 000 个标准托盘。整个系统由 SWISSLOG 提供设备和系统集成，自动化立体库是无人操作的，值班人员只负责解决各种突发事件。实际上由于堆垛机运行稳定，基本不需要特殊的维护。据介绍，到目前为止，堆垛机也只出现过一次故障，而且技术人员在一天之内就解决了问题。

DC008 仓库分为内、外两个部分，由于不同种类货物的周转速度不同，而且要使用叉车进行装卸作业，需要尽可能地减少货物的运输距离。所以在仓库进门处设计一个工作室，相关技术人员在这里通过系统对仓库的各项作业进行周期性分析，实时调整货物的存储位置。

DC008 有 19 个进货门，22 个出货门，其中“230 门”是指 2 号楼的第 30 个门，“1”“2”是用来区别方向和位置的。区分进货门和出货门是为了进一步减少总的货物运输距离，提高仓库的整体运作效率。配送中心的一侧是一个接一个的装卸单元，配备完整的装卸门封、雨篷、滑升门。货柜车可与之平滑衔接，可以进入货柜作业的叉车将货柜里的货物卸载至暂存区，再由电瓶堆高叉车将货物按照货位信息分送到后面 10 多米高的货架上。部分需要进入自动化仓库存储的货物则按照系统发出的指令，由输送线传送到堆垛机作业区。DC008 仓库内共有 65 台电动叉车来回穿梭作业，都有备用电瓶。通常一般电瓶的工作时间为 7～8 个小时，在电力耗尽时，采用直接更换电瓶的方法，这在很大程度上提高了叉车的工作效率。在现场可以看到宜家仓库的叉车数量多，而且运行速度很快，穿梭往返，蔚为壮观。为了确保安全，宜家会对每一个叉车司机进行 3 天的专门训练，在叉车作业的安全性方面宜家公司的要求已经远远超出了瑞典的国家标准。

宜家 DC008 有一套完善的电脑系统，它是整个宜家配送中心运作的核心。这套系统是宜家和软件供应商一起开发的，“量身定做”的系统在很大程度上适应了宜家的特点。首先是自动订货系统。需要订货的商店是通过这个自动订货系统进行订货的。如果订单确认，系统会把相应的信息传递至仓库的数据管理系统，仓库的电脑控制系统就会自动按订单完成取货作业，整个订货过程不需要人为干涉。宜家还有一个完善的仓库作业的安全管理系统。系统能够在作业过程出现差错时，发出相应警告。比如托盘未放好或者未放到位，系统会亮出红色警示灯或者发出报警蜂鸣声，以确保现场高效准确地运作。宜家仓库管理系统的另一个重要作用就是进行良好的库存面积管理。系统将仓库的每一个位置进行编号，这便于通过电脑迅速准确地找出指定位置。为了保证适当的周转速度，系统会有意识地留出 15％的空位。系统会依据不同的编号对货物进行分区库存管理。由于货物的性质以及客户的需求不尽相同，系统会根据相关的数据信息及系统算法，区分货物出库的轻重缓急，通过系统配置最合适的存放位置，从而保证仓库既拥有较高水平的库存，又兼顾较快的周转速度。DC008 仓库内的现场装卸作业是通过仓库的控制中心进行控制的。叉车都装有车载终端，入库作业时，需要读取货位编号及货物条码信息进行核对；出货时，同样要核对相应的信息，才能出货。系统也具备管理叉车装卸作业过程的功能。通过系统控制车辆装载的重量，还可以调整货物装载的重心，以确保作业的安全。宜家的仓库管理系统（WMS）功能是相当完善的，而且运行稳定，全球的宜家仓库都在使用这个系统。2006 年，系统运作的准确率达到了 99.9％。不难看出，宜家的物流运作对这套系统高度依赖，如果系统出现问题，整个仓库管理就会瘫痪。事实上，仓库的管理系统有时也会出现一些故障，对此宜家有相应的对策，比如宜家电脑系统的数据是随时备份的，从而能够确保数据的安全。

试结合本案例说明自动化配送中心的主要特点。

第3章

仓储与配送规划管理

引导案例　宜家的全球配送中心布局

在全球跨国企业的运作中，宜家快速、高效的物流所起的作用是毋庸置疑的。宜家在全球5个最大的采购地如下：中国第一（18%），波兰第二（12%），瑞典第三（8%），意大利第四（7%），德国第五（6%）。销售量最大的国家如下：德国第一（19%），英国第二（11%），美国第三（11%），法国第四（9%），瑞典第五（8%），目前宜家在俄罗斯的发展也非常快。为了协调这种采购地和销售市场在空间上的矛盾，保证宜家全球业务的正常运作和发展，保持宜家在全球市场上廉价而时尚的品牌形象，高效、敏捷、低成本的供应链管理成为核心。

宜家在全球有44家贸易公司分布在32个国家，有1 300个供应商分布在全球55个国家。宜家把核心的产品设计部门放在瑞典，每年设计1 000种不同类别的家居用品。家具制造都采用外包方式，供应商必须按照图纸来生产，无论是在中国、波兰还是瑞典，制造商都必须保证遵循宜家的设计和质量标准。因此，宜家的供应链管理异常复杂而且庞大。具体到物流运作，就体现在物流中心的全球布局上，宜家把全球市场分为8个区域，全球有28个配送中心分布在17个国家，其中，欧洲有19个配送中心，美国5个，在亚洲的上海、马来西亚也各设有一个。

宜家在全球建设配送中心，需要大量的资金投入，据介绍，宜家每一个配送中心都需要投资100亿瑞典克朗，折合人民币约100亿元。面对如此高昂的投入，宜家对物流中心的布局和全球网络的运筹是非常慎重的。具体到某一个市场上，就体现在流程的设计上，目的是使其效益最大化。

宜家对物流配送服务中心有三个最基本的要求：一是要保证覆盖区域内家具商店有充足的货量；二是要保证宜家公司不断地扩张发展；三是要保证物流的效率和最低成本的运作。宜家同时还为物流配送作业制定了如下程序和周期控制原则：第一天商店卖出了一件货物，马上通过计算机网络系统显示给计划部门；第二天就要安排供货；第三天所需货品一定要完成从仓库出货；第四天运到商店；第五天新商品上架。无论在世界任何地区，都必须保证这样的货物流转速度和流程。以在中国的采购流程为例：如果在中国采购的货物直接在中国销售，那么宜家会将供应商的货物直接送到大的宜家商店或者距离最近的配送中心即宜家上海配送中心；如果这些货物在北欧销售，那么货物将会运送到欧洲某一个最合适的配送中心，然后配送到相应的宜家商店。

宜家的供应链管理致力于在一个由供应商、制造商、销售商和顾客组成的网络结构中进行高效集成和有序控制，因此一条复杂、敏捷而高效的供应链几乎可以视为宜家的生命线。事实上这也是每一家成功企业不可复制的共性。在这种共性下，宜家保持了自己独到的处理方式，目前供应链管理的一个重要趋势是要尽可能地降低库存，并尽量提高在途库存比例。但是宜家对库存管理的理念却与此有一定的差异——宜家认为需要保持适量的库存，原因是宜家的采购量和销量太大，在途库存无法很好地满足商店的需求，保持一定水平的在库库存可以避免缺货风险。当然，这是与宜家出色的营销和产品开发策略相适应的。

3.1 概　述

3.1.1 规划目标与内容

一、规划目标

仓库与配送中心作为物流网络系统中的重要节点，在确定规划和设计目标之前，首先要明确它所从属的系统的整体目标。

仅从仓储和配送的角度讲，其目标可以概括为“三高一低”，即提高运营效率、提高仓储配送质量、降低成本，从而提高服务水平。这些主要是对运作层次提出的具体要求。

从物流网络系统的角度讲，规划设计的核心是用系统的思想和方法将物流的各个功能进行整合，从而更好地满足最终客户的需求，力求在提供同等服务水平的情况下，系统总的物流成本最低。因此，物流系统规划与设计的目标是服务收益最大、总成本最小和创造物流价值，这是从战略的高度提出的要求。

通常，仓储与配送规划主要包括以下目标：

(1) 提高吞吐能力以适应经营业务扩展的需求。

(2) 提高物流作业效率，迅速及时地对客户供货。

(3) 减少缺货现象，降低缺货率。

(4) 及时响应运行过程中可能出现的各种意外和随机变化，以保证正常运转。

(5) 提高配送中心的柔性或建立柔性配送中心，以适应上游供应商产品的动态变化及下游客户对多品种、小批量、多批次、短周期的需求。

(6) 完善信息服务，及时可靠地为客户提供相关信息，实现对物流系统中产品的实时跟踪。

二、规划内容

为了便于理解，下面从不同的角度来分析仓储与配送规划的内容。

1. 从整个物流系统的角度划分

(1) 物流系统发展规划。它是对物流系统发展的一种科学预测和论证，包括物流系统的发展方向、性质和规模。它是整个物流系统规划的基础和基本依据，关系到究竟“建立一个怎样的物流系统”的根本问题。这是因为只有对物流系统的发展规划进行科学论证，才能使物流系统布局规划落实在可靠的基础上。

(2) 物流系统布局规划。这是物流系统规划的核心部分。它是研究物流系统中各种物流节点的空间分布，包括布局形式、用地结构和功能，形成以多个物流中心统一布局、合理分工、相互衔接为节点，并覆盖一定区域范围的物流网络，故也称为物流网络规划。

(3) 物流系统的工程规划。它是物流系统规划的重要组成部分，为物流系统的投资提供依据。它包括设施布置设计、物流设备规划设计和作业方法设计等。

2. 按功能划分

如图 3—1 所示，从仓库与配送中心物流系统功能构成的角度划分，主要包括物流系统、运营系统、信息系统，而三个系统的战略决策和运营管理都是围绕为客户服务展开的。因此对仓库和配送中心进行规划和设计之前首先要确定客户服务水平。

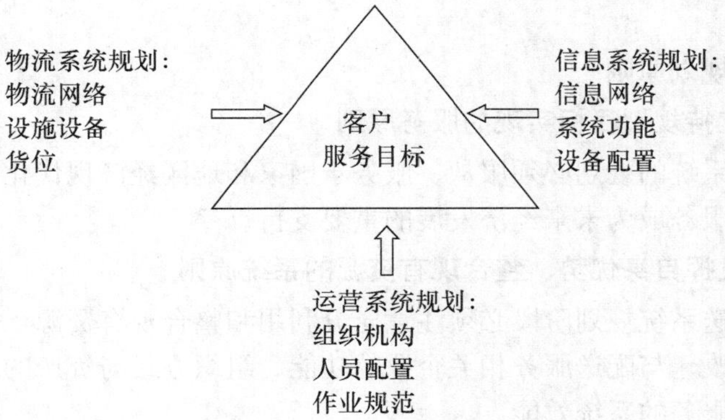

图 3—1 仓储与配送规划决策三角形

(1) 客户服务水平。企业提供的客户服务水平比任何其他因素对系统设计的影响都要大。服务水平较低，只能在较少的存储地点集中存货，利用较廉价的运输方式。服务水平高，则恰恰相反。但当服务水平接近上限时，物流成本比服务水平上升得更快。因此，国际物流战略规划的首要任务是确定适当的客户服务水平。

(2) 物流系统规划。物流系统规划是信息系统规划和运营系统规划的基础和前提，它由宏观到微观对整个仓储配送系统进行整体的技术层面的规划，主要包括仓储配送网络规划、仓库与配送中心设施设备规划及货位规划。

(3) 运营系统规划。运营系统规划是从配送中心经营管理的角度出发，对配送中心的机构设置、人员配置、岗位操作规范等内容进行规划。其中，第一，组织机构设置。组织机构设置的合理与否直接关系仓储与配送运作效率的高低，配送中心根据自己的规模大小及业务范围，合理设置内部机构组成，具体包括领导层、管理层、作业层等。第二，作业人员配备。根据仓储与配送的作业量和作业人员劳动，对配送中心领导层、管理层、作业层进行人员定编，既保证各层人员有具体工作任务，又避免劳动强度过大，保证合理的人员配备。第三，作业标准和操作规范设计。仓储与配送作业流程复杂，工作岗位多。往往一个订单的完成需要经过多项作业人员的操作，如果一项操作不符合要求，就会影响服务质量，降低客户服务水平。所以，仓库和配送中心应该根据企业自身特点，制定切实可行的岗位操作规范标准，以使作业标准化、程序化，提高仓储配送服务质量。

（4）信息系统规划。信息系统规划是仓库和配送中心根据运作管理及业务流程的需要，对管理信息系统进行的统筹规划。主要包括：第一，信息网络规划。配送中心根据自身实际情况对企业内部信息网络进行总体规划布局，实现对外联络顺畅，内部资源共享畅通，形成高效的信息网络。第二，系统功能规划。仓库和配送中心对企业内部信息网络系统进行功能设置，以便满足仓储配送的业务需要，提高配送中心的运作效率，实现管理现代化。第三，信息网络设备配置规划。根据配送中心网络功能规划要求，合理选择信息网络设备，配置参数适当超前的网络设备，以便信息网络在一定期限内满足运营需求，但不要过度超前，以避免浪费。

3.1.2 规划原则与程序

一、规划原则

1. 支持规划目标实现的服务原则

配送系统的规划必须服从、服务于国家和地区经济现代化发展的总体目标，并使现代配送服务成为未来经济发展的重要支持。

2. 发挥自身优势、整合现有资源的系统原则

在配送系统规划阶段必须注意充分利用和整合现有资源，合理规划配送基础设施的新建、改建与配送服务相关企业的功能、组织方式与资产的重组，以期最大限度地发挥配送服务的系统效能。

3. 系统化、专业化、规模化、网络化的建设原则

配送系统建设是依托综合运输体系、商业系统和信息系统等建设的综合项目，因此，在对配送网络系统和配送信息系统进行有针对性的重点规划建设中，必须注重引进吸收国内外现代配送技术和管理运作经验，使配送系统建设朝专业化、规模化及运作网络化方向发展。

4. 全方位、多渠道的协调发展原则

在配送系统规划阶段，应注重协调和整合各方面因素，在重视服务系统与基础设施建设的同时，以技术建设、管理建设、政策建设和人才建设促进配送服务市场及配送服务企业的培育。

5. 重点推进、循序渐进的实施原则

配送系统建设必须遵循重点推进、循序渐进的实施原则。规划阶段工作的关键是

选择好作为配送系统建设突破口的启动建设项目，使其对全局推进产生重要的示范性影响，以此形成当地现代配送体系的基础框架，为今后的持续发展积累经验。

二、规划程序

仓储与配送规划由调查与分析、需求及服务水平预测、规划、评价与实施四个阶段构成，具体程序如图 3—2 所示。

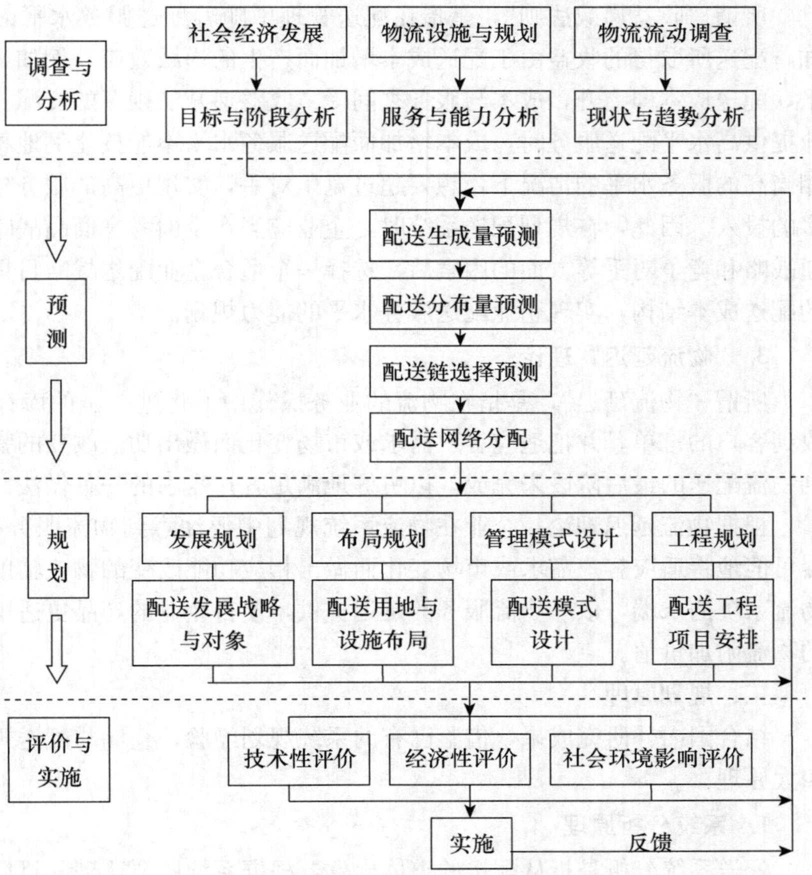

图 3—2　仓储与配送规划的工作程序

3.1.3　规划理论、原理与技术

一、规划理论

在规划仓储与配送系统的过程中，应遵循如下基本理论：

1. 配送系统的“效益背反”理论

所谓“效益背反”，是指同一资源（例如成本）的两个方面处于相互矛盾的关系之中，想要较多地达到其中一个方面的目的，必然使另一方面的目的受到部分损失。物流的各项活动（运输、保管、搬运、包装、流通加工）之间存在“效益背反”现象，如果没有系统的观点，只注重一个物流环节而忽视物流系统的整体效益，往往会对整个系统的效益造成一定影响。因此在规划物流系统时必须研究总体效益，使物流系统化，要以成本为核心，按最低成本的要求，仔细考虑如何推进配送的系统化。在达到企业整体配送资源配置最优与配送效率最大化的基础上，追求整个配送系统部门的最佳效益。

2. 配送服务与配送成本之间的“收益递减法则”理论

所谓“收益递减法则”，是指在配送管理中随着配送服务水平的提高与内容的增加，配送所取得的收益由于配送成本增加而产生的递减效应。例如，提高配送服务水平，配送成本即上升，成本与服务之间受“收益递减法则”的支配。也就是说，当企业提供高水平配送服务时，成本增加而配送服务水平不能按比例地相应提高。在处于相当高的服务水平的情况下，想要超过竞争对手，实现更高的服务标准，就需要有更多的投入。因此，在规划配送系统时，企业应当在全面考虑商品战略、销售战略、流通战略和竞争对手等方面的因素后，选择一个适合企业配送战略目标与客户服务水平的配送成本结构，实现企业配送服务水平的能力规划。

3. “物流延迟”理论

所谓“物流延迟”，是指在物流的业务操作中，将进一步的库存产品加工延迟到收到客户的订单，并把适应客户需求或市场变化而做出功能改变的物流辅助环节推迟到物流配送的最后阶段来完成，以更好地满足客户需求的一种做法。

根据物流延迟理论，企业在物流系统规划中要注意到物流服务提供的增值效用，尽可能地将适应客户需求或市场变化而做出相应功能改变的物流辅助环节组建到企业物流系统的末端，依靠物流服务的延迟提供，使得企业的产品更适销对路，创造更大的物流附加价值。

二、规划原理

结合国内外研究成果，借鉴已有的系统规划经验，仓储与配送规划应该遵循以下四大原理。

1. 系统分析原理

配送系统分析是指从配送的整体出发，根据系统所要达到的目标要求，运用科学的分析工具和计算方法，从全面综合的角度对配送系统的目标、功能和环境、费用和效益等的分析。应用系统分析方法对配送系统进行研究是系统规划的核心思想，配送系统分析可以了解配送系统各部分的内在联系，把握配送系统行为的内在规律性。因此，不论从系统的内部或外部，设计新系统或是改造现有系统，系统分析都是非常重要的。

2. 供需平衡原理

配送规划的主要目的是解决如何提供配送供应以满足配送需求的问题。因此，配送的供应与需求的平衡是一个基本指导思想。应用供需平衡原理规划设计配送系统，能保证以尽可能少的投入最大限度地满足配送发展的要求。

3. 成本效益分析原理

配送成本效益分析原理就是运用经济学及技术经济学的原理与方法来研究配送的

成本、配送的效益。要判断在规划中投入多少供应才能很好地满足需求，必须对配送的成本以及效益进行分析。在资源（如物资、资金、人力、环境）十分有限的情况下，规划必须找到投入产出效益（社会效益与经济效益）最佳的方案。

4. 供应链一体化原理

在现代配送规划中，如何提供与现代制造模式和市场模式相协调的配送保障体系以满足来自制造、消费领域的配送需求，是一个十分关键的问题。供应链一体化思想强调快速反应、战略管理、高柔性、低风险、成本—效益目标等优势，将供应链上下游企业连成一个资源共享的整体，使供应链上的企业分担的采购、生产、分销和销售的职能协调配合。因此，供应链一体化既是现代企业制造模式的新发展，也是现代配送系统服务模式（包含供应模式与经营模式）的新思想。

三、规划技术

1. 仿真技术

配送系统活动范围广泛，涉及面宽，经营业务复杂，品种繁多，且各子系统功能相互交叉，互为因果。因此，它的系统设计是一项十分复杂的任务，需要进行严密的分析。由于它的复杂性，一般很难做试验，即使可以做试验，往往也需耗费大量的人力、物力和时间。因此，要对其进行有效的研究，在系统设计和控制过程中得出有说服力的结论，最重要的是抓住系统的数量特性，建立系统模型。

配送系统仿真的目标在于建立一个既能满足用户要求，又能使配送费用最小的配送网络系统。其中最重要的是如何使配送费用最小。因此，配送系统仿真的首要目标应是最小化配送费用。在进行仿真时，首先分析影响配送费用的各项因素，诸如与销售点、流通中心及工厂的数量、规模和布局有关的运输费用、发送费用等。由于大型管理系统中包含人的因素，用数学模型来表现他们的判断和行为是困难的。但是，人们正在积极研究和探索包含人的因素在内的反映宏观模糊性的数学模型。

仿真技术在配送系统规划中应用较广，且已初见成效。但由于配送系统的复杂性，其应用受到多方面的限制，数据收集、检验、分析工作的难度较大，会影响仿真质量，所完成的模型的精度与实际的接近程度有待进一步研究。另外，仿真属于一种统计分析方法，比起一般的解析方法要粗一些，但这并不影响仿真方法在配送系统规划中的应用和推广。

2. 系统最优化技术

最优化技术是 20 世纪 40 年代发展起来的一个较新的数学分支，近几年发展迅速，应用范围越来越广，其方法越来越成熟，所能解决的实际问题也越来越多。

系统优化问题是系统设计的重要内容之一。所谓最优化，就是在一定的约束条件下，求出使目标函数最大（或最小）的解。求解最优化问题的方法称为最优化方法。一般来讲，最优化技术是对众多方案进行研究，从中选择一个最优的方案。一个系统往往包含许多参数，受外部环境影响较大，有些因素属于不可控因素。因此，最优化技术是在不可控参数发生变化的情况下，根据系统的目标，有效地确定可控参数的数值，使系统处于最优状态。系统最优化离不开系统模型化，先有模型化，而后才有系统最优化。

配送系统所包含的参数绝大多数都属于不可控因素，且相互制约，互为条件。在外界环境约束的条件下，要正确处理好众多因素之间的关系，除非采用系统优化技术，否则难以得到满意的结果。配送系统工程的基本思想是整体优化，对所研究的对象采用定性、定量（主要是定量）的模型优化技术，经过多次测算、比较求好选优，统筹安排，使系统整体目标最优。

系统最优化的方法很多，这是系统工程学中最具实用性的部分。到目前为止，它们大部分是以数学模型来处理一般问题的。如物资调运的最短路径、最大流量、最小输送费用（或最小配送费用）以及配送网点合理选择、库存优化策略等模型。

系统优化的手段和方法应根据系统的特性、目标函数及约束条件等合理选择。常用的配送系统优化方法有：数学规划法，包括静态优化和动态优化规划法、线性与非线性规划法等；时间序列法，包括自适应分析、马尔可夫过程、指数平滑分析等；网络与图论，如树图、最短路径法、最大流最小割法等。另外，博弈论和统计决策也是较好的优化方法。

3. 网络技术

网络技术是现代化管理方法中的一个重要组成部分。它最早用于完成工程任务，后来在企业（或公司）的经营管理中得到广泛应用和发展。它是 1958 年美国海军特种计划局在研制“北极星”导弹潜艇过程中提出的以数理统计为基础，以网络分析为主要内容，以电子计算机为先进手段的新型管理方法，称作计划评审法（PERT）和后来发展的关键路线法（CMP）。PERT 方法主要以时间控制为主，而 CMP 方法则以成本控制为中心。

在现代社会中，生产过程错综复杂，工种繁多，品种多样；流通分配过程涉及面广，影响因素随机、多变，参加的单位和人员成千上万。如何使生产中各个环节互相密切配合、协调一致，使生产—流通—消费衔接平衡，使任务完成既好又快且省，这不是单凭经验或稍加定性分析就能解决的，需要运用网络技术方法来进行统筹安排，合理规划。而且，越是复杂、头绪多、时间紧的任务，运用网络技术就越能取得较大的经济效益。对于关系复杂、多目标决策的配送系统，网络技术分析是不可忽视的基本方法。

利用网络模型来模拟配送系统的全过程以实现其时间效用和空间效用是最理想的。通过网络分析可以明了配送系统各子系统之间以及与周围环境的关联，便于加强横向经济联系；运用网络技术设计配送系统，可研究物资由始发点通过多渠道送达顾客的最优运输网络，以及物料搬运的最短路径。

4. 分解协调技术

在配送系统中，由于组成系统的项目繁多，相互之间关系复杂，涉及面广，这给系统分析和量化研究带来了一定的困难。在此可以采用“分解—协调”方法对系统的各方面进行协调与平衡，处理系统内外的各种矛盾和关系，使系统在矛盾中不断调整，处于相对稳定的平衡状态，充分发挥系统的功能。

所谓分解，就是先将复杂的大系统，比如配送系统，分解为若干相对简单的子系统，以便运用通常的方法进行分析和综合。其基本思路是先实现各子系统的局部优化，再根据大系统的总任务、总目标，使各子系统相互协调配合，实现大系统的全局优化。配送总系统可分解为运输子系统、储存子系统、包装子系统、装卸子系统、流通加工子系统以及信息子系统等若干项。因此，配送系统的优化可以采取分别对各子系统局部优化，然后从系统的整体利益出发不断协调各子系统的相互关系的方法，达到配送系统的费用省、服务好、效益高的总目标。此外，还要考虑如何处理好配送系统与外部环境的协调、适应。

所谓协调，就是根据大系统的总任务、总目标的要求，使各子系统相互协调配合，在各子系统局部优化的基础上，通过协调控制，实现大系统的全局最优化。

除上述方法外，预测、决策论和排队论等技术方法也较广泛地应用于配送系统的研究中。

3.2　配送网络规划

3.2.1　配送网络概述

一、配送网络结构

通过对配送系统的抽象，形成了节点与链连成的网络，如图 3—3 所示。网络中的链代表不同库存储存点之间货物的移动。这些储存点——零售店、仓库、工厂或者供应商——就是节点。规划的重点是配送网络。

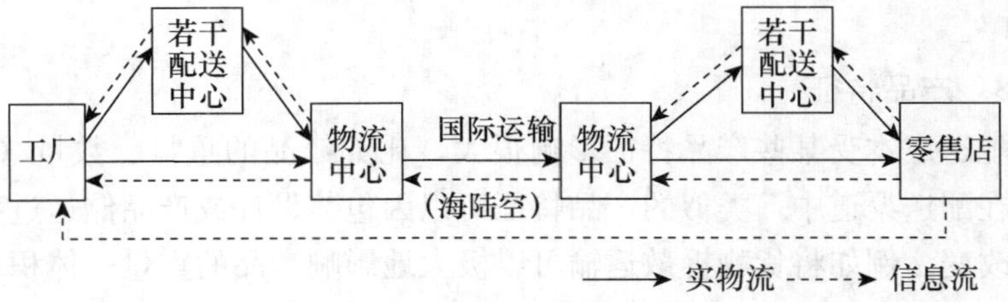

图 3—3　配送网络结构示意图

任意一对节点之间可能有多条链相连，代表不同的运输形式、不同的路线、不同的产品。节点也代表那些库存流动过程中的临时经停点，如货物运达零售店或最终消费者之前短暂停留的仓库。

库存流动中的这些储运活动只是整体物流系统的一部分。此外，还有信息流动网络，其中包括关于销售收入、产品成本、库存水平、仓库利用率、预测、运输费率及其他方面的信息。信息网络中的链由从一地到另一地信息传输的邮件或电子方法构成。信息网络中的节点则是不同的数据采集点和处理点，如进行订单处理、准备提单的职员或更新库存记录的计算机。

从抽象概念来看，信息网络与产品流动网络非常相似，都可以视为节点和链的集合。然而两者最主要的区别在于产品大多是沿分销渠道顺流而“下”（流向最终消费者），而信息则多数是沿分销渠道逆流而“上”（流向原料产地）。

产品流动网络与信息网络结合在一起就形成了物流系统，这样可以避免分别设计可能导致的整个系统设计的欠缺。因此，各个网络并不是相互独立的。例如，信息网络的设计将会影响系统的订货周期，进而影响产品网络各节点保有的库存水平。库存的可得率会影响客户服务水平，进而影响订货周期和信息网络的设计。同样，其他各因素之间的相互依赖也要求从整体的角度看待配送系统，而不能将其分开考虑。

二、影响配送网络结构的因素

配送网络规划过程包括新建、改扩建配送系统的规划。显然，最优化网络规划是规划工作的目标。整个规划工作必须遵循必要的网络评估和审核准则，这些准则包括五个核心方面：需求、客户服务、产品特征、配送成本和产品定价策略。

1. 需求

不仅需求的水平极大地影响物流网络的结构，需求的地理分布也一样。

2. 客户服务

客户服务的内容很广，包括库存可得率、送货速度、订单履行的速度和准确性。随着客户服务水平的提高，与这些因素相关的成本会以更快的速率增长。因此分拨成本受客户服务水平的影响很大，尤其当客户服务水平已经很高时。

由于竞争的压力、政策的修改或主观确定的服务目标已不同于制定配送战略最初所依据的目标等原因，配送服务水平发生了改变，这时企业通常就需要重新制定配送战略。但是，如果服务水平本身很低，变化的幅度也很小，就不一定需要重新规划配送战略。

3. 产品特征

配送成本受某些产品特征影响很大，比如产品的重量、数量（体积）、价值和风险。在配送渠道中，类似的产品特征可以因包装设计或产品储运过程中的完工状态而发生改变。例如将货物拆散运输可以极大地影响产品的重量—体积比和与之相关的运输和存储费率。由于产品特征变化可以极大地改变物流因素组合中的某项成本，而对其他各项成本影响很小，所以可能形成配送系统内新的成本平衡点。因此，当产品特征发生大的变化时，重新规划配送系统可能是有益的。

4. 配送成本

企业实物供给、实物分拨过程中产生的成本往往决定配送系统重新规划的频率。如果其他因素都相同，那么生产高价值产品的企业由于配送成本只占总成本很小的比重，很可能并不关心配送战略是否优化。然而，对于像生产带包装的工业化产品和食品这样配送成本很高的企业，配送战略将是其关注的重点。由于配送成本很高，即使多次重构配送系统只带来稍许改进，也会引起配送成本大幅下降。

5. 产品定价策略

商品采购或销售的定价政策发生变化也会影响配送战略，主要是因为定价政策决定了买方/卖方是否承担某些配送活动。供应商定价由出厂价格（不含运输成本）改为运到价格（含运输成本），一般意味着采购企业无须负责提供或安排内向配送。同样，定价策略也影响商品所有权的转移和分拨渠道内运输责任的划分。

不论价格机制如何影响定价，成本都可以通过配送渠道进行转移，然而，还有一些企业会根据它们直接负担的成本进行配送系统规划。由于运输成本在配送总成本中举足轻重，定价策略的改变一般会导致配送战略的重构。

3.2.2　配送网络规划方法

很多企业的配送网络都是随着业务的发展自然形成的，存在各种不合理的情况。如何优化、改建网络是企业战略性的课题。

配送网络建设的核心包括生产工厂的选址，厂址选择经过了漫长的发展过程，已经有一些成熟的技术及理论。

目前一般应用数学规划等相关理论解决网络规划问题，以下基于运输费用最小的原则，阐述配送网络优化模型以及服务范围优化模型的建立方法。

一、配送网络优化模型的建立

已知某企业有40个需求地，主要分布在亚洲区域，准备在中国香港或新加坡设立配送中心，配送中心候选地有8个，包括新加坡、中国香港、深圳、日本、韩国、上海、天津、大连，配送网络结构如图3—4所示。

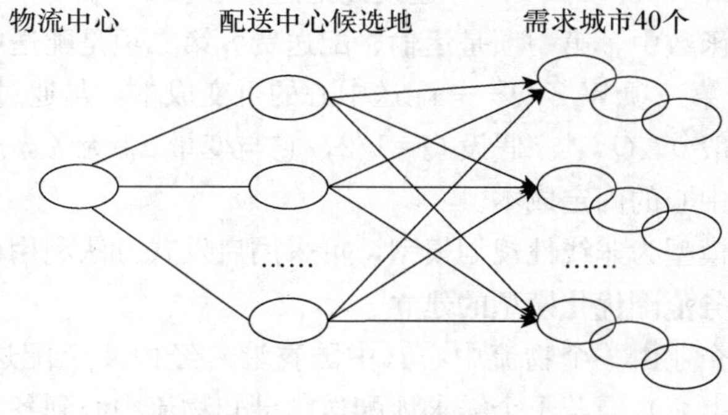

图3—4　网络结构模型

为完善配送网络，研究建立网络优化模型。从1个物流中心经过若干个配送中心向若干个客户配送货品。物流中心已定，配送中心候选地有8个，从中选择若干个配送中心，使总的配送成本最低。

1. 基本思路

配送中心应根据通过配送中心的货品数量的多少来评价和选择。因此，通过求解使总费用最低的运输方案来确定每个配送中心的通过量，由此决定配送中心的取舍。

2. 优化目标

优化目标是使整个网络的配送成本最低。整个网络的配送成本可以表示为：

$$\begin{matrix}\text{总配送}\\\text{费用}\end{matrix}=\text{总运费}+\begin{matrix}\text{总配}\\\text{送费}\end{matrix}+\begin{matrix}\text{配送中心}\\\text{仓储费}\end{matrix}+\begin{matrix}\text{配送中心}\\\text{内部可变费用}\end{matrix}+\begin{matrix}\text{配送中心}\\\text{固定费用}\end{matrix}$$

3. 数学模型

目标函数可表示为：

$$\min f(x_{ijk})=\sum_i\sum_j\sum_k(c_{ij}+d_{jk})x_{ijk}+\sum_j e_jZ_j+\sum_j W_jZ_jQ+\sum_j V_jr(Z_j)$$

约束条件：

$$\sum_{i=1}^{1}\sum_{j=1}^{8}x_{ijk}=P_k,\ k=1,2,\cdots,40;x_{ijk}\geqslant 0;i=1;j=1,2,\cdots,8$$

式中： c_{ij}——从物流中心 i 到配送中心 j 每单位量的运输成本；

d_{jk}——从配送中心 j 到客户 k 每单位量的配送成本；

e_j——配送中心的单位仓储费；

$x_{ijk}=c_{ij}+d_{jk}$——从物流中心 i 经过配送中心 j 到客户 k 的运输量；

Z_j——配送中心 j 的物流通过量，$Z_j=\sum\limits_i\sum\limits_k x_{ijk}$；

W_j——j 配送中心通过量的可变费用系数；

V_j——j 配送中心的固定费用（与配送中心规模无关的费用）；

$r(Z_j)=0$：$Z_j=0$——不建此配送中心；

$r(Z_j)=1$：$Z_j>0$——建设此配送中心。

在目标函数中，第一项是运输、配送费。第二项是配送中心的仓储费，与通过量 Z_j 成正比。第三项 W_jZ_jQ——配送中心的可变成本，与通过量 Z_j 成正比，考虑规模经济性，一般 $0<Q<1$。假设 $Q=1/2$，它与变量 x_{ijk} 无关，优化计算中可不考虑。第四项是配送中心的固定成本。

此优化模型为非线性规划模型，可采用启发式方法利用计算机求解。

二、服务范围优化模型的建立

已知某企业由一个物流中心（中国香港）经由 4 个配送中心（中国香港、新加坡、韩国、上海）向若干个需求地配送。已知物流中心到各个配送中心的距离及单位运费、各配送中心到各需求地的距离和单位运费以及各个需求地的需求量，求使总运费最低的运输方案。这是一个数学规划问题。数学模型研究如下。

设由配送中心 j 到需求地 k 的配送量为 x_{jk}，则目标函数为：

$$\min f(x_{jk})=\sum_j c_j\sum_k x_{jk}+\sum_j\sum_k d_{jk}x_{jk}=\sum_j\sum_k(c_j+d_{jk})x_{jk}$$

约束条件：

$$\sum_j x_{jk}=P_k,\ k=1,2,\cdots,40;x_{jk}\geqslant 0;j=1,2,3,4$$

式中： c_j——从物流中心 i 到配送中心 j 每单位量的运输成本；

d_{jk}——从配送中心 j 到客户 k 每单位量的配送成本；

P_k——第 k 个需求地的配送需求量。

这是一个运输问题的线性规划模型，采用计算机求解。

3.3　仓库与配送中心选址规划

3.3.1　选址的含义与原则

一、选址的含义

选址是仓储与配送规划的重要环节，是指在一个具有若干供应点及若干需求点的经济区域内，选一个地址设置仓库或配送中心的规划过程。较佳的方案是使商品通过配送中心的汇集、中转、分发，直至输送到需求点的全过程效益最好。仓库与配送中心拥有众多建筑物、构筑物以及固定机械设备，一旦建成很难搬迁，如果选址不当，将付出长远代价。因而，配送中心的选址是配送中心规划中至关重要的一步。

仓库与配送中心选址分为两种情况：一种是小型单一设施的选址，主要根据已有的市场和生产规模来确定，较简单。另一种为综合设施的选址，即为企业所属的多个工厂、分销服务中心选择合适的地址，使这些设施的数量、位置和规模达到最优，这是一项复杂的工作。

二、选址的原则

1. 合理化原则

仓库与配送中心的选址是否合理将直接影响运输效益，因此从运输系统的角度考虑，所选地址应在交通方便的地方，一般在交通干线上。

2. 协调性原则

仓库与配送中心的选址应将物流网络作为一个大系统考虑，使仓库与配送中心的设备在地域分布、物流作业生产力、技术水平等方面互相协调。同时，仓库与配送中心的服务对象是需求用户，因此应该使所选位置尽量靠近用户一些。

3. 经济性原则

在仓库与配送中心发展的过程中，有关选址的费用主要包括建设费用及物流费用（经营费用）两部分。仓库与配送中心的选址定在市区或近郊区，其未来物流活动辅助设施的建设规模、建设费用以及运费是不同的，应以总费用最低作为仓库与配送中心选址的经济性原则。

4. 适应性原则

仓库与配送中心的选址应适应国民经济一定时期发展的需要。国民经济的不断发展必然导致生产力布局的变更，生产结构和运输条件也会发生变化。这些变化无疑会对物流系统的效益产生新的要求和影响。选址时，除了要考虑现有的情况外，还应对计划区域内生产发展水平和建设规划进行预测，以使选址方案对今后一定时期内国民经济的发展有较好的适应能力。

3.3.2 选址的影响因素

一、自然环境因素

1. 气象条件

在仓库与配送中心的选址过程中，主要考虑的气象条件有温度、风力、降水量、霜期、冻土深度、年平均蒸发量等指标。如选址时要避开风口，因为在风口建设会加速露天堆放商品的老化。

2. 地质条件

仓库与配送中心是大量商品的集结地。某些容重很大的建筑材料堆码起来会对地面造成很大压力。如果仓库与配送中心地面以下存在淤泥层、流砂层、松土层等不良地质条件，会在受压力地段造成沉陷、翻浆等严重后果，为此，仓库与配送中心选址时要求土壤承载力高。

3. 施工条件

在选址时，要注意调查当地可能提供的建筑材料，如矿石、砖、瓦、钢材等。同时，厂址附近应有足够的施工场地。

4. 地形条件

仓库与配送中心应该选择地势较高、地形平坦之处，且具有适当的面积与外形。选在完全平坦的地形上是最理想的，其次选择稍有坡度或起伏的地方，山区陡坡地区则应该完全避开；在外形上可选择长方形，不宜选择狭长或不规则形状。

二、经营环境因素

1. 经营环境

仓库与配送中心所在地区的优惠物流产业政策对物流企业的经济效益将产生重要影响，数量充足和素质较高的劳动力也是仓库与配送中心选址时考虑的因素之一。

2. 商品特性

经营不同类型商品的仓库与配送中心应分别布局在不同地域，如生产型仓库与配送中心的选址应结合产业结构、产品结构、工业分布进行考虑。

3. 配送费用

物流费用是仓库与配送中心选址的重要考虑因素之一。大多数仓库与配送中心选择接近配送服务需求地，例如接近大型工业区、商业区，以便缩短运距、降低运费。

4. 服务水平

服务水平是仓库与配送中心选址的考虑因素。在现代物流过程中，能否实现准时运送是衡量仓库与配送中心服务水平高低的重要标准，因此，在仓库与配送中心选址时，应保证客户在任何时候向仓库与配送中心提出配送需求，都能获得快速满意的服务。

三、基础设施状况

1. 交通条件

仓库与配送中心必须具备方便的交通运输条件。最好靠近交通枢纽进行布局，如紧邻港口、交通主干道枢纽、铁路编组站或机场，有两种以上运输方式相连。

2. 公关设施状况

仓库与配送中心的所在地要求城市的道路、通信等公共设施齐备，有充足的供电、水、热、燃气的能力，且场区周围要有污水、固体废物处理能力。

四、其他因素

1. 国土资源利用

仓库与配送中心的规划应贯彻节约用地、充分利用国土资源的原则。仓库与配送中心一般占地面积较大，周围需要留有足够的发展空间，为此地价的高低对布局规划有重要影响。此外，仓库与配送中心的布局还要兼顾区域与城市规划用地等其他要素。

2. 环境保护要求

仓库与配送中心的选址需要考虑保护自然环境与人文环境等因素，尽可能降低对城市生活的干扰。对于大型转运枢纽，应适当设置在远离市中心的地方，使得大城市交通环境状况能够得到改善，城市的生态建设得以维持和改进。

3. 周边状况

由于仓库与配送中心是火灾重点防护单位，不宜设在易散发火种的工业设施（如木料加工、冶金企业）附近，也不宜选择居民住宅区附近。

3.3.3　选址的步骤

一、选址约束条件分析

选址时，首先要明确建立配送中心的必要性、目的和意义。然后根据物流系统的现状进行分析，制定物流系统的基本计划，确定需要了解的基本条件，以便大大缩小选址的范围。

1. 需要条件

包括配送中心的服务对象现在的分布情况及未来情况、货物作业量的增长率及配送区域的范围。

2. 运输条件

应靠近铁路货运站、港口和公共卡车终点站等运输节点，同时也应靠近运输业者的办公地点。如北京市的四道口蔬菜、果品配送中心就建在铁路货运站的旁边，并且靠近公路，交通运输十分便利，有得天独厚的运输条件。

3. 配送服务水平

向顾客报告到货时间、发送频度、根据供货时间计算的从顾客到配送中心的距离和服务范围。

4. 用地条件

是用现有的土地还是重新取得地皮？如果重新取得地皮，那么地价有多贵？地价允许范围内的用地分布情况如何？

5. 法规制度

根据用地区域的法律规定，哪些地区不允许建立配送中心？

6. 流通职能条件

商流职能是否要与物流职能分开？配送中心是否也有流通加工的职能？如果需要，从保证职工人数和通行方便出发，要不要限定配送中心的选址范围？

7. 其他

不同的物流类别有不同的特殊需要。如保持货物质量的冷冻和保温设施、防止公害设施或危险品保管设施等对选址都有特殊要求，是否有满足这些条件的地区？

二、收集整理资料

选择地址的方法一般是进行成本计算，也就是将运输费用、配送费用及物流设施费用模型化，根据约束条件就目标函数建立数学模型，从中寻求费用最小的方案。但是，采用这种方法寻求最优的选址时，必须对业务量和生产成本进行正确的分析和判断。

1. 掌握业务量

选址时，应掌握的业务量包括如下内容：(1) 工厂到配送中心的运输量；(2) 向顾客配送的货物数量；(3) 配送中心保管的数量；(4) 配送路线上的业务量。

由于这些数量在不同时期会有种种波动，因此，要对所采用的数据进行研究。另外，除了对现在的各项数据进行分析外，还必须确定设施使用后的预测数值。

2. 掌握费用

选址时，应掌握的费用如下：(1) 供货点到配送中心的运输费；(2) 配送中心到顾客的配送费；(3) 与设施、土地有关的费用及人工费、业务费。

由于两项费用会随着业务量和运送距离的变化而变动，所以必须对每一吨公里的费用进行分析（成本分析），包括可变费用和固定费用，最好根据两者之和进行成本分析。

3. 其他

用缩尺地图表示顾客的位置、现有设施的方位及工厂的位置，并整理各候选地址的配送路线及距离等资料：必备车辆数、作业人员数、装卸方式、装卸机械费用等，要与成本分析结合起来考虑。

三、地址筛选

在对所取得的上述资料进行充分的整理和分析，考虑各种因素的影响并对需求进行预测后，就可以初步确定选址范围，即确定初始候选地点。

四、定量分析

针对不同情况选用不同的模型进行计算，得出结果。有关具体定量方法将在下面专门说明。

五、结果评价

结合市场适应性、购置土地条件、服务质量等，对计算结果进行评价，看其是否具有现实意义及可行性。

六、确定选址方案

在用加权法复查通过后，计算结果即可作为最终的结果。但是所得解不一定为最优解，可能只是符合条件的满意解。

3.3.4　选址方法

一、单设施选址方法

重心法是选址问题中最常用的一种模型，可以用来解决连续区域直线距离的单点选址问题。所谓重心法，是将物流系统的资源点与需求点看成分布在某一平面范围内的物体系统，各资源点与需求点的物流量可分别看成物体的重量，物体系统的重心将作为仓库或配送中心的最佳位置。

利用重心法进行选址时，有四个基本假设，即

（1）需求集中于某一点；

（2）运输费用只与配送中心和需求点的直线距离有关，不考虑城市交通状况；

（3）不同地点的建设费用、营运费用相同；

（4）各个需求点的位置和需求量已知且不变。

二、多设施选址方法

1. 定量方法

（1）Kuehn-Hamburger 模型。Kuehn-Hamburger 模型是对多个设施进行选址的典型方法。它是一种启发式的方法，即先简单地求出初始解，然后经过反复计算修改这个解，使之逐步达到最优解。

（2）模拟模型。模拟模型在求解的精度上要低于数学优化模型，但能在全面反映实际问题的基础上求得满意解。

2. 定性方法

实践中，选址还需要采用定性方法。定性分析是指在选址基本理论的基础上，借助决策人员多层次的经验知识与统筹能力，确定配送中心的具体位置，代表性的方法主要有加权评分法、优缺点比较法、德尔菲法等。

（1）加权评分法。选址时的许多重要因素难以精确地量化，这样就难以对各种选址方案作对比分析。常用的处理方法是加权评分法。加权评分法就是选定几个因素并给出权重，对欲确定的地址求加总分得出该选址方案的最后评分，以此得出最优的选址方案。

（2）优缺点比较法。优缺点比较法是一种最为简单的定性分析选址方法。该方法将各选址方案的优缺点都罗列出来，通过分析比较各方案的特点按多个等级进行评分，等级越高，得分越高，最终计算各项得分的加权总和，得分最多的方案为最优方案。在具体操作的过程中，决策人员多使用一个含有选址影响因素的表格对不同方案

的各因素进行评分。最常考虑的影响因素包括区域地形、位置、面积、水电设施状况、所有者情况等。该方法受主观因素的影响较大，采取就事论事的态度，不够科学精确，在如今选址中很少用到，但对于最初接触选址问题、需要综合考虑选址影响因素的工作人员仍具有一定的参考价值。

（3）德尔菲法。德尔菲法的思路是：采用函询这种背对背的方式来征询专家小组成员的意见，以数值的形式表示出来，经过客观分析和多次征询，使专家小组的意见趋于集中，从而做出最后的决策。该方法多用于预测工作，也可用来对配送中心的选址进行定性分析。该方法较简单，但是主观性太强，最终的决策结果受到专家们的知识经验以及他们所处的时代背景、社会环境等因素的影响与限制，在候选点过多时不易达成一致，从而致使最终选址结果不够科学。因此，在候选点有限时，该方法比较有效，但在为城市大的物流系统进行配送中心选址时，要求具备大量的基础资料与信息并结合定量分析，否则会显得说服力不足。

3.3.5 选址实例

一、重心法的步骤

设在某计划区域内有 n 个资源点和需求点，各点的资源量或需求量为 w_{ij}（i，$j=1$，2，…，n），它们各自的坐标是（x_{ij}，y_{ij}）（i，$j=1$，2，…，n）。现计划在该区域内设置一个仓库，设该仓库地址的坐标为（x_d，y_d），仓库地址至资源点或需求点的运费率是 a_j。

根据求平面中物体重心的方法，可以得到

$$\bar{x}=\sum_{j=1}^{n}a_jw_jx_j/\sum_{j=1}^{n}a_jw_j$$

$$\bar{y}=\sum_{j=1}^{n}a_jw_jy_j/\sum_{j=1}^{n}a_jw_j$$

将数值代入，实际求得的（$\bar{x}$，$\bar{y}$）值即为所求仓库位置的坐标（x_d，y_d）。其对应的运输总成本为：

$$F=\sum_{j=1}^{n}a_jw_j\sqrt{(x_d-x_j)^2+(y_d-y_j)^2}$$

二、应用实例

［实例］ 某公司拟建一配送中心，每年需要为 P_1 地配送水果，为 P_2 地配送蔬菜，为 P_3 地配送乳制品，为 P_4 地配送肉制品，各地的具体位置及每年的材料运量如表 3—1 所示。假设该配送中心对各地的单位运输成本相等。用重心法求出配送中心的最优地址。

表3—1　各地的具体位置及每年的材料运量

工厂及其地理位置坐标（千米）	P_1		P_2		P_3		P_4	
	x_1	y_1	x_2	y_2	x_3	y_3	x_4	y_4
	30	80	50	50	25	25	60	30
年材料运量（吨）	2 000		1 500		1 000		2 500	

［解］　根据求平面中物体重心的方法，可以得到该配送中心地址的地理坐标：

$$x_d=(30\times2\,000+50\times1\,500+25\times1\,000+60\times2\,500)/(2\,000+1\,500+1\,000+2\,500)=44.29$$

$$y_d=(80\times2\,000+50\times1\,500+25\times1\,000+30\times2\,500)/(2\,000+1\,500+1\,000+2\,500)=47.86$$

所以，配送中心的坐标为（44.29，47.86）。

［实例］　某家电企业有两个分厂（P_1，P_2），分别生产彩电、冰箱两种产品，供应三个目标市场（M_1，M_2，M_3），地理坐标及各个点的运输总量和运输费率如表3—2所示。现欲设置一个配送中心，彩电、冰箱两种产品通过该仓库向三个市场的客户供货。

表3—2　各个点的运输总量及运输费率

节点	产品	运输总量（件）	运输费率[元/(件·公里)]	坐标	
				x_j	y_j
P_1	彩电	6 000	0.04	3	8
P_2	冰箱	7 000	0.04	8	2
M_1	彩电、冰箱	4 000	0.09	2	5
M_2	彩电、冰箱	3 000	0.09	6	4
M_3	彩电、冰箱	5 000	0.09	8	8

(1) 请用重心法求出配送中心的最优地址（只需求出初始选址点即可）。

(2) 计算初始选址点对应的运输总成本。

(3) 若已知有两个城市可以设立配送中心，其地理数据坐标为：甲城市（$x=5.6$，$y=5.7$）；乙城市（$x=7.9$，$y=8.7$）。试问地址选定在哪个城市比较好？

［解］　(1) 设重心坐标为（x_0，y_0），根据重心法，公式如下：

$$x_0=\sum_{j=1}^{n}a_jw_jx_j/\sum_{j=1}^{n}a_jw_j$$

$$=\frac{6\,000\times0.04\times3+7\,000\times0.04\times8+4\,000\times0.09\times2+3\,000\times0.09\times6+5\,000\times0.09\times8}{6\,000\times0.04+7\,000\times0.04+4\,000\times0.09+3\,000\times0.09+5\,000\times0.09}$$

$$=5.6(\text{公里})$$

$$y_0=\sum_{j=1}^{n}a_jw_jy_j/\sum_{j=1}^{n}a_jw_j$$

$$=\frac{6\,000\times0.04\times8+7\,000\times0.04\times2+4\,000\times0.09\times5+3\,000\times0.09\times4+5\,000\times0.09\times8}{6\,000\times0.04+7\,000\times0.04+4\,000\times0.09+3\,000\times0.09+5\,000\times0.09}$$

$=5.6$(公里)

即该配送中心的坐标为（5.6，5.6）。

(2) 初始选址点对应的运输总成本为：

$$F=\sum_{j=1}^{5}a_j\,w_j\,\sqrt{(x_0-x_j)^2+(y_0-y_j)^2}$$

$$=6\,000\times0.04\times\sqrt{(5.6-3)^2+(5.6-8)^2}+7\,000\times0.04\times\sqrt{(5.6-8)^2+(5.6-2)^2}$$
$$+4\,000\times0.09\times\sqrt{(5.6-2)^2+(5.6-5)^2}+3\,000\times0.09\times\sqrt{(5.6-6)^2+(5.6-4)^2}$$
$$+5\,000\times0.09\times\sqrt{(5.6-8)^2+(5.6-8)^2}$$

$=5\,347.2$(元)

即若将该配送中心选在（5.6，5.6），其对应的运输总成本为 5 347.2 元。

(3) 若在甲城市设立配送中心，则其费用为：

$$F_{甲}=\sum_{j=1}^{5}a_j\,w_j\,\sqrt{(x_0-x_j)^2+(y_0-y_j)^2}$$

$$=6\,000\times0.04\times\sqrt{(5.6-3)^2+(5.7-8)^2}+7\,000\times0.04\times\sqrt{(5.6-8)^2+(5.7-2)^2}$$
$$+4\,000\times0.09\times\sqrt{(5.6-2)^2+(5.7-5)^2}+3\,000\times0.09\times\sqrt{(5.6-6)^2+(5.7-4)^2}$$
$$+5\,000\times0.09\times\sqrt{(5.6-8)^2+(5.7-8)^2}$$

$=5\,355.7$(元)

即若将该配送中心选在甲城市，其对应的运输总成本为 5 355.7 元。

若在乙城市设立配送中心，则其费用为：

$$F_{乙}=\sum_{j=1}^{5}a_j\,w_j\,\sqrt{(x_0-x_j)^2+(y_0-y_j)^2}$$

$$=6\,000\times0.04\times\sqrt{(7.9-3)^2+(8.7-8)^2}+7\,000\times0.04\times\sqrt{(7.9-8)^2+(8.7-2)^2}$$
$$+4\,000\times0.09\times\sqrt{(7.9-2)^2+(8.7-5)^2}+3\,000\times0.09\times\sqrt{(7.9-6)^2+(8.7-4)^2}$$
$$+5\,000\times0.09\times\sqrt{(7.9-8)^2+(8.7-8)^2}$$

$=7\,258.2$(元)

即若将该物流中心选在乙城市，其对应的运输总成本为 7 258.2 元。

因为 $5\,355.7<7\,258.2$，所以相对乙城市来说，在甲城市设立配送中心合理些。

3.4 仓库与配送中心设施设备规划

3.4.1 设施布置

一、设施布置程序

传统的设施布置以企业生产系统的空间静态结构（布局）为研究对象，从企业动态结构——物流状况分析出发，探讨企业平面布置设计目标、设计原则，着重研究设计方法与设计程序（步骤），使企业人力、财力、物力和物流、人流、信息流得到最合理、最经济、最有效的配置和安排，从根本上提高企业的生产效率，达到以最少的投入获得最大效益的目的。随着研究的深入及系统工程、运筹学、计算机技术的发展应用，近年来形成了一些先进的设计方法，其中最具代表性的是缪瑟（R. Muther）创立的系统布置设计（systematic layout planning，SLP）方法，使设施规划与设计由定性阶段发展到定量阶段，并且广泛推广到包括物流设施在内的各种生产系统与服务系统中。

依据缪瑟的观点，设施布置与设计是一个由预规划、确定方案、总体规划、详细规划、规划实施、规划后等与时间有关的阶段组成的过程，各阶段既应依次进行也应相互搭接。无论是总体规划还是详细规划，都采用相同的设计步骤——SLP 程序，如图 3—5 所示。

下面以配送中心设施布置为例应用 SLP 程序，一般经过下列步骤：

1. 准备原始资料

在系统布置设计开始时，首先必须明确给出基本要素——产品（P）、产量（Q）、生产工艺过程（R）、辅助服务部门（S）及时间安排（T）等原始资料，同时需要对作业单位的划分情况进行分析，通过分解与合并得到最佳的作业单位划分状况。所有这些均作为系统布置设计的原始资料。

2. 确定配送作业流程

配送中心实体作业流程直接影响其功能区布局。所以，首先应该根据所规划配送中心的主营业务、规模、配送物品的类别等情况制定配送实体作业流程。

3. 设置功能区

根据配送中心的规模、管理模式、作业流程设定功能区的数量，设置进货、仓储、流通加工等区域。

4. 物流分析与各功能区相互关系分析

物流分析的结果可以用物流强度等级及物流相关表来表示；非物流作业单位的相互关系可以用量化的关系密级及相互关系表来表示。在需要综合考虑作业单位物流与非物流的相互关系时，可以采用简单加权的方法将物流相关表及作业单位相互关系表

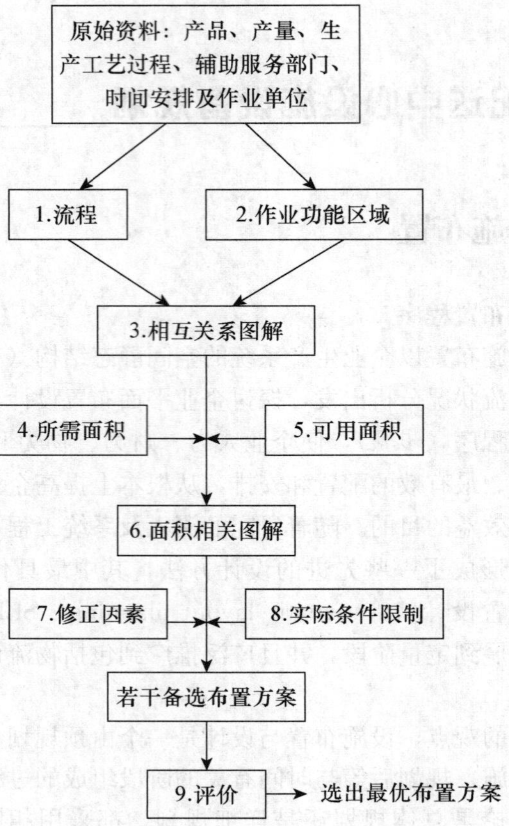

图 3—5 SLP 程序设计图

综合成综合相互关系表。

5. 绘制作业单位位置相关图

根据物流相关表与作业单位相互关系表，考虑每对作业单位相互关系等级的高低，决定两作业单位相对位置的远近，得出各作业单位的相对位置关系，有些资料上也称为拓扑关系。这时并未考虑各作业单位具体的占地面积，从而得到的仅是作业单位相对位置，称为位置相关图。

6. 计算作业单位占地面积

各作业单位所需占地面积与设备、人员、通道及辅助装置等有关，计算出的面积应与可用面积相适应。

7. 绘制作业单位面积相关图

把各作业单位占地面积附加到作业单位位置相关图上，就形成了作业单位面积相关图。

8. 修正

作业单位面积相关图只是一个原始布置图，还需要根据其他因素进行调整与修正。此时需要考虑的修正因素包括物料搬运方式、操作方式、储存周期等，同时还需要考虑实际限制条件，如成本、安全和职工倾向等。考虑了各种修正因素与实际限制条件之后，对面积图进行调整，得出数个有价值的可行布置方案。

9. 方案评价与择优

针对前面得到的数个方案，需要进行技术、费用及其他因素评价，通过对各方案的比较评价，选出或修正设计方案，得到布置方案图。

二、设施布置原则

（1）减少或消除不必要的作业，这是企业提高生产效率和降低消耗最有效的方法之一。只有在空间上减少占地，物料上减少停留、搬运和库存，才能保证投入的资金最少、生产成本最低。

（2）以流动的观点作为设施规划的出发点，并贯穿设计规划的始终。仓储和配送系统的有效运行依赖于人流、物流、信息流的合理化。

（3）运用系统的概念、系统的分析方法求得系统的整体优化。

（4）设施规划设计是从宏观到微观，又从微观到宏观的反复迭代、并行设计的过程。要先进行总体方案布置设计，再进行详细布置，然后详细布置设计方案要反馈到总体布置方案中，对总体方案进行修正。

三、设施功能区

功能区是实现某种特定功能的区域场地。配送中心功能区是为了实现物流配送作业而设立的诸多作业区域。所设立的具有不同作业内容的区域实现各自的目的，发挥应有的作用，共同完成配送中心的配送业务。

配送中心功能区布局规划就是对配送中心所设置的若干功能区进行合理布局，恰当安排它们之间的相对位置，使配送中心业务运作流畅。配送中心功能区的设置依据主要是配送中心的业务功能、作业流程和总体规模。

功能区分为物流功能区和非物流功能区两大类，具体说明如下。

1. 物流功能区

（1）进货区。在此区域进行从货物运达到入库所要进行的卸货、验收计量、入库等相关作业。对应的功能小区包括卸货区、检验计量区、进货暂存区等。

（2）仓储区。对入库货物进行仓储保管。根据所储存货物的性质特点进行科学合理的存储与保管。仓储区包括普通仓储区、特殊仓储区等，以适应货物对温度和湿度的特殊要求。

（3）流通加工区。根据客户需要对一些货物进行流通加工的区域。通常有零部件组装、产品分割、打印条码、销售包装等作业。流通加工区包括一般加工区、特殊加工区和包装区等。

（4）理货区。完成客户订单所进行的理货作业的场地。主要是拣选、补货、分拣、组配货等作业。理货区可细分为备拣区、运输包装区、分拣区等。

（5）出货区。对分拣和组配后的货物进行检验计量、装车等相关作业的场地。对应的功能小区包括发货暂存区、装货区等。

（6）逆向物流作业区。配送中心对退货、瑕疵品及废品等进行处理及存储的作业区域。包括退货卸货区、退货处理区、物料回收区、退货暂存区等。

2. 非物流功能区

(1) 办公管理区。办公管理区是配送中心进行日常经营管理的办公区域。包括综合办公区、后勤保卫区等。

(2) 辅助作业区。是配送中心正常运营所必需的相关区域，提供动力、安全、消防、设备及车辆停放等功能。包括能源动力区、消防设施区、设备停放区、车库、停车场等。

(3) 业务服务区。是提供增值服务以及生活服务的场所。如为供货商提供展览、促销、交易等服务；提供金融、工商、海关、税务等配套服务；提供车辆检修、加油等服务；为客户及工作人员提供休息、接待、娱乐、餐饮等服务。包括样品展示区、业务洽谈区、生活服务区（车辆检修、娱乐休息、餐饮住宿）等。

功能小区可以根据作业特征、作业量以及作业的繁杂程度细化，有些作业可能在几个功能区均有发生，所以，功能小区的划分应该灵活掌握。

四、设施功能区规模的确定

1. 进货区

进货区是从货物运达到入库所进行相关作业（包括车辆到达、卸货、验收等）的场所。各种作业对应的功能小区包括卸货区、检验计量区、进货暂存区等。影响进货区规模的主要因素是进货量、进货频率、进货时间、进出货口是否共用、卸货车辆特征及进出频率、货物特征及装载特性、卸货方式及配置设备的特征等。

装卸区是整个配送中心实现高效率运转的重要环节。一般装卸区均应设置装卸货平台，并设置雨棚以降低不良天气对作业的影响，遮阳（雨）棚与月台的高度至少需要 3 米，与地面的高度至少需要 4 米，遮阳（雨）棚的长度至少需要 5 米。月台宽度根据进出货量、进出货频率、货物特征以及搬运叉车型号等因素确定，一般取 4 米。月台高度是配合卡车货台的高度，根据车型设置，一般而言，月台的高度分别为：2 吨车约为 0.7 米，4 吨车约为 0.9 米，11 吨车约为 1.2 米，拖车及货柜车约为 1.3 米。

根据进货区的构成，进货区面积的计算公式如下：

$$S_I = \sum_{i=1}^{n} S_i\,,\ i = 1,2,\cdots,n \qquad (3—1)$$

式中：S_I—— 进货区面积；

n—— 功能小区的数量；

S_i—— 进货功能小区(卸货区、暂存区等) 面积。

2. 仓储区

仓库存货占用空间的大小必须依据货物尺寸及数量、堆码方式、托盘尺寸、货架货位空间等因素来确定。

(1) 地面平置堆码。如果仓库货物多为大批量出货，采用借助托盘在地面上平置堆码的储存方式，则计算存货空间需考虑货物尺寸、数量及托盘尺寸。

$$D=\frac{Q}{N}\ (A\times A)$$

式中：D——存货空间需求；

Q——仓库平均存货量；

N——平均每托盘堆码货物箱数；

$A\times A$——托盘尺寸。

（2）使用托盘货架储放。

$$D=\frac{Q}{n\times N}\ (A\times A)$$

式中：D，Q和N的说明同上；

n——托盘尺寸为$A\times A$的货架层数。

（3）使用中小型货架无托盘存放。如果库存货物尺寸不大，且属少量多品种出货，则可采用中小型货架，以箱为单位储存。

$$D=\frac{Q}{n\times N}\ (a\times b)$$

式中：D，Q的说明同上；

N——平均每货位堆放货物箱数；

n——货架层数；

$a\times b$——每一货位的尺寸。

3. 流通加工区

流通加工区是根据客户需要对一些货物进行流通加工作业的场地。通常有零部件组装、产品分割、打印条码、销售包装等作业。流通加工区包括一般加工区、特殊加工区和包装区等。影响流通加工区空间需求的因素主要是作业量、加工作业方式、加工设备规格等。流通加工区面积可按以下公式计算：

$$S_p=S_{ml}+S_{al}$$

式中：S_p——流通加工区面积；

S_{ml}——加工设备占用面积；

S_{al}——操作活动所需面积。

3.4.2 设备选择

一、设备选择的原则

经过设施布置后，各区域设备的配置、选择是仓库与配送中心建设中的重要环节。各项设备一般投资大、使用期限长，在选择时应遵循以下原则。

1. 标准化原则

标准化原则是指在选择物流仓储和配送设备时，应尽可能采用标准化的设备系列及货物单元。标准化既指设备设计制造的标准化，也指仓储和配送设备作业的标准化。不仅大的装卸搬运设备要实行标准化，即使是小型的、简单的调货工具和成组工具，也需要标准化。

采用标准化机械设备可以降低购置和管理费用，提高作业效率和经济效益。特别是选用标准化集装箱单元器具，有利于搬运、装卸、存储作业的统一化和设施设备的充分利用，有利于国内外物流作业的接轨。同时，设备标准化符合经济原则，可以在很大程度上减少备件的数量，提高维修人员的技术熟练度和维修质量，降低维修费用，大大简化作业流程。

2. 系统化原则

系统化就是用系统的观点和方法，对物流中心设备运行所涉及的各环节进行系统分析，以改善各个环节的机能，使物流中心设备发挥最大的效能，并使物流系统整体效益最优。

3. 适用性原则

适用性是物流设备满足使用要求的能力，包括适应性和实用性。在配置与选择物流中心设备时，应充分注意物流作业的实际需要和发展规划相适应，符合商品的特性，适应货运量的需要，适应不同的工作条件和多种作业性能的要求，操作使用灵活方便。

4. 技术先进性原则

技术先进性是指配置和选择的物流设备能够反映当前科学技术的先进成果，在主要技术性能、自动化程度、结构优化、环境保护、操作条件、现代新技术的应用等方面具有技术上的先进性，并在时效性方面满足技术发展的要求。

5. 低成本原则

低成本是指物流机械设备的寿命周期成本低。它不仅是指一次购置费用低，更重要的是指物流机械设备的使用费用低。任何先进的物流机械设备的使用都受经济条件的制约，低成本是衡量机械设备技术可行性的主要标志和依据之一。

6. 可靠性和安全性原则

可靠性是指物流机械设备在规定的使用时间和条件下，完成规定作业的能力。安全性是指物流机械设备在使用过程中保证人身和货物安全以及环境免遭危害的能力。随着物流作业现代化水平的提高，可靠性和安全性日益成为衡量设备好坏的重要因素。

7. 一机多用原则

一机多用是指物流机械设备具有多种功能，适应多种作业的能力。配置一机多用的物流设备，可以实现一机同时适应多种作业环境，这样有利于减少作业环节，提高作业效率，并减少物流设备台数，便于物流设备的管理。

二、储存设备的选择

储存是仓库与配送中心作业环节的核心，储存设备是最基本的物流设施。储存设备既可以存放和有效地保护商品，又可以提高储存空间的利用率。

储存设备的选用设计包括如下步骤。

1. 储存货物分类

配送中心储存的物品多达数十万种，每种物品的发货量、储存方式、拣取单位和包装形式都不一样。因此，首先应将货物分成A，B，C三类，然后再根据货物所属类别的不同来选择不同的储存设备。

2. 储存设备的型号选择

在选择适用的储存设备时，最主要的依据是配送中心的功能和运作方式，其次还必须综合考虑货物特征、出入库量的大小、库房结构以及配套的搬运设备等因素。

(1) 运作方式。配送中心仓储区的运作方式影响着储存设备的选择，一般存取性与储存密度是相对的。也就是说，为了得到较高的储存密度，必须相对牺牲物品的存取性。有些货架虽然可以达到较高的储存密度，但会使货位管理较为复杂。

(2) 货物特性。货物的尺寸大小、外形包装以及货物性质等会影响储存单位的选用。储存单位不同，使用的储存设备就不同，例如托盘货架适用于托盘储存，而箱式货架则适合储箱使用。若外形尺寸特别，则有一些特殊的储存设备可选用，而物品本身的自然属性如果有特殊要求，如易腐性或易燃性物品，就需要在储存设备上做防护。

(3) 出入库量。根据要规划的仓储区对库存货物是否有先进先出要求，以及货物的出入库频率来选择适当的储存设备。有的物流中心要求货物先进先出，有些货架虽然可以达到较高的储存密度，但出入库量不高，适于低频率作业。

三、搬运设备的选择

仓储和配送的整个过程涉及多种搬运设备。在选择和配置过程中，技术指标、经济指标及人机关系指标经常存在矛盾，例如为了保证设备的可靠性，有时需要选择昂贵的设备。因此必须根据企业的实际情况和侧重点进行合理的选择和配置。

1. 搬运设备指标评价体系

如表3—3所示，搬运车辆指标评价体系由五部分组成，即技术指标、经济指标、可靠性指标、适应性指标和人机关系指标。

表3—3　　搬运车辆指标评价体系

名称	内容
技术指标	设备的主要性能参数，如宽度、高度、载重量等
经济指标	购置和使用过程中涉及的费用
可靠性指标	设备的耐用程度及发生故障的频率
适应性指标	与其他设备协同工作时的适应能力
人机关系指标	设备对操作人员的友好性：操作难易程度、噪音等

2. 搬运设备合理配置的因素

(1) 搬运设备或起升设备。一般情况下，当搬运距离小于50米时，应该选择堆垛起升设备，如巷道堆垛机和叉车；当搬运距离在50～300米之间时，一般应选择堆垛用起升设备和非堆垛用搬运设备，如叉车和平台搬运车搭配使用；当搬运距离超过300米时，应选用牵引车或平台搬运车来进行搬运作业。

（2）电动车辆和内燃车辆。两者在性能上有一定差别。一般情况下，以室内作业为主的搬运作业选择电动车辆，以室外作业为主的搬运作业选择内燃车辆。从设备的经济性来考虑，一般情况下，电动叉车的购置费用较高，但其可变费用较低，经济寿命较长，总的经济性能良好。

（3）搬运设备的价格与性能。一般情况下，用户在购买搬运设备时过于重视一次性的购置费用，但从长远来看，价格较高、性能较好的设备具有更好的经济性。同时，作业强度较低时，性能好的设备经济性较差。

知识拓展

叉车选择

叉车是最普遍的搬运设备，所以这里介绍一下叉车的选择方法。

（1）根据仓储区的日吞吐量、作业高度、搬运距离进行选择。仓储区的日吞吐量、作业高度和搬运距离要与叉车的技术性能参数相符。

1）仓储区的日吞吐量是指仓储区每天进出货物的总重量或搬运托盘的数量。根据仓储区的日吞吐量确定所选叉车的搬运能力和叉车的数量。叉车的搬运能力表现为叉车在一定时间内所搬运托盘的数量和重量，它不仅与叉车本身的额定载重量有关，还与叉车的使用环境及操作者有关，使用环境是指仓储区的大小及通道的长短。

2）仓储区的作业高度。根据仓储区的作业高度不同来选择叉车的货叉最大起升高度，在选择时应保证货叉的最大起升高度高于仓储区的仓库高度。

（2）选择叉车的其他影响因素。

1）托盘。大部分叉车都是以托盘为操作单位的，所以托盘的尺寸和规格直接影响叉车的类型选择。目前使用最普遍的托盘是欧洲标准的800×1 200和1 000×1 200的四向叉取式托盘，它适合各类车型，而双向、双面托盘只适合前移式叉车、平衡重式叉车。

2）通道宽度。通道宽度至少要满足叉车转弯或叉取货物的要求。不同类型叉车通道宽度如表3—4所示。

表3—4　不同类型叉车通道宽度

类型	推式叉车	平衡重式叉车	前移式叉车	侧面式叉车	拣取式叉车
通道宽度（m）	1.2～1.5	3～4.5	2.5	略大于叉车车体宽度	1.2

3）仓储区的场地。仓储区的光滑度、平整度状况和承重能力极大地影响叉车的使用，如果仓储区的承重能力不足，在选择叉车时应充分考虑叉车的自重对地面的影响。

3. 装卸搬运设备的配置

物流中心有较高的设备配置系数。配置系数可按下式计算：

$$K=\frac{Q_c}{Q_t}$$

式中：K——仓储设备配置系数，一般取 0.5～0.8；

Q_c——仓储机械设备能力，即设备能完成的物流量；

Q_t——仓储过程总物流量。

通常情况下，当 $K>0.7$ 时，表明机械化作业程度高；当 $K=0.5\sim0.7$ 时，表明机械化作业程度中等；当 $K<0.5$ 时，表明机械化作业程度低。

在为物流中心配置机械设备时，可以根据物流中心的要求预先规定一个 K 值（即要求达到的机械化作业程度）来计算设备需完成的物流量。

机械设备的数量配置可用下列公式计算：

$$Z=\sum_{i=1}^{M}Z_i$$

式中：Z——仓储区内机械设备总台数；

M——机械设备类型数；

Z_i——第 i 类机械设备台数。

$$Z_i=\frac{Q_{ci}}{Q_e\beta\eta\delta\tau}$$

式中：Q_{ci}——第 i 类机械计划完成的物流量；

Q_e——设备的额定载重量；

β——起重系数，即平均一次吊装或搬运的重量与 Q_e 的比值；

η——单位工作时间平均吊装或搬运次数，由运行距离、运行速度以及所需辅助时间确定；

δ——时间利用系数，即设备年平均工作小时与 τ 的比值；

τ——年工作小时，一班制取 7 小时乘以工作日数。

机械设备能力的评价参数 β，η，δ 应根据作业场所的性质、物品的种类以及机械设备类型进行实测确定。

3.5　仓库与配送中心货位规划

3.5.1　货位规划的概念与原则

一、货位规划的概念

仓库货位是仓库内具体存放货物的位置。库场除了通道、机动作业场地，就剩下存货的货位。货位可大可小，有大至几千平方米的散货货位，有小至仅零点几平方米的橱架货位，根据所存货物的情况确定。货位分为场地货位、货架货位，有的相邻货位可以串通合并使用，有的预先已安装地坪，无须垫垛。

为了使仓库管理有序、操作规范，存货位置能准确表示，需要根据仓库的结构、功能、货位的性质等因素按照最近、最捷、最廉、最适"四最"原则将仓库存货进行分块分位形成货位，这就是通常所说的货位规划。

二、货位规划的原则

选择确定货位需按照最近、最捷、最廉、最适的"四最"原则，结合货物的性质和存储现场的布局进行。

"四最"原则的含义是：(1) 最近：使搬运距离最短；(2) 最捷：存取最快捷、最方便，没有无效过程；(3) 最廉：确保最少的投入、最大的收获；(4) 最适：最适合各种类别的货物"居住"。

在实际存储货物的选择中，要把上述"四最"原则拓展并具体化。一般的拓展包括以下内容。

1. 根据货物的尺寸、数量、特性、保管要求选择货位

货位的通风、光照、温度、排水、刮风、雨雪等条件要满足货物保管的需要；货位尺寸与货物尺寸匹配，特别是大件、长件货物要能存入所选货位；货位的容量与数量接近；选择货位时要考虑相近货物的情况，防止与相近货物互相影响。需要经常检查的货物存放在方便检查的货位。

2. 保证先进先出

先进先出即指先入库的商品先安排出库，这一原则对于寿命周期短的商品尤其重要，如食品、化学品等。在运用这一原则时，必须注意产品形式变化少、产品寿命周期长、质量稳定不易变质等情况下，要综合考虑先进先出引起的管理费用的增加，而对于食品、化学品等易变质的商品，应考虑的原则是"先到期的先出货"。在货位安排时要避免后进货物围堵先进货物。存期较长的货物不能围堵存期短的货物。

3. 出入库频率高、使用方便作业的货位

对于有持续入库或者持续出库的货物，应安排在离出口最近的货位，方便出入。流动性差的货物，可以离出入口较远。同样，存期短的货物安排在出入口附近。

(1) 小票集中、大不围小、重近轻远。多种小批量货物应合用一个货位或者集中在一个货位区，避免夹存在大批量货物的货位中，以便查找。重货应离装卸作业区最近，以减少搬运作业量或者可以直接用装卸设备进行堆垛作业。使用货架时，重货放在货架下层，需要人力搬运的重货存放在腰部高度的货位。

(2) 方便操作。所安排的货位能保证搬运、堆垛、上架等作业方便，有足够的机动作业场地，能使用机械进行直达作业。

(3) 作业分布均匀。尽可能避免仓库内或者同条作业线路上多项作业同时进行，相互妨碍。

3.5.2　影响货位规划的关键因素

进行货位规划时，要考虑商品、设备、人工成本以及存储目标、存储策略等其他因素。限于篇幅，以下仅对商品及其存储方式予以说明。

一、商品因素

在进行货位规划时应充分考虑商品的特性、轻重、形状及周转率情况，根据一定的分配原则确定商品在仓库中具体存放的位置。

（1）根据商品周转率确定货位。计算商品的周转率，对库存商品周转率进行排序，然后将排序结果分段或分列。将周转率大、出入库频繁的商品存储在接近出入口或专用线的位置，以加快作业速度、缩短搬运距离。周转率小的商品存放在远离出入口处，在同一段或同一列内的商品则可以按照定位或分类存储法存放。

（2）根据商品相关性确定货位。有些库存商品具有很强的相关性，相关性大的商品通常同时采购或同时出仓，对于这类商品应尽可能规划在同一储区或相近储区，以缩短搬运路径和拣货时间。

（3）根据商品特性确定货位。为了避免商品在存储过程中相互影响，性质相同或保管条件相近的商品应集中存放，并安排在条件适宜的库房或货场。即将同种货物存在同一保管位置，产品性能类似或互补的商品放在相邻位置。将相容性低，特别是互相影响质量的商品分开存放。这样既提高作业效率，又防止商品在保管期间受到损失。

对有些特殊商品，在进行货位规划时还应特别注意：1）易燃物品必须存放在具有高度防护作用的独立空间内，且必须安装适当的防火设备。2）易腐物品必须存储在冷冻、冷藏或其他特殊的设备内。3）易污损物品需与其他物品隔离。4）易窃物品必须隔离封闭管理。

（4）根据商品体积、重量特性确定货位。在仓库布局时，必须同时考虑商品体积、形状、重量的大小，以确定商品所需堆码的空间。通常，重量大的物品保管在地面上或货架的下层位置。为了适应货架的安全并方便人工搬运，人的腰部以下的高度通常储放重物或大型商品。

二、存储策略

1. 定位存储

定位存储是指每一项商品都有固定的货位，商品在存储时不可互相窜位，采用这一存储方法时，必须注意每一项货物的货位容量必须大于其可能的最大在库量。定位存储通常适用于以下一些情况：不同物理、化学性质的货物需控制不同的保管存储条件，或防止不同性质的货物互相影响；重要物品需重点保管；多品种、少批量货物的存储。

采用定位存储方式便于对在库商品的管理，提高作业效率，减少搬运次数，但需要较多的存储空间。

2. 随机存储

随机存储是根据库存货物及货位使用情况随机安排和使用货位，各种商品的货位是随机产生的。通过模拟实验，随机存储系统比定位存储节约35%的移动库存时间，增加30%的存储空间。随机存储适用于存储空间有限以及商品品种少而体积较大的情况。

随机存储的优点是由于共同使用货位，可以提高储区空间的利用率。

随机存储的缺点是：增加货物出入库管理及盘点工作的难度；周转率高的货物可能被储放在离出口较远的位置，可能增加出入库搬运的工作量；有些可能产生物理、化学影响的货物相邻存放，可能造成货物的损坏或发生危险。

3. 分类存储

分类存储是指所有货物按一定的特性加以分类，每一类货物固定其存储位置，同类货物不同品种按一定的法则来安排货位。通常按以下几个因素分类：商品体积、重量、特性（通常指商品的物理或化学、力学性能）、商品相关性大小（即商品的配套性或由同一顾客订购等）以及商品周转率高低。

分类存储主要适用于以下情况：商品相关性大，进出货比较集中；临时性货物周转率差别大；商品体积相差大。

分类存储的优点：一是便于按周转率高低来安排存取，具有定位存储的各项优点。二是分类后各存储区域再根据货物的特性选择存储方式，有助于货物的存储管理。

分类存储的缺点是货位必须按各类货物的最大在库量设计，因此储区空间的平均使用率低于随机存储。

4. 分类随机存储

分类随机存储是指每一类商品有固定的储区，但各储区内，每个货位的指定是随机的。它具有分类存储的部分优点，又可节省货位数量，提高储区利用率。缺点是货物出入库管理、盘点工作较困难。

5. 共同存储

共同存储是指在确定各货物进出仓库时间的前提下，不同货物共用相同的货位，这种存储方式在管理上较复杂，但存储空间及搬运时间更经济。

3.5.3 货位规划程序

进行货位规划一般可采用以下几个步骤。

一、收集所需的基础信息

仓库内货物的规格、存储位置、包装定额等信息一般可从企业资源规划（enterprise resource planning，ERP）系统的仓储模块获得，货物的流动性亦可以从ERP系统中间接获得，通过统计货物每月的销售量或出库量来计算货物每季度或每年度的流动频率。

二、确定货位使用方式

1. 固定货物的货位

固定货物是指货位只用于存放确定的货物，使用时要严格区分，决不能混用、串用。长期货源的计划库存、配送中心等大多采用固定方式。固定货位便于拣选、查找货物，但是仓容利用率较低。由于货物固定，可以对货位进行有针对性的装备，有利于提高货物保管质量。

2. 不固定货物的货位

不固定货物是指货物任意存放在有空的货位，不加分类。不固定货物货位有利于提高仓容利用率，但是仓库内显得混乱，不便于查找和管理。周转极快的专业流通仓库，货物保管时间极短，大多采用不固定方式。在计算机配合管理下，不固定货位能实现充分利用仓容、方便查找的目标。采用不固定货位的方式，要遵循仓储的分类安全原则。

3. 分类固定货物的货位

对货位进行分区、分片，同一区内只存放一类货物，但同一区内的货位则采用不固定使用的方式。这种方式有利于货物保管，也方便查找货物，仓容利用率可以提高。大多数仓库都是采用这种方式。

三、确定货位规划目标和约束

货位规划的目标不是单一的，可以是为最大化仓储空间而进行货位规划，也可以是为降低仓储运作成本而进行货位规划，亦可以是为提高仓储作业效率而进行货位规划，等等。因此，企业需根据自身的实际情况，分析当前仓库存在的最紧要问题，选择合适的优化目标，可以是单目标或多目标。同时，还需分析仓库当前的客观条件对优化目标的约束，如仓储区域的最大容量、货架可以容纳货物体积的大小、货架的最大承重量，等等。确定优化的目标以及存在的约束，是实施货位规划的前提条件。

四、构建货位规划模型并求解

一般情况下，在确定了货位规划的目标和约束后，应将实际问题抽象成数学模型，然后选择一定的算法进行求解。

配送中心仓储区货位规划有许多目标，但主要目标有两个：一是在指定时间内出入库作业总时间最短；二是降低货架重心。

可以通过将周转率高的货物放在离出入口近的位置和将重货放在低层来实现这两个目标。现在根据货位规划的两个主要目标建立货位规划模型。

设配送中心仓储区采用高架货架储存货物，出入库作业在同侧。共有货架 n 排，每排货架有货位 p 列 q 层。每个货位的长和高分别为 a，b。靠近出入口的列为第 1 列，最下面的一层为第 1 层。采用叉车作业。

1. 以搬运时间最短为目标函数

为了缩短出入库搬运时间，提高作业效率，可以将周转率高的货物放在离出入口近的货位上。使得

$$F_1 = \min\sum_{x=1}^{p}\sum_{s=1}^{q}(f_{xs}t_{xs})$$

式中：f_{xs}——第 x 列、s 层上的货物的周转率（单元/月）；

t_{xs}——第 x 列、s 层上的货物运到出入口所用的时间（秒）；

p——每排货架的货位列数；

q——每排货架的货位层数。

上述公式表达的是在指定时间（月）内出入库作业总时间的最小值，主要取决于货物的货位安排。货物周转率可根据配送中心历史数据统计得出。对于新建的配送中心，可以参考同类企业或根据业务预测数据确定。货物搬运时间取决于仓储区出入口位置、设备性能和操作人员技术水平。

2. 以货架重心最低为目标函数

为了使得货架受力均匀，保证货架整体结构的稳定性，应该遵循下重上轻的原则，使货架的整体重心最低，货架重心最低的目标函数为：

$$F_2 = \min\left[\sum_{x=1}^{p} \frac{\sum_{s=1}^{q} M_{xs} \times s}{\sum_{s=1}^{q} M_{xs}}\right]$$

式中：M_{xs}——存储于第 x 列、s 层货位上货物的质量。

至于选择何种算法，不仅会影响优化的可实施性，还会影响求解结果的精确性，因此，选择合适的算法很重要。对于货位规划数学模型求解问题，目前常用的方法有 LINGO 工具求解、遗传算法求解、贪婪算法求解，等等。至于选择哪种算法，应考虑该数学模型是单目标的还是多目标的，以及企业现有的人力、财力条件。确定算法后，则可以求解结果。

五、确定货位规划方案

通过上述步骤计算出货位规划的理论值后，应综合考虑仓库的实际情况，判定是否实施以及实施的时间，对仓储区域内的货位进行实际的调整。

六、货位编号

在根据一定的规则完成货位规划之后，接下来的任务就是对货位进行编号。

货位编号就是将商品存放场所按照位置的排列采用统一标记编上顺序号码，并作出明显标记。货位编号在保管的过程中有重要作用。在商品收发作业过程中，按照货位编号可以迅速、方便地进行查找，不但提高了作业效率，而且有利于减少差错。

货位编号应按一定的规则和方法进行。首先，确定编号的先后顺序规则，规定好库区、编排方向及排列顺序。其次，采用统一的方法进行编排，编排过程中所用的代号、连接符号必须一致，每种代号的先后顺序必须固定，每一个代号必须代表特定的位置。

常见的编号方法包括以下几种：

（1）区段式编号。把存储区分成几个区段，再对每个区段编号。这种方式是以区段为单位，每个号码代表的储区较大。区段式编号适用于单位化且保管期短的商品。区域大小根据物流大小而定。

（2）品项群式编号。把一些相关性强的商品集合后分成几个品项群进行编号。这种方式适用于容易按商品群保管和品牌差异大的商品，如服饰群、五金群。

（3）地址式编号。利用保管区仓库、区段、排行、层、格等进行编码。

在商业仓库中，一种既简单又实用的储位编号方法是采取四组数字来表示商品存放位置。通常，在采用货架存放商品的仓库里，四组数字依次代表库房的编号、货架的编号、货架层数的编号和每一层中各格的编号。例如，四组数字 2—11—3—5 表示第 2 号库房、第 11 个货架、第 3 层中的第 5 个格。根据货位编号就可以迅速地确定某种商品的具体存放位置。此外，为了方便管理，货位编号和货位规划可以绘制成平面布置图，这样不但可以全面反映库房和货场的商品存储分布情况，而且可以及时掌握商品存储动态，便于仓库结合实际情况调整安排。

习　题

1. 单项选择题

（1）如果货位编号为 2—11—3—5，则 11 表示（　　）。

A. 库房　　B. 货架　　C. 层　　D. 格

（2）配送中心对退货、瑕疵品及废品等进行处理及存储的作业区域是（　　）。

A. 仓储区　　B. 流通加工区　　C. 理货区　　D. 逆向物流区

（3）适用于单一配送中心选址的定量方法是（　　）。

A. 重心法　　B. Kuehn-Hamburger 模型

C. 模拟模型　　D. 加权评分法

2. 多项选择题

（1）配送网络的节点包括（　　）。

A. 供应商　　B. 零售店　　C. 仓库　　D. 工厂

（2）配送网络使用的主要运输方式有（　　）。

A. 公路运输　　B. 铁路运输　　C. 管道运输　　D. 航空运输

（3）设备选择的原则包括（　　）。

A. 标准化　　B. 性价比高　　C. 追求低成本　　D. 可靠安全

（4）从运作层次考虑，仓储和配送规划的目标包括（　　）。

A. 提高运营效率　　B. 提高仓储配送质量

C. 降低成本　　D. 提高服务水平

3. 是非题

（1）物流系统发展规划是物流系统规划的核心部分。（　　）

（2）重心法可以用来解决连续区域直线距离的单点选址问题。（　　）

（3）从长远来看，价格较高、性能较好的设备具有更好的经济性。（　　）

（4）选择确定货位需按照最近、最捷、最廉、最适的“四最”原则，结合货物的性质和存储现场的布局进行。（　　）

4. 简答题

（1）阐述仓储与配送规划的主要目标。

（2）阐明影响配送网络结构的主要因素。

（3）阐明 SLP 程序的基本步骤。

（4）阐明影响货位规划的关键因素。

（5）解释仓储与配送规划决策三角形。

第4章

仓储与配送商务管理

引导案例　仓储合同的履行

某汽车装配厂从国外进口一批汽车零件，准备在国内组装、销售。2014年3月5日，与某仓储公司签订了一份仓储合同。合同约定，仓储公司提供仓库保管汽车配件，期限为10个月，从2014年4月15日起到2015年2月15日止，保管仓储费为20万元；还约定任何一方有违约行为，要承担违约责任，违约金为总金额的20%；另外，汽车装配厂预交仓储公司定金2 000元。合同签订后，仓储公司开始为履行合同做准备，清理了合同约定的仓库，并拒绝了其他人的仓储要求。2014年3月21日，仓储公司通知装配厂已经清理好仓库，可以开始送货入库。但装配厂表示已找到更便宜的仓库，如果仓储公司能降低仓储费的话，就送货。仓储公司不同意，装配厂明确表示不需要对方的仓库。4月2日仓储公司再次要求装配厂履行合同，装配厂再次拒绝。4月5日，仓储公司向法院起诉，要求汽车装配厂承担违约责任，支付违约金及仓储费。汽车装配厂辩称合同未履行，因而不存在违约问题。

4.1　概　述

一、仓储与配送商务管理的概念

仓储与配送商务管理也称仓储与配送货运组织与管理，是指对仓储或配送生产、经营过程中仓储与配送服务交易及其相关业务所进行的组织与管理。

二、仓储与配送商务管理的内容

仓储与配送商务管理的内容是随着市场的变化而逐步充实和完善的。此外，不同类型仓储与配送企业所提供的服务有所不同。但从总体上，通常包括如下11个方面的内容。

1. 商务管理组织理论

商务管理组织机构既是商务作业的核心部门，也是对外经营的窗口。为了满足客户的需要，提高企业的竞争力，必须对包括组织机构地位、设置、层次划分以及各层次与各职能部门之间责、权、利的划分等在内的商务管理组织理论进行系统的研究，以便建立适应市场需要、高效的商务管理组织。

2. 商务管理制度

商务管理制度是从事商务管理工作的基本依据和准绳，它不仅包括商务活动中所涉及的国际公约、国际惯例以及相关国家的法律法规，而且包括企业内部所制定的商务管理规定。对商务管理制度的研究既包括对已颁布的国际公约、法律法规的了解与掌握，也包括对运输合同与协议的内容、仓储与配送当事人的权利与义务关系以及合同管理和内部商务管理规定等方面的研究。

3. 市场营销与客户管理

分析仓储与配送市场，研究客户需求，根据客户需求决定提供的服务，并综合应用产品策略、价格策略、渠道策略、促销策略等来达成交易。同时，也包括对客户管理方面的研究。

4. 商务谈判

针对仓储与配送企业的特点，研究企业商务谈判的理论和方法，是商务管理的重点内容。

5. 成本与定价管理

除了对国家有关部门颁布的收费标准与计收办法予以了解和掌握外，还应根据企业成本的特点、构成、影响因素研究确定企业费率、租金率的理论和方法，研究仓储与配送成本风险管理的理论与方法。

6. 业务单证

对仓储与配送业务中所涉及的业务单证的种类、功能、缮制以及流转程序进行研究，也是商务管理的重要内容。

7. 商务作业程序

对不同营运方式、不同类型企业生产过程各个环节的合理组织、工作程序与方法进行研究，也是商务管理的重要内容。

8. 质量与事故处理

研究确保质量的方法与途径，分析事故的原因，研究事故的处理理赔程序等。

9. 商务信息管理

从资源管理的目的出发，研究与探讨包括经营商务信息以及生产商务作业信息在内的商务信息的组织、处理、运用与开发以及信息的资料管理。

10. 电子商务

电子商务是20世纪信息化、网络化的产物，是一种商务活动的新形式。它通过采用现代化信息技术手段，以数字化通信网络和计算机装置替代传统交易过程中纸介信息载体的存储、传递、统计、发布等环节，从而实现商品和服务交易以及交易管理等活动的全过程无纸化，达到高效率、低成本、数字化、网络化、全球化等目的。因此，研究电子商务系统以及电子商务实体、电子市场、交易事务和信息流、商流、资金流、物流等基本要素，并构建适合仓储与配送行业的电子商务系统是商务管理的重要内容。

11. 保险业务

从现有各类企业商务管理机构的职能来看，商务管理机构也负责处理与保险公司之间有关仓储与配送设施或设备保险、第三者责任险以及其他保险的索赔与理赔等商务活动，因此，保险业务也是商务管理的内容。

限于篇幅，以下重点介绍五方面内容：(1) 仓储与配送单证；(2) 仓储与配送合同；(3) 仓储与配送事故处理；(4) 仓储与配送成本及定价；(5) 仓储与配送绩效评价。

4.2 仓储与配送单证

4.2.1 仓单

一、仓单的概念与性质

仓单是指保管人在收到仓储物时向存货人签发的表示收到一定数量仓储物的有价证券。

在我国，仓单作为一种有价证券，具有如下主要性质：

(1) 仓单为要式证券。要式证券是具备法定格式才有效的证券，法律对要式证券的格式有严格要求。《中华人民共和国合同法》(简称《合同法》) 对仓单的格式和记载事项有严格规定，即仓单必须有保管人签字或盖章，并记载规定的事项。否则，仓单不能产生效力。

(2) 仓单是物权证券。物权证券是以物权为证券权利内容的证券。仓单是提取仓储物的凭证。存货人取得仓单后，即意味着取得了仓储物的所有权。仓单发生转移，仓储物的所有权也发生转移。从仓单代表仓储物的角度看，仓单是物权证券。

(3) 仓单是背书证券。背书证券是指可以通过背书方式加以转让的证券。根据我国《合同法》的规定，存货人或仓单持有人在仓单上背书并经保管人签字或盖章的，可以转让提取仓储物的权利。由于仓单可以背书转让，故仓单又是流通证券。

(4) 仓单是文义证券。文义证券是指证券上的权利义务仅由证券上记载的文义确定的证券。仓单所创设的权利义务是由仓单上记载的文义予以确定的，不能以仓单记载以外的其他因素加以认定或变更。

(5) 仓单是记名证券。记名证券是在证券上记载权利人姓名或名称的证券。仓单可否为无记名证券，各国规定不一，但从我国《合同法》的规定来看，仓单上应当载明存货人的名称或姓名和住所。

(6) 仓单为无因证券。无因证券是指证券权利的存在和行使不以作成证券的原因为要件，证券的效力与作成证券的原因完全分离的证券。我国多数学者认为，仓单为无因证券。在仓储合同中，保管人签发仓单后，仓单持有人即可对保管人行使权利，而对取得仓单的原因，不负证明责任。

(7) 仓单为自付证券。自付证券是指发行人自己给付的证券。根据《合同法》的规定，存货人交付仓储物的，保管人应当给付仓单。可见，仓单是由保管人填发并给付存货人的。同时，仓单持有人只能向保管人请求交付仓储物，由保管人向仓单持有人交付仓储物。仓单持有人请求保管人交付仓储物时，应当将仓单交还于保管人，故仓单又是缴还证券。

二、仓单的效力

仓单的效力主要表现为物权效力。根据我国有关法律的规定，仓单的物权效力主要体现为以下三个方面。

(1) 提取仓储物的效力。仓单代表仓储物，是提取仓储物的凭证。对于仓单持有人来说，持有仓单就可以主张权利，提取仓储物；对于保管人来说，认单不认人，只要仓单形式上合法，就应将仓储物交付给仓单持有人，同时收回仓单。因此，保管人和仓单持有人之间的法律关系应以仓单为准。也就是说，即使仓单记载的仓储物与实际交付的货物不符，仓单持有人也有权依据仓单的记载而要求保管人给付仓单记载的仓储物。如果保管人不能按照仓单的记载给付仓储物，仓单持有人有权要求保管人赔偿损失。当然，保管人和存货人之间的法律关系应以仓储合同为准。例如，如果仓单持有人根据仓单所提取的仓储物多于存货人实际交付的货物，则保管人和存货人之间应根据仓储合同，就仓单持有人多提取的货物加以处理。

(2) 转移仓储物所有权的效力。由于仓单代表仓储物，所以仓单的交付就意味着仓储物所有权的转移，与物品的交付发生同一效力。因仓储物所有权随仓单的转移而转移，故仓储物的风险也会随之转移。

(3) 仓单设质的效力。即仓单持有人可以仓单设立质权。由于仓单属于记名证券，故以仓单设质时，出质人应当在仓单上背书，记载“质押”字样来证明该仓单是用于设质，而不是用于转移仓储物的所有权。仓单质押成立后即发生法律效力。仓单质押的法律效力主要包括仓单质押担保的效力范围、仓单质押对质权人的效力、仓单质押对出质人的效力和对保管人的效力。仓单质押担保的效力范围包括其所担保的债权范围和仓单质押标的物的范围；仓单质押对质权人的效力主要表现为质权人享有仓单留置权、质权保全权、质权实行权以及保管仓单和返还仓单的义务；仓单质押对出质人的效力主要表现为出质人对仓储物的处分权有限制；仓单质押对仓储物保管人的效力主要表现为保管人负有见单即交付仓储物的义务并享有救济权。

三、仓单的类型

实践中，仓单可分为标准仓单和普通仓单。

标准仓单是指由期货交易所统一制定的，指定交割仓库在完成入库商品验收、确认合格后签发给货主的实物提货凭证。

标准仓单是严格依照我国有关法律、法规的规定以及交易所交割规则生成的，在交易所严格控制、监督以及相关程序下进行流通、冻结、转让、过户、注销。由于期货市场的风险高，所以期货市场严格、详密、周到的标准仓单的流通、转让等规则使得标准仓单的信用极高，风险极小。而且这种标准仓单可在任一指定的交割仓库完成提货。标准仓单因有期货交易所的信誉保证，流通性、变现性较强。

普通仓单也称非标准仓单，是指由期货交易所之外的仓储企业出具的载明存货人或持单人享有提取货物权利的凭证。

由于仓储企业签发的仓单是由各家仓库自己设计的，形式很不统一，没有权威的机构认证和监管，仓单的标准化程度低，使用和流通范围有限。而且，有的仓储企业收取质押物时，并没有开具有效的仓单，而是使用存货单或入库单。由于我国法律上对提取货物时是否必须是存货人没有明确规定，实际操作中，各仓储企业遵循各自的规定，有的认单不认人，有的认单还要认人，仓单的操作风险隐藏在无律管理中。以下为实践中常见的非标准仓单。

（1）仓储保管人自营仓库而签发的仓单。存货人把货物送到仓储保管人经营的仓库，由仓储保管人开具仓单。一般情况下，这类仓储保管人大多拥有的是公共仓库、国家储备局属下仓库或大型企业自有仓库，其资信较高，因此，这种仓单项下的“提货权”是最有保证的。

（2）仓储保管人租赁存货人仓库而签发的仓单。随着市场分工的专业化，仓储公司把存货人自有仓库承租过来管理，为存货人提供仓储专业服务。由于这种仓库产权属于存货人（工厂），因而这种仓单下的“提货权”有时难以保证。除非仓库相对独立和封闭，而且存货人（工厂）的信誉高、规模较大。

（3）仓储保管人利用公共仓库而签发的仓单。货物以物流代理商的名义存放在公共仓库，公共仓库给物流代理商开仓单（收据），物流代理商再给真正的存货人开仓单。这类仓储保管人既不拥有也不经营仓库，因此，其资信大多较差，当然仓单持有人的风险也较大。

（4）仓储保管人根据相关货物的物权凭证而签发的远期仓单。这是指仓储公司在没有收到存货人“实货”的情况下，依据存货人提交的提货委托和提货的物权凭证，比如期货市场的提货凭证、船公司签发的提单、铁路签发的提货小票等，应存货人的要求，签发相应的仓单。目前，在石油质押业务中，尚有不少石油仓单是远期的。当然，对于仓储保管人而言，签发这种仓单的风险很大。

四、仓单的内容

仓单作为收取仓储物和提取仓储物的凭证，依据法律规定还具有转让或出质的记名物权证券的流动属性。它应当具备一定形式，其记载事项必须符合《合同法》及物权凭证的要求，使仓单关系人明确自己的权利并适当行使自己的权利。

根据我国《合同法》第三百八十六条规定，保管人应当在仓单上签字或者盖章。同时，仓单要包括下列事项：

（1）存货人的名称或者姓名和住所。仓单是记名证券，因此应当记载存货人的名称或姓名和住所。

（2）仓储物的品种、数量、质量、包装、件数和标记。在仓单中，有关仓储物的事项必须记载，因为这些事项与当事人的权利义务直接相关。有关仓储物的事项包括仓储物的品种、数量、质量、包装、件数和标记等。这些事项应当记载准确、详细，以防发生争议。

（3）仓储物的损耗标准。仓储物在储存过程中，由于自然因素和货物本身的自然性质可能发生损耗，如干燥、风化、挥发等，这就不可避免地会造成仓储物数量上的减少。对此，在仓单中应当明确规定仓储物的损耗标准，以免在返还仓储物时发生纠纷。

（4）储存场所。储存场所是存放仓储物的地方。仓单上应当明确载明储存场所，以便存货人或仓单持有人能够及时、准确地提取仓储物。同时，也便于确定义务的履行地点。

（5）储存期间。储存期间是保管人为存货人储存货物的起止时间。储存时间在仓储合同中十分重要，它不仅是保管人履行保管义务的起止时间，也是存货人或仓单持有人提取仓储物的时间界限。因此，仓单上应当明确储存期间。在仓单质押的情况下，仓单有效期不能短于还款期限，同时又不能长于货物的保质期。

（6）仓储费。仓储费是保管人为存货人提供仓储保管服务而获得的报酬。仓储合同是有偿合同，仓单上应当载明仓储费的有关事项，如数额、支付方式、支付地点、支付时间等。

（7）仓储物已经办理保险的，其保险金额、期间以及保险人的名称。如果存货人在交付仓储物时，已经就仓储物办理了财产保险，则应当将保险的有关情况告知保管人，由保管人在仓单上记载保险金额、保险期间以及保险公司的名称。

（8）填发人、填发地点和填发时间。保管人在填发仓单时，应当将自己的名称或姓名以及填发仓单的地点和时间记载于仓单上，以便确定当事人的权利义务。

值得注意的是，在《合同法》所规定的仓单记载事项中，以下四项为绝对必要记载事项：存货人的名称和住所，仓储物的品种、数量、质量、包装、件数和标记，储存场所，填发人、填发地点和填发日期。对于绝对必要记载事项，若欠缺记载，则仓单不发生效力；对于相对必要记载事项，若欠缺记载，则可依《合同法》的有关规定予以处理。

五、仓单的签发

为了维护自身利益和履行对银行的承诺，仓单应使用固定的格式按规定方式印刷。同时，物流企业应派专人对仓单进行管理，严防操作失误和内部人员作案，保证仓单的真实性、唯一性和有效性。

1. 签发的义务

根据我国《合同法》第三百八十五条规定，在仓储合同中，存货人交付仓储物的，保管人应当给付仓单。仓储保管人签发仓单，既是其接收存货人交付仓储物的必要手续，也是其向存货人履行的一项合同义务。

2. 签发的依据

在签发仓单时，通常以生产企业与仓库之间的协议以及能够证明货物所有权的相关凭证，比如货物出厂证明，或者购货的合同、发票，进口货物还要提供海关完税证明等作为开具仓单的依据。

3. 签发人

保管人在仓单上签字或者盖章表明保管人对收到存货人交付仓储物的事实进行确认。保管人未签字或者盖章的仓单说明保管人还没有收到存货人交付的仓储物，故该仓单不发生法律效力。当保管人为法人时，由其法定代表人或其授权的代理人及雇员签字；当保管人为其他经济组织时，由其主要负责人签字；当保管人为个体工商户时，由其经营者签字。盖章指加盖保管人单位公章。签字或者盖章由保管人选择其一即可。

4. 签发的数量

目前，世界各国主要有三种立法例。一是一单主义，即保管人只填发存入仓单，该仓单既可用于转让，也可用于出质。二是两单主义（又称为复单主义），即同时填发两张仓单：一为存入仓单，用以提取货物，并可用于仓储物所有权的转让；另一为出质仓单，用以将仓储物出质，设定质权担保。三是并用主义，即依存货人的请求填发两单或一单。而我国《合同法》第三百八十五条规定："存货人交付仓储物的，保管人应当给付仓单。"可见，我国采取一单主义，即保管人只能签发一份仓单。

5. 仓单的补签

若仓单发生灭失、被盗和遗失，仓单持有人能否请求保管人重新签发仓单？我国《合同法》对此没有规定，实践中一般是通过公示催告程序加以解决的。

6. 仓单的分割

所谓仓单的分割，是指仓单持有人请求保管人将仓储物分割为数部分，并填发各部分的仓单。关于仓单的分割，一些国家的法律持肯定态度。我国《合同法》对仓单的分割没有规定，但认为仓单持有人有权要求保管人分割仓单，以便于存货人对仓储物加以处分，只是需要满足以下条件：在仓单分割时，仓单持有人应当将原仓单交还，以避免保管人给付货物。同时，由于仓单的分割是为了仓单持有人的利益，因此，仓单分割的费用（包括分割货物的费用和填发新仓单的费用）应由仓单持有人负担。

六、仓单的背书转让

根据《合同法》第三百八十七条规定："仓单是提取仓储物的凭证。存货人或者仓单持有人在仓单上背书并经保管人签字或者盖章的，可以转让提取仓储物的权利。"

根据合同法的上述规定，存货人行使转让提取仓储物的权利，应具备以下两个条件。

1. 存货人或仓单的合法持有人需在仓单上背书转让

由于记名仓单保管人只对仓单上记名的人员有返还仓储物的义务，因此，存货人转让仓储物时，必须由存货人在仓单上进行背书。存货人之后的仓单合法持有人如转让仓单，也需背书。仓单持有人凭借背书的连续性证明自己合法持有仓单的事实。如果仓单被多次背书转让，则每次背书必须具有连续性。当然，如果仓单中明确记载不得背书，则仓单持有人即使作了背书，也不能发生转让提取仓储物权利的效力。

2. 保管人须在仓单上签名或盖章

仓单转让的每一次背书须经保管人签名或盖章才能生效。如果仓单持有人只在仓单上背书但未经保管人签字或盖章，即使交付了仓单，转让行为也不产生效力。签字或者盖章只要有一项即可，不必同时具备。法律之所以要求保管人的签字或盖章，其主要原因在于：保管人是仓储物的合法占有人，而仓储物的所有权仍归存货人，为保护存货人的所有权，防止其他人以非法途径获得仓单，从而损害存货人的利益，也使保管人自己免于承担不应有的责任，因此，存货人转让仓单的，应当由保管人在仓单上签字或盖章。

4.2.2 运单

一、道路运单的概念与功能

道路运单是用以证明道路货运合同和货物已由道路承运人接管或装上公路运输工具的一种货运单证。与海运提单相比，尽管道路运单也具有合同证明和货物收据的功能，但却不具有物权凭证的性质。因此，道路运单不能转让，只能做成记名抬头，货物到达目的地后承运人通知运单抬头人提货。

1. 道路运单是道路运输合同的证明

根据我国《汽车货物运输规则》第 24 条、27 条的规定：书面形式合同分为定期运输合同、一次性运输合同和运单；承托双方签订定期运输合同、一次性运输合同时，运单视为货物运输合同成立的凭证，在每车次或短途每日多次货物运输中，运单视为合同。由于在每车次或短途每日多次货物运输中，承托双方通常不再签署其他运输合同，而仅仅签署运单，因此，运单作为合同的证明而被视为合同。由此可见，本质上运单应为合同成立的证明，只有在一定条件下才可以作为运输合同。

2. 道路运单是承运人接受货物或货物已装上载运工具的证明

运单也是货物收据，在托运人将货物交付承运人或其代理人或装上指定的载运工具后，由承托双方验收交接，而后由承运人或其代理人在运单上签字并交给托运人，作为已经接收货物或货物已装上载运工具的证明。此时承托双方即交接完毕，货物承运、保管等责任均转移至承运人。

运单与提单、仓单的比较如表 4—1 所示。

二、道路运单的类型

（1）国际道路运单——适用于国际道路运输等。

（2）国内道路运单——适用于普通货物运输、大件货物运输、危险货物运输等。

（3）国内道路运单——适用于集装箱汽车运输。

（4）国内道路运单——适用于汽车零担货物运输。

表 4—1　道路运单与仓单、提单的比较

比较项目	运单	提单	仓单
适用领域	海、陆、空运输	国际海上运输	仓储保管
签发人	海、陆、空承运人或其代理人	海上承运人或其代理人	仓储保管人或其代理人
物权凭证	否	是	是
合同证明	海、陆、空运输合同证明	海运合同证明	仓储合同证明
抬头是否记名	记名	记名、不记名与指示	记名
提货依据	认人不认单	认单不认人	认单不认人
货物载体	载运工具	船舶	仓库

三、道路运单的制作

1. 非集装箱货物

(1) 一张运单托运的货物必须属于同一发货人，对于拼装分卸的货物应将每一拼装或分卸情况在运单记事栏内注明。

(2) 易腐、易碎、易溢漏的液体、危险货物与普通货物，以及性质相抵触、运输条件不同的货物，不得用同一张运单托运。托运普通货物时，不得夹带危险货物、易腐货物、流质货物、贵重物品、货币、有价证券等物品。

(3) 一张运单托运的件货凡不具备同品名、同规格、同包装的，以及搬家货物，应提交物品清单。

(4) 轻泡货及按体积折算的货物，要准确地填写货物的数量、体积、折算标准、折算重量及有关数据。

(5) 发货人要求自理装卸作业时，经承运人确认后，在运单上注明；发货人不自理装卸作业时，应提交装卸机械作业申请书或委托承运人办理装卸机械的作业申请，并在运单中注明。

(6) 发货人委托承运人向收货人代递有关证明文件、化验报告或单据等，需在托运人记事栏内注明名称和份数。

(7) 对于有特殊要求的货物应在记事栏内注明商定的运输条件和特约事项。

(8) 发货人应对所填写的内容及所提供的证明文件的真实性负责，并签字盖章。

(9) 已签订年、季、月度或批量运输合同的，必须在运单“托运人签章或运输合同编号”栏中注明合同编号，托运人委托发货人签章。

(10) 应使用钢笔或圆珠笔填写，字迹清楚，内容准确。

(11) 已填妥的运单如有更改，必须在更改处签字盖章。

2. 集装箱货物

(1) 一张运单托运的集装箱货物或集装箱，必须是同一托运人、收货人、起运地。

(2) 托运拼箱货物要写明具体品名、件数、重量；托运整箱货物除要写明具体品名、件数、重量外，还要写明集装箱箱型、箱号和封志号，并注明空箱提取和交还地点。

（3）易腐、易碎、易溢漏的液体、危险货物与普通货物，以及性质相抵触、运输条件不同的货物，不得用同一张运单托运。

（4）托运的整箱货物，应注明船名、航次、场站货位、箱位，并提交货物装箱单。

（5）托运人要求自理拆装集装箱或自理装卸集装箱时，经承运人确认后，在运单内注明。

（6）托运需经海关查验或商检、卫检、动植检的集装箱时，应连同检验地点在运单中注明。

（7）托运特种集装箱货物，应在运单中注明运输条件和特约事项。一是托运冷藏保温集装箱，托运人应提供冷藏保温集装箱货物的装箱温度和在一定时间内的保持温度；二是托运鲜活货物集装箱，应提供最长运输期限及途中管理、照料事宜的说明书，货物允许的最长运输期限应大于汽车运输能够达到的期限；三是托运危险货物集装箱，应按交通运输部颁布的《汽车危险货物运输规则》办理。

4.2.3 其他单证

一、入库作业单证

货物验收合格后，仓库管理人员就应该为货物办理入库手续，根据货物的实际检验和入库情况填写货物入库单，然后对货物进行登账、设卡以及建立档案等。由于各存货单位经营方式不同，因此，入库单证的构成与名称等都尚未统一，但不论差异如何，从入库业务的要求来说，完整的入库单证通常包括仓库货物验收码单、仓库货物验收记录、货物明细料账、货卡、储存卡，如表 4—2 至表 4—6 所示。

表 4—2　　仓库货物验收码单

品名：　　　　　　　　年　　月　　日　　　　　第　页　　　　共　页

内容	规格型号		收货单位		发货单位		计量单位		合计数量	
序号	1		2		3		4		5	
	数量	件数	数量	件数	数量	件数	数量	件数	数量	件数
1										
2										
3										
4										
5										
6										
7										
8										
9										
小计										
说明										

复核员　　　　　　　　　　　　保管员

表 4—3 **仓库货物验收记录**

编号：

供　　方＿＿＿＿＿ 合 同 号＿＿＿＿＿ 运　　号＿＿＿＿＿ 车　　号＿＿＿＿＿
发货日期＿＿＿＿＿ 到货日期＿＿＿＿＿ 验收日期＿＿＿＿＿ 入库单号＿＿＿＿＿

货物名称	型号规格	单位	应收数量		实际数量		盈亏
			件数	重量	件数	重量	

单位负责人　　　　　　　　复核员　　　　　　　　验收员

表 4—4 **货物明细料账**

卡号			货主名称			货位		
品名			规格型号					货物验收情况
计量单位			供应商名称					
应收数量			送货单位名称					
实收数量			包装情况					
年		收发凭证号	摘要	入库数量	出库数量	结存数量	备注	
月	日							

表 4—5 **货卡**

待检	合格	待处理
供应商名称	供应商名称	供应商名称
图号	图号	图号
名称	名称	名称
进货日期	进货日期	进货日期
批号	批号	批号
生产日期	生产日期	生产日期
标记日期	标记日期	标记日期
标记人	标记人	标记人
备注	备注	备注

表 4—6　　储存卡

存放位置	

货物名称：
型号规格：
生产厂别：

类　别	
单　位	
单　价	
出厂日期	
入库日期	

年		凭证编号	摘要	收入数量	发出数量	结存数量	备注
月	日						

卡片编号：

二、出库作业单证

为了便于货物出库管理，实践中通常采用以下单证。

1. 发货通知单

发货通知单如表 4—7 所示。

表 4—7　　发货通知单

编号：
客户名称：　　订单号码：　　□一次交货
地址：　　交货日期：　　□分批交货

产品名称	产品编号	数量	单价	金额

主管：　　核准：　　填表：

2. 出库单

出库单一式三联（有的一式四联）。第一联为存根联，留保管备查；第二联为记账联，留会计部门作为出库材料核算依据；第三联为保管联，留保管作为出库材料记明细账依据。出库单如表 4—8 所示。

表 4—8　　货物出库单

领物单位：　　字第　　号

品名	数量	单位	单价	金额									备注
合计（大写）													

负责人：　　会计：　　保管：　　领物人：

3. 调拨单

调拨单如表 4—9 所示。

表 4—9　　货物出库调拨单

购物单位：　　　　填单日期：　年　月　日　　　　发货地点：

品名	规格	单位	调出数		实发数		入库单号	入库单价	总计金额
备注								发运方式	
								出库日期	
到站			收货单位					车号或运单号	

财务：　　开票人：　　保管员：　　提货人：　　电话：

4. 领料单

领料单要“一料一单”地填制，即一种原材料填写一张单据，一般一式四联。第一联为存根联，留领料部门备查；第二联为记账联，留会计部门作为出库材料核算依据；第三联为保管联，留仓库作为记材料明细账依据；第四联为业务联，留供应部门作为物质供应统计依据。领料单由车间主管来开，车间经办人员填制，车间负责人、领料人、仓库管理员和发料人均需在领料单上签字，无签章或签章不全的均无效，不能作为记账的依据。领料单如表 4—10 所示。

表 4—10　　领料单

供应单位：　　　　　　　　　　　　　　　　编号：

发票号码：　　　　　年　月　日　　　　　　仓库：

规格	材料名称	编号	数量		实际价格/元													
			应收	实收	单位	单价	金额	运费	合计									
									千	百	十	万	千	百	十	元	角	分
备注				验收人盖章					总计									

会计：　　出纳：　　复核：　　记账：　　制单：

5. 拣货单

拣货单如表 4—11 所示。

表 4—11　　拣货单

编号：

序号	货物名称	货物编号	货位号码	包装单位	拣取数量	备注

拣货人：　　　　　　核查人：

三、采购订单

实践中，许多仓库，尤其是货主仓库，往往充当采购人的角色，因此，有时会涉及采购订单。采购订单如表 4—12 所示。

表 4—12 采购订单（样本）

采购单号： 制表日期：

<table>
<tr><td>买方</td><td colspan="3"></td><td>卖方</td><td colspan="2"></td></tr>
<tr><td>地址</td><td colspan="3"></td><td>地址</td><td colspan="2"></td></tr>
<tr><td>联系人</td><td colspan="3"></td><td>联系人</td><td colspan="2"></td></tr>
<tr><td>电话</td><td colspan="3"></td><td>电话</td><td colspan="2"></td></tr>
<tr><td>传真</td><td colspan="3"></td><td>传真</td><td colspan="2"></td></tr>
<tr><td>序号</td><td>项目</td><td>品名/规格</td><td>单位</td><td>数量</td><td>单价</td><td>金额</td></tr>
<tr><td>1</td><td></td><td></td><td></td><td></td><td></td><td></td></tr>
<tr><td>2</td><td></td><td></td><td></td><td></td><td></td><td></td></tr>
<tr><td>3</td><td></td><td></td><td></td><td></td><td></td><td></td></tr>
<tr><td>4</td><td></td><td></td><td></td><td></td><td></td><td></td></tr>
<tr><td>5</td><td></td><td></td><td></td><td></td><td></td><td></td></tr>
<tr><td colspan="5">总值（大写） 人民币 万 千 百 拾 元整</td><td>金额合计</td><td>¥</td></tr>
<tr><td>备注</td><td colspan="6"></td></tr>
<tr><td colspan="7">产品名称、数量、价格、金额如上。
交货日期：
质量要求：
交（提）货方式：
交货地点：
付款方式：
卖方应按照买方要求的交货日期供货，若提前或延期，需事先和买方协商并征得同意，否则由此给买方造成的损失由卖方承担。
本采购订单签订后，买卖双方不能擅自变更内容，任何一方需要变更，须事先提出要求，在征得对方同意并在双方共同协商的基础上进行，请卖方于 天内回签此采购订单，如卖方在 日内未提出书面异议，买方视本订单正式生效。
卖方送货时应多附 %备品（备品需单独包装），以备不良品替换。
违约责任：卖方务必保证准时准量交货，如发生特殊情况无法准时准量交货，卖方务必提前通知买方；否则，由此引起的损失全部由卖方承担。
若本合同发生纠纷，当事人双方应及时协商，协商不成时，以《中华人民共和国合同法》为准。
本合同一式两份，经双方签字盖章后生效，双方各执一份（传真件具有同等效力）。</td></tr>
<tr><td>买方代表</td><td colspan="3"></td><td>卖方代表</td><td colspan="2"></td></tr>
<tr><td>批准签章</td><td colspan="3"></td><td>批准签章</td><td colspan="2"></td></tr>
<tr><td>日期</td><td colspan="3"></td><td>日期</td><td colspan="2"></td></tr>
</table>

四、配送清单

配送清单一式两联，详细列明配送物的品名、等级、数量等信息，经收货人签署后收货人和配送人各持一联，以备核查和汇总。配送人需在一定期间间隔向收货人提供配送汇总表。

五、行车路单

行车路单（简称路单）是公路运输的调度命令，是记录车辆运行的原始凭证，也是企业和运输管理部门考核车辆运用情况和进行统计的重要依据。凡从事运输活动的车辆，均应按规定使用路单，一运次一单或一车日一单，有效期内全国通行。路单分客运与货运，全国已有统一格式（见表 4—13），由车籍所在地的运输部门统一发放。

路单的功能有以下几方面：（1）是检查运输车辆执行运输政策和法规的依据；（2）是检查处理商务事故的根据；（3）是运输企业调度汽车执行作业的重要凭证；（4）是检查考核运输生产、油料消耗和进行运输统计的原始资料。

表 4—13　　　　行车路单

<table>
<tr><td>日期</td><td></td><td>司机</td><td></td><td>车辆车牌</td><td></td><td>行车里程</td><td></td><td>备注</td><td></td></tr>
<tr><td colspan="2" rowspan="3">行车区域及站点</td><td colspan="8"></td></tr>
<tr><td colspan="8"></td></tr>
<tr><td colspan="8"></td></tr>
<tr><td>发车时间</td><td></td><td>到达站点时间</td><td></td><td>站点出发时间</td><td></td></tr>
<tr><td>直配开始时间</td><td></td><td>直配完成时间</td><td></td><td>回到公司时间</td><td></td></tr>
<tr><td>短驳开始时间</td><td></td><td>短驳完成时间</td><td></td><td>回到公司时间</td><td></td></tr>
<tr><td>行政用车开始时间</td><td></td><td>行政用车完成时间</td><td></td><td>回到公司时间</td><td></td></tr>
<tr><td>特殊订单开始时间</td><td></td><td>特殊订单完成时间</td><td></td><td>回到公司时间</td><td></td></tr>
<tr><td rowspan="3">其他时间</td><td colspan="2">从　点　分到　点　分</td><td>目的</td><td colspan="2"></td></tr>
<tr><td colspan="2">从　点　分到　点　分</td><td>目的</td><td colspan="2"></td></tr>
<tr><td colspan="2">从　点　分到　点　分</td><td>目的</td><td colspan="2"></td></tr>
<tr><td>行车突发情况记录</td><td colspan="5"></td></tr>
</table>

4.3　仓储与配送合同

4.3.1　仓储合同

一、仓储合同的概念与特点

仓储合同又称仓储保管合同，《合同法》第三百八十一条规定：“仓储合同是保管人储存存货人交付的仓储物，存货人支付仓储费的合同。”在仓储合同的当事人中，提供储存保管服务的一方称为保管人（也称仓库营业人），接受储存保管服务并支付报酬的一方称为存货人。

保管合同又称寄存合同，《合同法》第三百六十五条规定："保管合同是保管人保管寄存人交付的保管物，并返还该物的合同。"

显然，保管合同的范围比仓储合同更广，仓储合同属于保管合同的一种特殊类型，我国过去的合同法规将仓储合同归入保管合同中，统称仓储保管合同，但因其有别于一般保管合同的仓库营业性质，所以新的合同法中将其作为独立的有名合同固定下来。

值得注意的是，仓储合同是一种特殊的保管合同，它具有保管合同的基本特征，同时又具有自己的特征。

保管合同与仓储合同的联系和区别如下：

（1）合同成立条件。保管合同为实践性合同，合同自保管物交付时成立；仓储合同是诺成合同，自双方订立合同时成立。

（2）合同是否有偿。保管合同可以是有偿的、无偿的，仓储合同为有偿合同。

（3）保管人资格要求。保管合同对保管人的资格无特别要求，一般自然人和法人均可以作为保管人。而仓储合同对保管人的资格有特殊要求，仓储合同的仓储营业人须为有仓储设备并专门从事该类业务的人。

（4）单证。保管合同给付保管凭证；仓储合同给付仓单。

（5）过错责任。保管合同和仓储合同均规定保管人应有善良管理人的注意义务，但无偿保管有轻过失免责的规定；仓储合同都是有偿合同，轻过失不免责。《合同法》第三百七十四条对保管人过错责任规定："保管期间，因保管人保管不善造成保管物毁损、灭失的，保管人应当承担损害赔偿责任，但保管是无偿的，保管人证明自己没有重大过失的，不承担损害赔偿责任。"显然保管人要承担证明自己没有重大过失的举证责任。《合同法》第三百九十四条对仓储人过错责任规定："储存期间，因保管人保管不善造成仓储物毁损、灭失的，保管人应当承担损害赔偿责任。因仓储物的性质、包装不符合约定或者超过有效储存期造成仓储物变质、损坏的，保管人不承担损害赔偿责任。"

（6）提取货物。寄存人和存货人都可以随时领取保管物、仓储物。但保管人要求对方提前提取的权利不同。《合同法》第三百七十六条规定："寄存人可以随时领取保管物。当事人对保管期间没有约定或者约定不明确的，保管人可以随时要求寄存人领取保管物；约定保管期间的，保管人无特别事由，不得要求寄存人提前领取保管物。"《合同法》第三百九十一条规定："当事人对储存期间没有约定或者约定不明确的，存货人或者仓单持有人可以随时提取仓储物，保管人也可以随时要求存货人或者仓单持有人提取仓储物，但应当给予必要的准备时间。"由此可见，储存期间并不是仓储合同的必要条款，如果在仓储合同中对储存期间没有约定或者约定得不够明确，并不直接导致仓储合同无效，但这为存货方和保管方因对储存期间的认识不同而产生纠纷埋下了隐患。因此，仓储合同的当事人在所签订的仓储合同中应当约定明确的储存期间。

二、仓储合同的种类

仓储合同依据不同的标准有不同的分类，不同种类的仓储合同具有不同的特征。

以下介绍两种分类。

1. 有期限的仓储合同和无期限的仓储合同

有期限的仓储合同指当事人对储存期限有明确约定的仓储合同。《合同法》第三百九十二条规定："储存期间届满，存货人或者仓单持有人应当凭仓单提取仓储物。存货人或者仓单持有人逾期提取的，应当加收仓储费；提前提取的，不减收仓储费。"仓单持有人不提取仓储物的，保管人可以催告其在合理期限内提取，逾期不提取的，保管人可以提存仓储物。无期限的仓储合同指当事人对储存期限没有约定或约定不明确的仓储合同，此时存货人可以随时提取仓储物，保管人也可以随时终止合同，但应给对方留出合理的履行期限。

2. 普通货物的仓储合同和危险物品、易变质物品的仓储合同

按仓储合同标的物的性质来分，仓储合同分为普通货物的仓储合同和危险物品、易变质物品的仓储合同。

三、仓储合同的内容

一般来说，仓储合同的主要条款应包括：

(1) 双方当事人名称；

(2) 合同编号；

(3) 合同签订地点；

(4) 合同签订时间；

(5) 仓储物的品名、种类、规格；

(6) 仓储物的数量；

(7) 仓储物的质量和包装；

(8) 货物验收的内容、标准、方法、时间、资料；

(9) 货物保管条件和要求；

(10) 货物入库和出库的手续、时间；

(11) 货物的损耗标准和损耗处理；

(12) 计费项目、标准和结算方式；

(13) 违约责任；

(14) 保管期限；

(15) 变更和解除合同的期限；

(16) 争议的解决方式；

(17) 货物商检、验收、包装、保险、运输等其他违约事项；

(18) 双方当事人签字盖章。

四、仓储合同当事人的权利与义务

1. 保管方的义务与存货方的权利

(1) 保证货物完好无损。

(2) 对库场因货物保管而配备的设备，保管方有义务加以维修，保证货物不受损害。

(3) 在由保管方负责对货物进行搬运、看护、技术检验时，保管方应及时委派有关人员。

(4) 保管方的保管义务不得转让。

(5) 保管方不得使用保管的货物，不对货物享有所有权和使用权。

(6) 保管方应做好入库的验收和接收工作，并办妥各种入库凭证手续，配合存货方做好货物的入库和交接工作。

(7) 对危险品和易腐货物，如不按规定操作和妥善保管造成毁损，则由保管方承担赔偿责任。

(8) 一旦接受存货方的储存要求，保管方应按时接收货物入场。

2. 存货方的义务与保管方的权利

(1) 存货方入库的货物数量、质量、规格、包装应与合同规定内容相符，存货方应配合保管方做好货物的交接工作。

(2) 按合同规定的时间提取委托保管的货物。

(3) 按合同规定的条件支付仓储保管费。

(4) 存货方应向保管方提供必要的货物验收资料。

(5) 对危险品货物，必须提供有关此类货物的性质、注意事项、预防措施、采取的方法等信息。

(6) 由于存货方原因造成退仓、不能入库的，存货方应按合同规定赔偿保管方。

(7) 由于存货方原因造成不能按期发货的，由存货方赔偿逾期损失。

五、签订仓储合同应注意的问题

(1) 要明确保管货物的品名、品类。由于仓储合同的标的物是委托储存保管的货物，对于存货人来说，无论其为特定物还是种类物，均具有特定的用途，保管人不但应妥善保管，以免发生损毁，而且在保管期满后应当按约定将原物及其孳息交还存货人或其委托的第三人。因此，必须在合同中对货物的品种或品名作出明确、详细的规定。

(2) 要明确货物的数量、质量、包装。货物的数量依据保管人的存储能力由双方协商确定，并应以法定计量单位计算；货物的质量应使用国家或者有关部门规定的质量标准标明，如货物有保质期，也应一并说明；货物的包装由存货人负责，有国家或者专业包装标准的，执行规定标准，没有相关标准的，在保证运输和储存安全的前提下，由合同当事人约定。

(3) 货物验收的内容、标准、方法、时间。验收由保管人负责。通常验收的内容包括三个方面：一是无须开箱拆捆即直观可见的质量情况，项目主要有货物的品名、规格、数量、外包装状况等。二是包装内的货物品名、规格、数量，以外包装或者货物上的标记为准，无标记的，以供货方提供的验收资料为准。三是散装货物按国家有关规定或合同的约定验收。验收方法有全验和按比例抽验两种，具体采用哪种方法，应在合同中明确约定。验收的期限自货物和验收资料全部送达保管人之日起，至验收报告送出之日止，日期以运输或邮电部门的戳记或直接送达的日期为准。

(4) 货物保管和对保管的要求。存货人委托储存保管的货物种类繁多，性质各异，因而对保管的要求也各不相同，许多货物需要特殊的保管条件和保管方法。如储存易燃、易爆、有毒、有腐蚀性、有放射性等危险物品或者易变质物品，需要有专门的仓储设备及技术条件，应在合同中作相应的约定，存货人应向保管人说明该物的性质并提供有关资料，以免发生货、仓毁损或者人身伤亡。

(5) 货物进出库手续、时间、地点、运输方式。货物进出库是仓储合同的重要环节，双方应当详细约定具体的交接事项，以便分清责任。对货物入库，应当明确规定是由存货人或运输部门、供货单位送货到库，还是由仓管人到供货单位、车站、码头等处提取货物；同样，对货物出库，也应明确规定是由存货人、用户自提还是由保管人代送、代办发送手续。无论采用何种方式，都应按照货物验收规定当面交接清楚，分清责任。

(6) 货物损耗标准和损耗处理。货物损耗标准是指货物在储存、运输过程中，由于自然因素和货物本身的性质或度量等原因，不可避免地发生一定数量的破损或计量误差。因此，合同双方有必要在合同条款中约定货物在储存保管和运输过程中的损耗标准和磅差标准，有国家或行业标准的，采用国家或行业标准，无国家或行业标准的，双方协商确定标准。

(7) 计费项目、标准和结算方式、银行、账号、时间。计费项目包括仓储费，转仓费，出入库装卸搬运费，车皮、站台、包装整理、商品养护等费用。此条款中除了要明确上述费用由哪一方承担外，还应明确各种费用的计算标准、支付方式、地点、开户银行、账号等。

(8) 责任划分和违约处理条款。仓储合同可以从货物入库、货物验收、货物保管、货物包装、货物出库等方面明确双方当事人的权利与义务，同时应规定违反上述义务应承担的违约责任。承担违约责任的方式有支付违约金、赔偿金及赔偿实际损失等。

4.3.2　配送合同

一、配送合同的概念与特点

配送合同是指配送经营人与配送委托人签订的确定配送服务权利和义务的协议。或者说是配送服务经营人收取费用，将委托人委托的配送物品在约定的时间和地点交付给收货人而订立的合同。

配送合同具有以下特点：

(1) 无名合同。配送合同不是《合同法》分则的有名合同，不能直接引用《合同法》分则有名合同的规范。因此，配送合同需要依据《合同法》总则的规范，并参照运输合同、仓储合同、保管合同的有关规范，通过当事人签署完整的合同调整双方的权利和义务关系。

(2) 有偿合同。配送合同作为有偿合同，委托人需要对接受配送服务产品的配送经营人支付报酬，配送经营人收取报酬是其合同权利。

(3) 诺成合同。诺成合同表示合同成立即刻生效。当事人对配送服务关系达成一致意见时配送服务合同就成立，也即生效。当然，当事人可在合同中确定合同开始履行的时间或条件，时间未到或条件未达到时虽然合同未开始履行，但并不构成合同未生效。

(4) 长期性。配送服务活动具有相对长期的特性，配送过程需要持续一段时间，以便开展有计划、小批量、不间断的配送，实现配送的经济目的。如果只是一次性的送货，则产生运输关系而非配送关系。因而配送合同一般是期限合同，确定一段时期的配送关系；或者是一定数量产品的配送需要持续较长的时间。

二、配送合同的种类

1. 按参与配送活动的方式不同分类

(1) 独立配送合同。由独立经营配送业务的配送企业或兼营配送业务的组织与配送委托人订立的仅涉及配送服务的独立合同。该合同仅仅用于调整双方在配送服务过程中的权利和义务关系，以配送行为为合同标的。

(2) 附属配送合同。附属配送合同是指在加工、贸易、运输、仓储或其他物质经营活动的合同中，附带地确立配送服务活动的权利和义务关系，配送服务活动没有独立订立合同。

附属配送合同主要有仓储经营人与保管人在仓储合同中附带配送协议、运输合同中附带配送协议、销售合同中附带配送协议、物流合同中附带配送协议、生产加工合同中附带配送协议等。

2. 按配送委托人身份的不同分类

可分为批发配送、零售配送、工厂配送等合同。

3. 按配送物的不同分类

可分为普通商品配送、食品配送、水果蔬菜配送、电器配送、原材料配送、零部件配送等合同。

4. 按配送服务地理范围不同分类

可分为市内配送、地区配送、全国配送、全球配送等合同。

5. 按合同履行期限不同分类

可分为定期配送合同和定量配送合同。定期配送合同是指双方决定在某一期间，由配送人按照委托人的要求完成某些配送业务而订立的合同。定量配送合同是指配送人按照委托人的要求，对一定量的物品进行配送，直到该数量的物品配送完毕，合同才终止。

三、配送合同的内容

1. 合同当事人

合同当事人是合同的责任主体，是所有合同都应明确表达的项目。

2. 配送标的与标的物

配送合同的标的就是将配送物品有计划地在确定时间和确定地点交付收货人。配送服务合同的标的是一种行为，因而配送合同是行为合同。配送合同的标的物是指被配送的对象，可以为生产资料或生活资料，但必须是动产、有形的财产。配送物的种类、品名、包装、重量、尺码、体积、性质等决定了配送的操作方法和难易程度，应在配送合同中予以明确。

3. 配送方法

配送方法即配送要求，是合同双方协商同意配送所要达到的标准，是合同标的完整细致的表述，根据委托方的需要和配送方的能力协商确定。配送方法有定量配送、定时配送、定时定量配送、即时配送、多点配送等。需要在合同中明确时间及其间隔、发货地点或送达地点、数量等配送资料。此外，还包括对配送物处理，如配装、分类、装箱等的约定，以及对配送变更，如订单调整的约定等。

4. 当事人的权利与义务

在合同中明确双方当事人需要履行的行为或者不作为的约定。

5. 违约责任

任何一方违反合同约定时需向对方承担的责任。违约责任约定包括违约行为需支付的违约金数量，违约造成对方损失的赔偿责任及赔偿方法，违约方继续履行合同的条件等。

6. 补救措施

补救措施本身是违约责任的一种，但由于配送合同未履行可能产生极其严重的后果，为避免损失的扩大，合同约定一些可能产生严重后果的违约的补救方法，如紧急送货、就地采购等措施的采用条件和责任承担等。

7. 配送费和价格调整

获取配送费是配送经营人订立配送合同的目的。配送人的配送费应该弥补其开展配送业务的成本支出并获取可能的收益。合同中需要明确配送费的计费标准和计费方法，或者总费用，以及费用支付的方法。

由于配送合同持续时间长，在合同期间构成价格的成本要素价格可能发生变化，如劳动力价格、保险价格、燃料电力价格、路桥费等，为了使配送方不至于亏损，或者委托方也能分享成本降低的利益，允许对配送价格进行适当调整，在合同中订立价格调整条件和调整幅度的条款。

8. 合同期限和合同延续条款

对于按时间履行的配送合同，必须在合同中明确合同的起止时间，起止时间用明确的日期方式表达。由于大多数情况下配送关系建立后都会保持很长时间，因此会出现合同不断延续的情况。为了使延续合同不会发生较大的变化，应简化延续合同的订立程序，往往在合同中确定延续合同的订立方法和基本要求，如提出续约的时间、没有异议时自然续约等。

9. 合同解除的条件

配送合同都需要持续较长时间，为了使在履约中一方不因另一方能力不足或没有履约诚意而遭受损失，或者出现合同没有履行必要和履行可能时不至于发生违约，在合同中约定解除合同条款，包括解除合同的条件、解除合同的程序等。

10. 不可抗力和免责

不可抗力是指由于自然灾害、当事人不可抗拒的外来力量所造成的危害，如风暴、雨雪、地震、雾、山崩、洪水等自然灾害，还包括政府限制、战争、罢工等社会现象。不可抗力是合同法规定的免责条件，但合同法没有限定不可抗力的具体现象，对于一般认可的不可抗力虽已形成共识，但仅对配送仓储行为产生影响的特殊不可抗力的具体情况，如道路塞车等，以及当事人认为必要的免责事项需要在合同中明确陈述。不可抗力条款还包括发生不可抗力的通知、协调方法等。

11. 其他约定事项

配送物种类繁多，配送方法多样，当事人在订立合同时需充分考虑到可能发生的事件和合同履行的必要，并达成一致意见，这是避免发生合同争议的最根本的方法。尤其是涉及成本、行为的事项时，更需事先明确。

12. 争议处理

合同约定发生争议的处理方法主要是约定仲裁、仲裁机构，或者约定管辖的法院。

13. 合同签署

合同由双方的法定代表人签署，并加盖企业合同专用章。私人订立合同的由本人签署。合同签署的时间为合同订立时间，若两方签署的时间不同，后签时间为订立时间。

四、配送合同当事人的权利与义务

1. 配送委托人应保证配送物适宜配送

配送委托人需要保证由其本人或者其他人提交的配送物适宜配送和配送作业。对配送物进行必要的包装或定型，标注明显的标识并保证能与其他商品相区别；保证配送物可以按配送要求进行分拆、组合；配送物能用约定的或者常规的作业方法进行装卸、搬运等作业；配送物不是法规禁止运输和仓储的禁品，对于限制运输的物品，需提供准予运输的证明文件等。

2. 配送经营人应选择合适的方法

配送经营人所使用的配送中心具有合适的库场，适宜配送物的仓储、保管、分拣等作业；采用合适的运输工具、搬运工具、作业工具，如干杂货使用箱车运输，使用避免损害货物的装卸方法，大件重货使用吊机或拖车作业，对运输工具进行妥善积载，使用必要的装载衬垫、绑扎、遮盖；选择合理的配送运输线路；使用公认的或者习惯的理货计量方法，保证理货计量准确。

3. 配送经营人应提供配送单证

配送经营人在送货时必须向收货人提供配送单证、配送清单。

4. 收货人保证接收货物

委托人应保证收货人正常地接收货物，不会无故拒收，收货人提供合适的收货场所和作业条件。收货人对接收的配送物有义务进行理货查验，并签收配送单，注明收货时间。

5. 配送经营人应向委托人提供存货信息和配送报表

配送人需在约定的期间（如每天）向委托人提供存货信息，随时接受委托人的存货查询，定期向委托人提交配送报表，包括分收货人的配送报表、残损报表等汇总材料。

6. 配送经营人应接收配送物并承担仓储和保管义务

配送经营人需按合同的约定接收委托人送达的货物，承担查验、清点、交接、入库登记、编制报表的义务；安排合适的地点存放货物，妥善堆积或上架；对库存货物进行妥善的保管、照料，防止存货受损。

7. 配送经营人应返还配送剩余物，委托人应处理残料

配送期满或者配送合同履行完毕，配送经营人需要将剩余的物品返还给委托人，或者按委托人的要求交付给其指定的其他人。配送经营人不得无偿占有配送剩余物。同样委托人有义务处理配送残余物或残损废品、回收物品、加工废料等。

4.4 仓储与配送事故处理

4.4.1 事故定义与分类

一、事故定义

事故是指在仓储、配送业务运作过程中发生的自然灾害（雷电、暴风、暴雨、雪灾）、人为事故（违反治安条例、违章违规作业）、交通事故等所导致的经济损失、员工人身伤害的事件。

二、事故分类

事故分类如下：

（1）运输货物被盗被抢；

（2）运输货物短少、包装破损；

（3）运输货物交通事故；

（4）运输货物整车丢失；

（5）运输、仓储货物发生自然灾害、意外事故。

4.4.2 事故现场处理与报告

一、事故现场处理

（1）网点人员现场处理所需证件：照相机、身份证、授权委托书、《货物运输协议》、《运费结算单》等，如需倒货，须迅速调车赶到现场。

（2）网点人员到现场后，拍摄现场照片，与交警、保险公司联系，拿出可行的货物处理方案供交警、保险公司参考，以提高事故处理效率。

（3）网点人员组织倒车时，必须按租车、安检、监装、签订《货物运输协议》、运费结算等程序办理，防止二次运输事故，并将倒车的车牌号码、司机、手机号码告知网点运输管理员以实现在途跟踪。

二、事故现场收集

货物被盗、被抢时，网点人员在现场须取得110证明、保险查勘报告、明显盗抢痕迹（含车牌号）的现场照片。

三、事故报告程序

事故报告程序如图4—1所示。

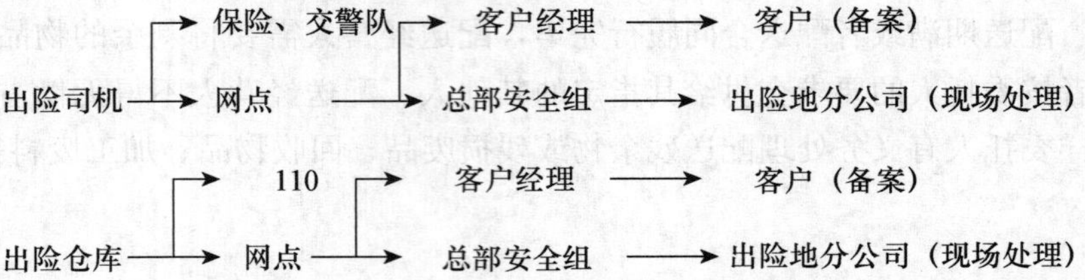

图4—1 事故报告程序

1. 网点

网点负责事故现场的处理，包括现场照相，清点、核对受损货物，组织货物倒车；负责收集现场照片、事故证明、保险查勘报告；负责向承运商、仓库业主追回货损赔款。

网点在接到司机的事故报案后，应在30分钟内向客户经理报告。

2. 客户经理

客户经理负责向客户通报、沟通事故处理进展情况；负责受损货物的维修处理；负责运输货物短少、包装破损品的跟踪索赔；负责对客户受损货物的赔付。

客户经理接到网点报告后，应向客户通报。

3. 总部安全组

总部安全组负责对全公司的正常生产作业进行安全知识培训和安全生产监督；负责安全事故的指导处理；负责保险索赔；负责客户、承运商、仓库业主索赔款的统计。

网点报告总部安全组，并传真《异常情况报告》、《送货单》、《运输协议》、司机身份证复印件、驾驶证复印件、行驶证复印件。

总部安全组根据事故性质估计损失大小，在30分钟内拿出处理方案，签发《事故处理通知》，指导事故现场处理。

四、事故报告内容

1. 仓储事故

报告所发生的时间、地点、事故性质（包括火灾、暴风、暴雨、雪灾、仓库倒塌、被盗、违章作业引起货损人伤事故、其他事故）、当事人、事故原因、估计损失大小等情况。

2. 配送事故

报告所发生的时间、地点、事故性质（翻车、撞车、伤人、整车丢失、被盗）、装载货物、车号、送货单、货值、司机手机、货物受损情况等。

4.4.3　事故处理费用与单证

一、事故处理费用

（1）事故处理费用构成。主要包括交通费、住宿费、生活费补助、倒车费、保险查勘费、现场照相胶片冲洗费、仓库紧急抢险发生的直接费用。

运输事故现场处理费用列入该客户货物运输成本；仓储事故处理费用列入该客户货物仓储成本。

（2）费用报批程序。事故处理费用报总部安全组财务部。

（3）审批时间。总部安全组在收到网点费用报告的当天给出审批意见并传真给网点。

二、事故记录的签发

货运事故发生后，承托双方应协助编制货运事故记录。

货运事故发生后，承运人应及时通知收货人或托运人。收货人、托运人知道发生货运事故后，应在约定的时间内与承运人签注货运事故记录。收货人、托运人在约定的时间内不与承运人签注货运事故记录的，或者无法找到收货人、托运人的，承运人可邀请两名以上无利害关系的人签注货运事故记录。货物赔偿时效从收货人、托运人得知货运事故信息或签注货运事故记录的次日起计算。在约定运达时间的 30 日后未收到货物的，视为灭失，自 31 日起计算货物赔偿时效。未按约定的或规定的运输期限运达交付的货物，视为迟延交付。

货运事故记录一式三份：承运人、托运人、责任方各一份，每增加一个责任方，增加一份。

三、赔偿要求书的提交

（1）托运人、收货人向承运人、场站作业人员要求集装箱货运事故赔偿时，应在收到集装箱货运事故记录的次日起 180 天内提出赔偿要求书，逾期不予受理。提出赔偿要求书的同时，应随附货运事故记录、运单、货物价格证明等有关文件。保价运输还应附声明价格的文件。要求退还运费的，还应附运杂费收据。

（2）承运人、场站作业人员应从收到赔偿要求书的次日起 60 天内将处理意见通知托运人、收货人。特殊情况经双方协商可适当延长。托运人、收货人从收到处理意见的次日起 10 天内没有提出异议的，承运人、场站作业人员即付结案。

4.4.4　事故赔偿数额的计算

（1）货运事故赔偿分限额赔偿和实际损失赔偿两种。法律、行政法规对赔偿责任限额有规定的，依照其规定；未规定赔偿责任限额的，按货物的实际损失赔偿。

（2）在保价运输中，货物全部灭失，按货物保价声明价格赔偿；货物部分毁损或灭失，按实际损失赔偿；货物实际损失高于声明价格的，按声明价格赔偿；货物能修复的，按修理费加维修取送费赔偿。保险运输按投保人与保险公司商定的协议办理。

(3) 未办理保价或保险运输且在货物运输合同中未约定赔偿责任的，按（1）的规定赔偿。

(4) 货物损失赔偿费包括货物价格、运费和其他杂费。货物价格中未包括运杂费、包装费以及已付的税费时，应按承运货物的全部或短少部分的比例加算各项费用。

(5) 货物毁损或灭失的赔偿额，当事人有约定的，按照其约定，没有约定或约定不明确的，可以补充协议，不能达成补充协议的，按照交付或应当交付时货物到达地的市场价格计算。

(6) 由于承运人责任造成货物灭失或损失，以实物赔偿的，运费和杂费照收；按价赔偿的，退还已收的运费和杂费；被损货物尚能使用的，运费照收。

(7) 丢失货物赔偿后，又被查回，应送还原主，收回赔偿金或实物；原主不愿接受失物或无法找到原主的，由承运人自行处理。

(8) 承托双方对货物逾期到达、车辆延滞、装货落空都负有责任时，按各自责任所造成的损失相互赔偿。

(9) 对承运人非故意行为造成货物迟延交付的赔偿金额，不得超过所迟延交付货物的全程运费数额。

4.5 仓储与配送成本及定价

4.5.1 仓储与配送成本

一、仓储成本

仓储成本是指由仓储作业（如出入库操作、装卸搬运、分拣、流通加工等）带来的成本，以及建造、购置仓库等设施所消耗的人力、物力、财力和风险成本的总和。

1. 仓储成本的构成

对于仓储企业而言，仓储成本是因存储货物而产生的成本，可以分为固定成本和变动成本两大类。

(1) 固定成本是不随存储货物的数量变化而变化的成本。包括设备折旧、工资与福利、设备的大修基金等。

(2) 变动成本，主要包括保管成本、搬运成本、流通加工成本、电力燃料成本、机械设备的修理费、货物仓储保险费、占用资金利息、劳动保护成本、员工的奖金、营业税金等。

对于持有库存的生产型及销售型企业，仓储成本由以下四项组成：

(1) 仓储持有成本，包括资金占用成本、仓储维护成本、仓储运作成本、仓储风险成本等。

(2) 订货或生产准备成本，是指企业向外部的供应商发出采购订单的成本或企业内部自己生产加工而产生的生产准备成本。

（3）缺货成本，是由外部和内部中断供应导致的。

（4）在途库存持有成本，如果企业以目的地交货价销售商品，这种在途商品在交给客户前仍然属于企业所有，运输方式及所需时间是储存成本的一部分，因此企业应该对运输成本与在途存货持有成本进行分析。

2. 仓储成本的计算

仓储成本主要包括以下计算方法。

（1）按支付形式计算仓储成本。具体的计算公式为：

仓储成本＝搬运费＋保管费＋消耗费＋人工费＋仓管费＋利息＋税收

这种计算方法是从月末利润表的三大期间费用等各个项目中取出一定数值，乘以一定的比率（物流部门比率，分别按人数平均、台数平均、面积平均和时间平均等计算出来）计算出仓储部门的费用。再将仓储成本总额与上一年度的数值做比较，弄清楚增减的原因并制定整改方案。

（2）按仓储项目核算仓储成本。分别统计仓库中的各个运作环节发生的成本，如入库费用、出库费用、分拣费用、检查费用、盘点费用等。

（3）按适用对象计算仓储成本。也可以按照仓库商品所适用的对象，按产品、地区的不同分别计算仓储成本。按照不同地点的仓储发生成本，计算出各单位仓储成本与销售金额或毛收入的比例，及时发现仓储过程中存在的问题，并加以解决。

3. 仓储成本的控制

（1）采用“先进先出”方式，降低仓储物的保管风险。

（2）提高储存密度，提高仓容利用率。

（3）采用有效的储存定位系统，提高仓储作业效率。

（4）采用有效的监测清点方式，提高仓储作业的准确程度。

（5）加速周转，提高单位仓容产出。

（6）采取多种经营，盘活资产。

（7）加强劳动管理，避免人浮于事、出工不出力或者效率低下。

（8）降低经营管理成本，减少不必要支出。

二、配送成本

配送成本是指在配送活动的备货、储存、分拣及配货、配装、送货、送达服务及配送加工环节所发生的各项费用的总和，是配送过程中所消耗的各种活动劳动和物化劳动的货币表现。

1. 配送成本的构成

实际应用中，应该根据配送的具体流程归集成本，不同的配送模式，其成本构成差异较大。相同的配送模式下，由于配送物品的性质不同，其成本构成差异也很大。配送成本主要有：（1）配送运输成本；（2）分拣成本；（3）配装成本；（4）流通加工成本。

2. 配送成本的计算

配送成本的计算由于涉及多环节，对每个环节应当计算各成本计算对象的总成本。总成本是指成本计算期内成本计算对象的成本总额，即各个成本项目金额之和。配送成本总额由各个环节的成本组成，其计算公式如下：

配送成本＝配送运输成本＋分拣成本＋配装成本＋流通加工成本

需要指出的是，在进行配送成本核算时要避免配送成本的重复交叉。

3. 配送成本的控制

在一定的顾客服务水平下，通常可以采用以下五种策略，以使配送成本最小。

（1）混合策略。混合策略是指配送业务一部分由企业自身完成。这种策略的基本思想是，尽管采用纯策略（即配送活动要么全部由企业自身完成，要么完全外包给第三方物流完成）易形成一定的规模经济，并使管理简化，但由于产品品种多变、规格不一、销量不等等情况，采用纯策略的配送方式超出一定程度不仅不能取得规模效益，反而会造成规模不经济。而采用混合策略，合理安排企业自身完成的配送和外包给第三方物流完成的配送，能使配送成本最低。

（2）差异化策略。差异化策略的指导思想是：产品特征不同，顾客服务水平也不同。当企业拥有多种产品线时，不能对所有产品都按同一标准的顾客服务水平来配送，而应按产品的特点、销售水平来设置不同的库存、不同的运输方式以及不同的储存地点，忽视产品的差异性会增加不必要的配送成本。

（3）合并策略。合并策略包含两个层次，一个是配送方法上的合并。实行合理的轻重配装、容积大小不同的货物搭配装车，不但可以在载重方面达到满载，而且可以充分利用车辆的有效容积，取得最优效果。另一个则是共同配送。共同配送有两种情况：一是中小生产、零售企业之间分工合作实行共同配送，即在同一行业或同一地区的中小型生产、零售企业单独进行配送的运输量少、效率低的情况下进行联合配送，不仅可减少企业的配送费用，使配送能力得到互补，而且有利于缓解城市交通拥挤，提高配送车辆的利用率；二是几个中小型配送中心之间的联合，针对某一地区的用户，由于各配送中心所配物资数量少、车辆利用率低等原因，几个配送中心将用户所需物资集中起来，共同配送。

（4）延迟策略。延迟策略的基本思想就是对产品的生产、组装、配送应尽可能在接到顾客订单后再确定。实施延迟策略常采用两种方式：生产延迟（或称形成延迟）和物流延迟（或称时间延迟），而配送中往往存在加工活动，所以实施配送延迟策略既可采用形成延迟方式，也可采用时间延迟方式。具体操作时，常常发生在诸如贴标签（形成延迟）、包装（形成延迟）、装配（形成延迟）和发送（时间延迟）等领域。

（5）标准化策略。标准化策略就是尽量减少因品种多变而导致的附加配送成本，尽可能多地采用标准零部件、模块化产品。如服装制造商按统一规格生产服装，直到顾客购买时才按顾客的身材调整尺寸大小。采用标准化策略要求厂家从产品设计开始就要站在消费者的立场去考虑怎样节省配送成本，而不要等到产品定型生产出来了才考虑采用什么方法降低配送成本。

4.5.2　仓储与配送定价

一、定价方法

通常而言，多式联运企业可采取的定价方法可归结为以下三类：

（1）成本导向定价方法（cost-oriented pricing）。它是基于运输服务成本原则（the cost of service），依据企业的总成本支出制定企业的运价。

（2）需求导向定价方法（demand-oriented pricing）。它是基于运输服务价值定价原则（the value of service）和运输承受能力原则（what the traffic can bear），从服务需求者的角度出发，依据企业所创造价值的多少以及承运商品价值的高低制定企业的运价。

（3）竞争导向定价方法（competition-oriented pricing）。它主要依据竞争对手的运价水平来确定自身的运价水平。

上述三种定价方法各有优缺点，如表 4—14 所示。因此，企业应在综合考虑诸如企业的成本支出、市场供求关系、市场结构模式、客户的购买力、货物的价值、经营状况等因素的基础上，选择合适的定价方法。

表 4—14　　三种定价方法的优缺点

定价方法	优缺点
成本导向定价法	主要优点是简单明了，适应需求状况，保持合理利润水平，在需求旺季，价格显得较为公道，在淡季可以适当降低价格，较为灵活。但是此方法主要从企业自身获得利润或投资回报出发，缺乏市场应对能力和竞争力。
需求导向定价法	基于市场需求的定价可以随市场行情变化而调整，而且接近行业平均价格，易于为客户接受，但是企业对于市场需求情况的了解存在一定的滞后性和偏差，只能是粗略的预计，无法准确量化，所以使用该方法制定的价格，有可能会使企业失去部分利润或客户。
竞争导向定价法	虽然使用此方法制定的价格更易争取到客户，但是以竞争对手价格作为定价基础，容易造成价格战，故意压低价格或哄抬价格都不利于市场竞争、保障企业的利润以及长远发展。

二、定价方式

以配送定价为例，其定价方式如下：

（1）单一定价。在一个配送区域内不论配送到哪里，对同一计费单位采用同一个价格，相当于采用配送货量评价成本定价方式，运输距离远、货量少的客户获得超值服务，而另一些客户则多支付了费用。采用单一价格一般需要对配送品的规格做出规定，如每件不超过 5 千克或者 1 立方米。

（2）分区价格。将配送覆盖区划分成若干个价格区间，对运送到不同区间的配送制定不同的价格。一般来说，区间的划分以距离为原则，若该区间的交通条件不利、经常堵车或者需要通过收费路口等，则制定不同的价格。

（3）分线价格。将配送区按照配送运送线路进行划分，对每一条线路进行定价。只要是属于该路线的配送，就使用该线路价格，无论是否到达该设计线路的基点。

4.5.3 仓储与配送费用计收

一、收费标准

以集装箱场站集拼业务为例，集拼操作所收取的运费包括接送空箱、装拆箱、储存等费用，限于篇幅，下面以上港物流集拼服务（上海）有限公司（简称上港拼箱）为例，介绍其利用监管仓库监管拼箱货物的收费标准。

1. 普通货物收费标准

表4—15和表4—16分别显示了普通货物的基本收费标准和选择性服务收费标准。

表4—15　普通货物基本收费标准　单位：元

基本费目	费率	收费标准
1. 散卡卸车费	20/立方米	卸车时收，起步价60/票
	40/吨	
	25/托	
2. 散卡验封费	10/车	卸车时收
3. 理货费	35/票	卸车时收
4. 散卡卸货附加费（晚20点后至次日凌晨6点）	散卡卸车费×50%	卸车时收
5. 消防与安全管理费	10/票	卸车时收
	20/20’	装箱时收
	30/40’	
6. 集装箱装箱费	20/计费吨	装箱时收，起步价60/票
7. 集卡加封费	10/车	装箱时收
8. 堆存费	1.5/计费吨/天	装箱时收，7天内免收

表4—16　普通货物选择性服务收费标准　单位：元

1. 分唛费	1/件
2. 贴唛费	1/件
3. 商检验货机械力资费	50/票
4. 落箱费（落箱时收）	100/20’
	150/40’
5. 过磅费	20/吨
6. 打托费	仓库提供普通或免熏蒸托盘：100/托
	仓库提供塑料托盘：210/托
	客户提供托盘：60/托
	加缠绕膜：30/托
	欧式托：150/托

7. 打木箱费	350/立方米	
8. 换包装费（客户提供）	5/件	
9. 掏箱费	半掏：200/TEU	
	全掏：500/TEU	
10. 转关申报费	200/票	
11. 计划更改费	白天：50/票（当日上午 8:30 至下午 17 点）	
	夜晚：100/票（当日下午 17 点后至次日上午 8:30）	
12. 委托白卡集卡送港费（有落箱计划并有送港计划时收）	沪东监管点——外港码头（除沪东）	320/20’
		540/40’
	沪东监管点——沪东集装箱码头	150/20’
		220/40’
	沪东监管点——洋山	720/20’
		1 140/40’
	洋山监管点——洋山码头	350/20’
		550/40’
13. 现场单证打印	10/票	
14.《监管拼箱货物入库单》现场保管	10/票	
15.《监管拼箱货物入库单》单证更改	10/票	
16.《监管拼箱货物入库单》单证补单	10/票	
17. 液压车费	20/票（根据实际使用情况收取）	
18. 装箱单打印费	30/票（根据实际使用情况收取）	

2. 危险货物收费标准

表 4—17 和表 4—18 分别显示了危险货物的基本收费标准和选择性服务收费标准。

表 4—17　　危险货物基本收费标准　　单位：元

基本费目	费率	收费标准
1. 散卡卸车费	30/计费吨	卸车时收，起步价 150/票
2. 散卡验封费	10/车	卸车时收
3. 理货费	35/票	卸车时收
4. 集装箱装箱费（仅限非监管普货加载监管危险品）	30/计费吨	装箱时收，起步价 200/票
5. 集卡加封费	10/车	装箱时收
6. 堆存费	2/计费吨/天	7 天免收，起步价 10/票
7. 委托白卡集卡送港费（有落箱计划并有送港计划时收）	400/20’	非船边直装外港
	600/40’	
	800/20’	非船边直装洋山
	1 150/40’	
	610/20’	船边直装外港
	870/40’	
	1 050/20’	船边直装洋山
	1 400/40’	

续前表

基本费目	费率	收费标准
8. 集装箱内装包干费	1 100/20’	普通危险品外港
	1 800/40’	
	1 600/20’	普通危险品洋山
	2 300/40’	
	1 600/20’	烈危外港
	2 600/40’	
	2 100/20’	烈危洋山
	3 100/40’	
9. 加固费	150/TEU	一般加固
	700/TEU	美式加固（2 张板加 8 块木方）
	400/TEU	美式双重（材料由客户提供）
10. 喷淋费	1.6/计费吨	从 6 月 1 日到 9 月 30 日

表 4—18　危险货物选择性服务收费标准　单位：元

服务项目	收费标准
1. 分唛费	1/件
2. 贴唛费	1/件
3. 商检验货机械力资费	50/票
4. 落箱费（落箱时收）	100/20’
	150/40’
5. 过磅费	30/吨
6. 打托费（客户提供托盘）	60/托
7. 打木箱费	350/立方米
8. 换包装费（客户提供）	5/件
9. 掏箱费	半掏：300/TEU
	全掏：600/TEU
10. 转关申报费	200/票
11. 计划更改费	白天：50/票（当日上午 8:30 至下午 17 点）
	夜晚：100/票（当日下午 17 点后至次日上午 8:30）
12. 现场单证打印	10/票
13.《监管拼箱货物入库单》现场保管	10/票
14.《监管拼箱货物入库单》单证更改	10/票
15.《监管拼箱货物入库单》单证补单	10/票

二、计费方式

以配送为例，计费方式如下：

1. 按配送量收费

以每单位的配送量为计费单位。如采用重量单位，总收费即为总配送量与费率的乘积。但是由于不同商品的配送作业有一定的差别，所投入的劳动不同，又可以按商品类别进行分类、分级。按配送量收费还有按配送货物的体积计费、按件数收费等方式。

2. 按配送次数收费

以提供的配送次数为计费单位，不计具体的配送量。此种收费方式相当于包车配送，一般有每次配送最大送量的限制。

3. 按期收费

以一定时期为计费单位。对于配送稳定的客户，定量、定次配送，按期收费仅仅是计费形式的不同。否则，对数量不定、时间不定的客户实行按期收费则是对客户的优惠。此外，对极小数量的协同配送也按期收费。

4.5.4　运输成本计算实例

一、基本数据

(1) 经由路线：从天津至济南是干线运输，假设将货物运至济南的区域仓后全部卸下，留下 1/3 供济南地区销售，并不进行配送。剩下各 1/3 分别运往聊城和德州，进行配送运输，如图 4—2 所示。

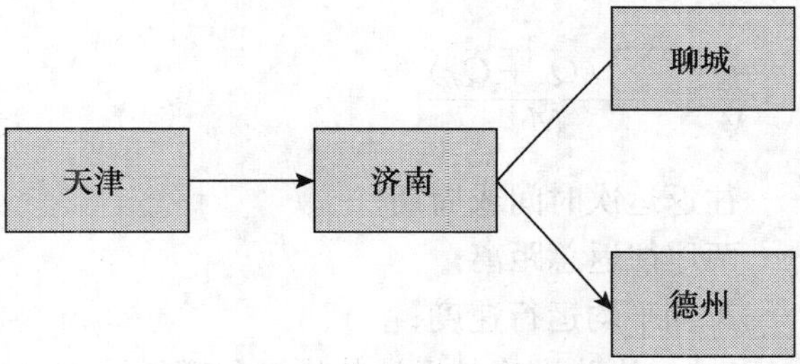

图 4—2　天津至济南运输示意图

(2) 发运量：假设在济南、聊城、德州为 7 579 吨，并假设济南、聊城、德州销售量相等。

(3) 里程与载货：假设回程线路全部空驶，各路段的高速公路里程如下：

天津——济南：358 公里；假设去程载货，返程空驶

济南——聊城：113 公里；假设去程载货，返程空驶

济南——德州：120 公里；假设去程载货，返程空驶

(4) 货物装载信息：货载信息如表 4—19 所示。

表 4—19　　货物装载信息表

车型	7.2	9.6
货物规格	最大箱 5.258×4 瓶	最大箱 5.258×4 瓶
箱数	800	1 250
吨位（不包括纸箱）	15 吨	22 吨

(5) 车辆选择：假设各运输车辆全部自营，车辆状况如表 4—20 所示。

表 4—20 车辆状况表

车型指标	天津——济南线路	济南——聊城线路	济南——德州线路
车长	9.6 米	7.2 米	7.2 米
轴数	三轴	两轴	两轴
耗油量	30 升/百公里	23 升/百公里	23 升/百公里
车重	8 吨	6 吨	6 吨
净载货吨位	22 吨	15 吨	15 吨
往返平均车速	90 公里/小时	55 公里/小时	55 公里/小时

说明：根据市场情况，济南——聊城、德州：去程因为在市区内行驶速度较低，V 为 50 公里/小时；回程空载速度较快，V 为 60 公里/小时，所以平均速度为 55 公里/小时。

二、计算公式与参数确定

以下介绍总成本（C）相关参数的确定：

$$C=\frac{\sum S_i}{\sum Q_i L_i}$$

1. 往返运次时间

往返运次时间

$$t_r=\frac{L}{\overline{V}}+\frac{\sum(Q_l+Q_d)}{\overline{M}} \quad (4—1)$$

式中：t_r——往返运次时间或周期；

L——两地往返总距离；

$\overline{V}$——车辆平均运行速度；

Q_l，Q_d——线路沿途各场站装货量和卸货量；

$\overline{M}$——线路沿途各场站的总平均装卸效率。

2. 线路配车数

线路配车数是由货运需求、单车装载能力和往返运次时间等因素确定的，其计算公式为：

$$N=\frac{t_r Q_{\max}}{\alpha_b D_d T} \quad (4—2)$$

式中：N——配车数；

t_r——往返运次时间或周期；

T——平均每辆车年营运时间；

α_b——车载重量利用率，在干线运输中，车载重量利用率为定值，在配送线路运输中，$\alpha_b=\frac{\sum D_i a_i}{D_d}$；

D_d——车净载重；

$Q_{\max}$——往返方向中运量较大方向的年货物发运量。

3. 计算成本

(1) 变动成本(V)。

变动成本=燃油费+路桥费+补助费+停车费

其中,燃油费与路桥费的计算公式如下:

1) 燃油费。

燃油费=车辆运行公里÷100×车辆耗油量(升/百公里)×燃油价格

2) 路桥费。计重线路的车辆按计重规定收费,没有普及计重收费的高速公路按车型收费。

(2) 固定成本(F)。固定成本包括:折旧、营运费、车税、年检费、养路费、车辆财产保险、第三者责任险、司机人身保险、通讯费、维修费、材料费、工资。

(3) 总成本(S)。

总成本=变动成本+固定成本

三、干线运输成本的计算

1. 相关参数的计算

(1) 计算往返运次时间。天津——济南:$L=358\times2=716$(公里);$\bar{V}=90$ 公里/小时;假设车载重量利用率为 93%,天津装货量 $Q=D_d\cdot\alpha_b=20.46$ 吨,在济南卸货 20.46 吨,假设 $\bar{M}=19$ 吨/小时。

根据式(4—1),从天津到济南的往返时间为:

$$t_r=\frac{L}{\bar{V}}+\frac{\sum(Q_l+Q_d)}{\bar{M}}$$

$$=716/90+(20.46+20.46)/19=10.11(\text{小时})$$

(2) 计算线路配车数。根据案例,$t_r=10.11$ 小时,$Q_{\max}=7\ 579$ 吨,因为干线运输不受淡旺季影响,设每车运货量基本一样,且 $\alpha_b=93\%$,$D_d=22$ 吨,根据市场调研,假设 $T=330$ 天,干线运输每天运营 12 小时,根据式(4—2):

$$N=\frac{t_rQ_{\max}}{\alpha_bD_dT}=10.11\times7\ 579/(93\%\times22\times330\times12)\approx1(\text{辆})$$

2. 运输变动成本(V)的计算

(1) 燃油费的计算。

燃油费=车辆运行公里÷100×车辆耗油量(升/百公里)×燃油价格

根据市场调研,燃油价格为 3.55 元/升,则

天津——济南往返的燃油费=716÷100×30×3.55=762.54(元)

(2) 路桥费的计算。目前,山东省对京福、京沪、济青、潍莱、济聊、日东和济南绕城等 7 条高速公路实行计重收费。所以,路桥费采用计重收费。根据国家有关规

定，各计费标准如表 4—21 至表 4—23 所示。

表 4—21　车辆总质量限认定标准（即限重标准）

两轴车辆	三轴车辆	四轴车辆	五轴车辆	六轴及六轴以上车辆
17 000 千克	27 000 千克	37 000 千克	43 000 千克	49 000 千克

表 4—22　超重车辆收费标准

超重水平	收费标准
超重 50%以内的	加收通行费的 50%
超重 50%以上至 100%	加收 1.5 倍通行费
超重 100%以上至 200%	加收 3 倍通行费
超重 200%以上	加收 5 倍通行费

表 4—23　高速公路计重费率

车货总质量≤10 吨	10 吨＜车货总质量≤49 吨
0.08 元/吨公里	从 0.08 元/吨公里线性递减到 0.032 65 元/吨公里

由于配送线路都采用计重收费，9.6 米货车车重 8 吨，平均载货重 20.46 吨，超载 50%以内，据此，根据以上国家标准可计算出天津——济南往返的路桥费如下：

$$路桥费=28.46\times0.032\,65\times358\times(1+50\%)+8\times0.08\times358=728.11(元)$$

（3）司机补助费的确定。假设每车次司机的补助费为 10 元，由于年运营车次＝7 579/(22×93%)＝370（次），因此，补助费＝10×370＝3 700（元）。

（4）停车费的确定。假设每车次停车费为 10 元，则年停车费＝10×370＝3 700（元）。

（5）确定运输变动成本。

$$\begin{aligned}\text{天津——济南每次往返的变动成本}\ V&=燃油费+路桥费+补助费+停车费\\&=762.54+728.11+10+10=1\,510.65(元)\end{aligned}$$

则年往返总变动成本 V＝558 940.5（元），单位变动成本＝0.206 05（元/吨公里）。

3. 运输固定成本（F）的计算

单车运输固定成本如表 4—24 所示。

表 4—24　单车运输固定成本明细表

费用明细	支付标准	8 吨 9.6 米车（元/年）
月折旧金额（4 年折旧）		3 566
营运费（含工商管理、运输管理费）	15 元/（吨·年）	120
车税	44 元/（吨·年）	352
年检费	1 000 元/（年·车）	1 000
养路费	170 元/（吨·月）	16 320
车辆财产保险、第三者责任险等	4 000 元/年	4 000

续前表

费用明细	支付标准	8 吨 9.6 米车（元/年）
司机人身保险	50 元/（月·人）	1 200
通讯费	600 元/（车·月）	7 200
维修费、材料费	2 000 元/月	2 000
工资（几人）	1 500 元/（月·人）	36 000
总计		71 758

4. 运输总成本（S）的计算

根据以上计算，可以得出：

全年总成本 S = 总变动成本 V + 总固定成本 F

$$=558\,940.5+71\,758=630\,698.5(\text{元})$$

单位总成本 = 0.232 4(元/吨公里)

四、城市配送成本的计算——济南至聊城

1. 相关参数的确定

(1) 载重量利用率的计算。载重量利用率可以根据每次配送订单量来确定，设第 i 次装货量为 D_i 吨，占订单次数的比例为 a_i，则载重量利用率为：

$$\alpha_b=\frac{\sum D_i a_i}{D_d}$$

式中：　D_d——车净载重量。

现假设载重量分布情况如图 4—3 所示。

$$\alpha_b=15\times55\%+12.5\times20\%+8.5\times20\%+4.5\times5\%=84.5\%$$

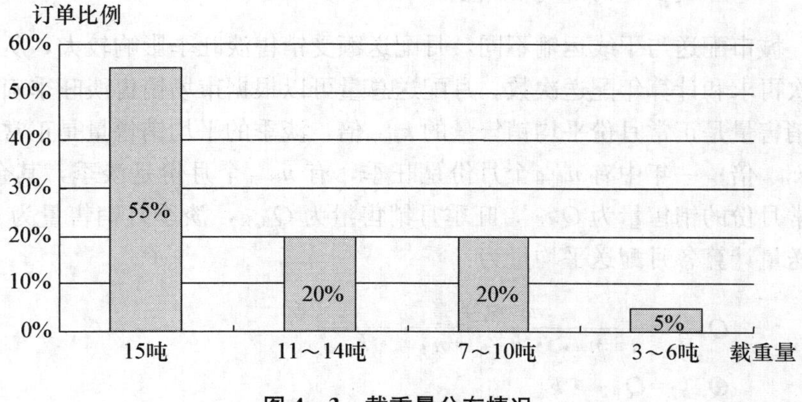

图 4—3　载重量分布情况

(2) 往返运次时间的计算。济南到聊城的配送距离 $L=113$ 公里，$\bar{V}=55$ 公里/小时。每次配送的装货量 $Q=D_d\,\alpha_b$，经上述计算可知载重量利用率为 84.5%，则平均每次的配送量为 15×84.5%=12.675（吨）。

假设场站的总平均装卸效率 $\bar{M}$ 为 19 吨/小时，根据式（4—1）：

$$t_r=\frac{113\times2}{55}+\frac{12.675\times2}{19}=5.44(\text{小时})$$

(3) 线路配车数的计算。

假设山东区域销售量为 15 158 吨，其中，1/2 的销售量送往济南，再由济南向聊城、德州配送，假设济南、聊城、德州的销售量各占 1/3，则由济南向聊城配送的年发货量$Q_{\max}$＝15 158×1/2×1/3＝2 526.3（吨）。货车平均每年营运 330 天，每天工作 10 个小时，则平均年营运时间 T＝3 300 小时，根据式（4—2）：

$$N=\frac{5.44\times2\ 526.3}{84.5\%\times15\times3\ 300}\approx1$$

2. 运输成本的计算

(1) 变动成本（V）的计算。

1) 燃油费的计算。燃油价格为 3.55 元/升，则

济南——聊城往返的燃油费＝226÷100×23×3.55＝184.53(元)

2) 路桥费的计算。由于配送线路都采用计重收费，7.2 米货车车重 6 吨，平均载货重 12.675 吨，超载 50%以内，根据国家标准，则

$$\begin{aligned}\text{往返的路桥费}&=18.675\times0.032\ 65\times113\times(1+50\%)+6\times0.08\times113\\&=157.59(\text{元})\end{aligned}$$

3) 补助费的支付方式为每次支付 10 元。

4) 停车费也为每次 10 元。

据此，可以得出：

每次往返的总变动成本＝184.53＋157.59＋10＋10＝362.12(元)

城市配送与干线运输不同，月配送额受销售淡旺季影响较大，所以按月计算配送批次再求和计算年配送次数。月配送总量可以根据市场销售淡旺季确定。设旺季的平均销售量是正常月份平均销售量的 $k_{\text{旺季}}$倍，淡季的平均销售量是正常月份平均销售量的 $k_{\text{淡季}}$倍；一年中有 $n_{\text{旺季}}$个月份是旺季，有 $n_{\text{淡季}}$个月份是淡季，其余为正常月份 n；正常月份的销售量为 $Q_{\text{平均}}$，旺季月销售量为 $Q_{\text{旺季}}$，淡季月销售量为 $Q_{\text{淡季}}$，则根据年配送量计算各月配送平均量为：

$$Q_{\text{平均}}=\frac{\text{年配送量}}{n+n_{\text{旺季}}\cdot k_{\text{旺季}}+n_{\text{淡季}}\cdot k_{\text{淡季}}}$$

$$Q_{\text{旺季}}=Q_{\text{平均}}\cdot k_{\text{旺季}}$$

$$Q_{\text{淡季}}=Q_{\text{平均}}\cdot k_{\text{淡季}}$$

通过市场调研，根据粮油市场的供需状况分析可知，一年中 1，2，9，10 月为旺季，假设需求量大概为正常月份的 2 倍；11，12 月为淡季，假设需求量大约为正常月份的 60%：3～8 月为正常月份。假设正常月份的销售量为 $Q_{\text{平均}}$，旺季月销售量为 $Q_{\text{旺季}}$，淡季月销售量为 $Q_{\text{淡季}}$，年配送总量为 2 526.3 吨，则 $6Q_{\text{平均}}+2\times4Q_{\text{平均}}+2\times$

$60\%Q_{平均}$＝2 526.3（吨），解得 $Q_{平均}$＝166.2（吨），$Q_{旺季}$＝332.41（吨），$Q_{淡季}$＝99.74（吨），预计聊城配送量分布情况如图4—4所示。

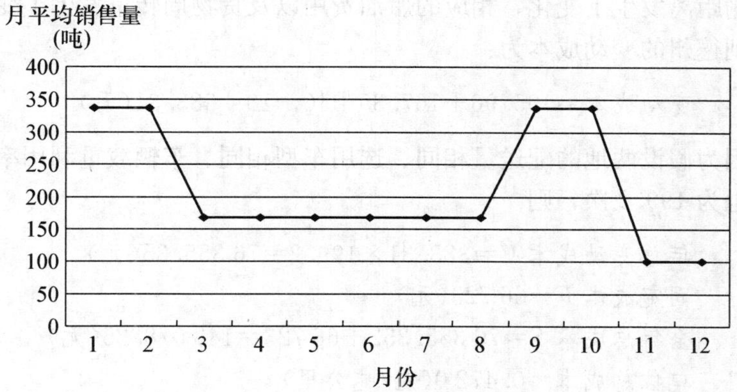

图4—4　配送量分布情况表

又知货车的载重量为15×84.5%＝12.675吨，所以

正常月配送次数 $N_{平均}$＝166.2/12.675＝13.1(次)

旺季月配送次数 $N_{旺季}$＝332.41/12.675＝26.2(次)

淡季月配送次数 $N_{淡季}$＝99.74/12.675＝7.9(次)

年配送次数 $N_{总}=6N_{平均}+4N_{旺季}+2N_{淡季}$＝199.2(次)

据此，可得出往返的变动成本＝362.12×199.2＝72 134.3（元）。

（2）固定成本（F）的计算。单车运输固定成本如表4—25所示。

表4—25　　单车运输固定成本明细表

费用明细	支付标准	6吨7.2米车（元/年）
月折旧金额（4年折旧）		4 229
营运费（含工商管理、运输管理费）	15元/（吨·年）	90
车税	44元/（吨·年）	264
车检费	1 000元/（年·车）	1 000
养路费	170元/（吨·月）	12 240
车辆财产保险、第三者责任险等	3 000元/年	3 000
司机人身保险	50元/（月·人）	1 200
通讯费	600元/（车·月）	7 200
维修费、材料费	1 500元/月	1 500
工资（几人）	1 500元/（月·人）	36 000
总计		66 723

说明：此表数据来源于市场调研。

（3）总成本（S）的计算。

全年总成本 S＝72 134.3＋66 723＝138 857.30(元)

单位总成本＝138 857.30/(2 526.3×113)＝0.486 4(元/吨公里)

五、城市配送成本的计算——济南至德州

济南到德州的配送成本的计算方法与济南到聊城的配送成本的计算方法相同，只是运输距离发生了变化，相应的燃油费用以及货物周转量发生了变化。经计算，最终济南到德州的变动成本为：

变动成本＝195.96＋167.35＋10＋10＝383.31(元)

因为假设两地的配送量相同、选用车型相同、车辆载重利用率相同，所以年配送次数也为 199.2 次，则

年总变动成本 V＝383.31×199.2＝76 355.35(元)

固定成本 F＝66 723(元)

全年总成本 S＝76 355.352＋66 723＝143 078.35(元)

单位总成本＝0.472 0(元/吨公里)

六、总运输成本的计算

1. 单位总变动成本

$$\frac{V_1+V_2+V_3}{Q_1\cdot L_1+Q_2\cdot L_2+Q_3\cdot L_3}=\frac{558\,940.5+72\,134.30+76\,355.35}{7\,579\times358+2\,526.33\times113+2\,526.33\times120}$$
$$=0.214\,2(\text{元/吨公里})$$

2. 单位总成本

$$\frac{S_1+S_2+S_3}{Q_1\cdot L_1+Q_2\cdot L_2+Q_3\cdot L_3}=\frac{630\,698.5+138\,857.30+143\,078.35}{7\,579\times358+2\,526.33\times113+2\,526.33\times120}$$
$$=0.276\,4(\text{元/吨公里})$$

V_1，V_2，V_3 分别为天津——济南、济南——聊城、济南——德州的年总变动成本，Q_1，Q_2，Q_3 分别为天津——济南、济南——聊城、济南——德州的总运量；L_1，L_2，L_3 分别为天津——济南、济南——聊城、济南——德州的距离；S_1，S_2，S_3 分别为天津——济南、济南——聊城、济南——德州的年总成本。

4.6 仓储与配送绩效评价

4.6.1 仓储与配送绩效评价概述

一、仓储与配送绩效评价的概念与标准

仓储与配送绩效评价是指在一定的经营期间内，运用数量统计和运筹学方法，采用特定的指标体系，对照统一的评价标准，按照一定的程序，通过定量、定性分析，对企业经营效益和经营者的业绩做出客观、公正和准确的综合判断。

仓储与配送绩效评价标准是对评价对象进行分析评价的标尺，是评价工作的准绳

和前提。根据不同的用途，评价标准可以分为计划（预算）标准、历史标准、客观标准、客户标准。

二、仓储与配送绩效评价的原则

为保证仓储与配送管理考核工作的顺利进行，在制定考核指标时应遵循以下原则：

（1）科学性原则。设计的指标体系应能够客观、如实地反映仓储与配送管理的实际水平。

（2）可行性原则。指标应简单易行，数据容易得到，便于统计计算，便于分析比较，现有人员能够很快灵活掌握和运用。

（3）协调性原则。要求各指标之间相互联系、相互制约，使之相互协调、互为补充，不能使指标间互相矛盾或彼此重复。

（4）可比性原则。分析过程中很重要的是对指标进行比较，所以指标必须具有可比性。

（5）稳定性原则。指标体系一旦确定，应在一定时间内保持相对稳定，不宜经常变动、频繁修改。执行一段时间之后，通过总结可以进行不断的改进和完善。

三、仓储与配送绩效评价的方法

1. 对比分析法

对比分析法是将两个或两个以上有内在联系的、可比的指标（或数量）进行对比。具体有下列四种：（1）计划完成情况的对比分析；（2）纵向动态对比分析；（3）横向类比分析；（4）结构对比分析。

2. 因素分析法

因素分析法是将一组反映事物性质、状态、特点等的变量简化为少数几个能够反映事物内在联系、本质特征的因素来进行分析。

在进行分析时应注意以下几点：

（1）指标本身必须是正确的，这就要求计算指标的数据和方法必须准确、可靠。

（2）在进行指标比较时，必须注意指标的可比性。

（3）应对指标进行全面的分析，不能以偏概全。

（4）在进行指标分析时，结果要具有现实可行性，对实际工作应起有益的促进作用。

4.6.2　仓储绩效评价指标

一、仓库资源利用程度指标

（1）地产利用率。用来评价每仓库单位面积的营业收入。

地产利用率＝(仓库建筑面积/地产面积)×100％

（2）仓库面积利用率。用来评价厂房面积的利用是否恰当。

仓库面积利用率＝(仓库可利用面积/仓库建筑面积)×100％

(3) 仓容利用率。用来评价仓库货位及面积的利用率情况。

仓容利用率=(库存商品实际数量或容积/仓库实际可存商品数量或容积)×100%
单位面积保管量=(平均库存量/可保管面积)×100%

(4) 有效范围。用来评价库存量是否保持在合理的水平。

有效范围=(库存量/平均每天需求量)×100%

(5) 设备利用率。用来评价物流中心设施装备的配置是否合理。

设备利用率=(全部设备实际工作时数/设备工作总能力)×100%

(6) 设备完好率。用来评价设备管理的水平。

设备完好率=(期内设备完好台数/同期设备总数)×100%

二、仓储服务水平评价指标

(1) 缺货率。反映存货控制决策是否适宜，是否需要调整订购点与订购量的基准。

缺货率=(缺货次数/顾客订货次数)×100%

(2) 顾客满足程度。用来评价仓储服务的顾客满意程度。

顾客满足程度=(满足顾客要求数量/顾客要求数量)×100%

(3) 准时交货率。用来评价发货的及时性。

准时交货率=(准时交货次数/总交货次数)×100%

(4) 货损货差赔偿费率。反映出货作业的精确度。

货损货差赔偿费率=(货损货差赔偿费总额/同期业务收入总额)×100%

三、商品储存效率指标

(1) 商品储存效率。库存周转率对于企业的库存管理来说具有非常重要的意义。商品储存效率主要通过库存周转率来表示。

库存周转率=(使用数量/库存数量)×100%
库存周转率=(使用金额/库存金额)×100%

当规定某个期限来研究时，需用下列算式：

库存周转率=(该期间的出库总金额/该期间的平均库存金额)×100%
=该期间出库总金额×2/(期初库存金额+期末库存金额)×100%

(2) 周转期间。周转期间可以直接由库存周转率求得。周转期间与周转率的关系为：

周转期间(以月数表示)=12/年周转率

四、商品储存能力与质量指标

考虑仓租费、维护费、保管费、损失费、资金占用、利息支出等，才能根据实际费用判断仓储合理与否。

(1) 仓库吞吐能力实现率。作为设定产品标准库存的比率依据，以供存货管理参考。

仓库吞吐能力实现率＝(期内实际吞吐量/仓库设计吞吐量)×100％

(2) 仓储吨成本。衡量公司每单位存货的库存管理费用。

仓储吨成本＝(仓储费用/库存量)×100％

(3) 进、发货准确率。衡量仓储作业的品质，以评估仓储工作人员的细心程度，或是自动化设备的准确性。

进、发货准确率＝(期内吞吐量－出现差错总量)/期内吞吐量×100％

(4) 商品缺损率。用来评价储存的安全性。

商品缺损率＝(期内商品缺损量/期内商品总数)×100％

(5) 呆滞料处理率。用来测定物料耗损如何影响资金积压状况。

呆滞料处理率＝(处理呆滞料数量/全部呆滞料数量)×100％

五、库存经济性指标

(1) 平均储存费用。用来衡量仓库效益。

平均储存费用＝每月(年)储存费用/月(年)平均储存量

(2) 利润总额。反映仓库在一定期间的收益情况。

利润总额＝期间仓库总收入－同期仓库总支出
　　　　＝仓库营业收入－储存成本和费用－税金＋其他业务利润±营业外收支净额

(3) 资金利用率。反映仓库资金利用情况。

资金利用率＝利润总额/(固定资产平均占用＋流动资金平均占用)×100％

(4) 收入利润率。反映企业仓库的获利程度。

收入利润率＝利润总额/仓库营业收入×100％

(5) 每吨货物保管利润率。反映仓库在每吨货物上的获利情况。

每吨货物保管利润率＝期间仓库利润总额/同期间货物的储存总量×100％

4.6.3　配送绩效评价指标

一、进出货作业绩效评价指标

1. 作业人员工作效率及工作时间指标

若进出货人员分开管理：

（1）每人每小时处理进货量：

每人每小时处理进货量＝进货量/(进货人员数×每日进货时间×工作天数)

（2）每人每小时处理出货量：

每人每小时处理出货量＝出货量/(出货人员数×每日出货时间×工作天数)

（3）进货时间率：

进货时间率＝每日进货时间/每日工作时间×100%

（4）出货时间率：

出货时间率＝每日出货时间/每日工作时间×100%

若进出货人员共用：

（1）每人每小时进出货量：

每人每小时进出货量＝进出货量/(进出货人员数×每日进出货时间×工作天数)

（2）进出货时间率：

进出货时间率＝每日进出货时间/每日工作时间×100%

2. 进出货工作的质量指标

（1）进货数量误差率：

进货数量误差率＝进货误差量/进货总量×100%

（2）进货品合格率：

进货品合格率＝进货品合格的数量/进货总量×100%

（3）进货时间延迟率：

进货时间延迟率＝延迟进货的货品总量/进货总量×100%

（4）出货数量误差率：

出货数量误差率＝出货误差量/出货总量×100%

（5）出货时间延迟率：

出货时间延迟率＝延迟出货的货品总量/出货总量×100%

3. 作业设施设备利用指标

（1）站台利用率：

$$站台利用率=\frac{进出货车次装卸停留总时间}{(站台泊位数\times 工作天数\times 每天工作时数)}\times 100\%$$

（2）站台高峰率：

站台高峰率＝高峰期车辆数/站台泊位数×100%

（3）装卸搬运设备利用率：

设备能力利用率＝设备的实际装卸搬运量/设备的额定装卸搬运量×100％
设备时间利用率＝设备的实际工作时间/设备的额定工作时间×100％

二、储存作业绩效评价指标

储存作业绩效评价指标与仓储绩效评价指标相同。

三、盘点作业绩效评价指标

（1）盘点数量误差：

盘点数量误差＝实际库存数－账面库存数

（2）盘点数量误差率：

盘点数量误差率＝盘点数量误差/实际库存数×100％

（3）盘点品项误差率：

盘点品项误差率＝盘点误差品项数/盘点实际品项数×100％

（4）批量每件盘差商品的金额：

批量每件盘差商品的金额＝盘点误差金额/盘点误差量

四、拣选作业绩效评价指标

1. 拣选人员作业效率指标

（1）人均每小时拣货品项数：

人均每小时拣货品项数＝拣货单笔数/(拣货人数×每日拣货时数×工作天数)

（2）批量拣货时间：

批量拣货时间＝拣货人数×每日拣货时数×工作天数/拣货分批次数

2. 拣货数量指标

（1）单位时间处理订单数：

单位时间处理订单数＝订单数量/(每日拣货时数×工作天数)

（2）单位时间拣取品项数：

单位时间拣取品项数＝订单数量×每个订单平均品项数/(每日拣货时数×工作天数)

（3）单位时间拣取体积数：

单位时间拣取体积数＝发货品体积数/(每日拣货时数×工作天数)

3. 拣货质量指标

拣货质量主要表现为拣误率，计算公式为：

拣误率＝拣取错误笔数/订单总笔数

4. 拣货成本指标

(1) 每订单投入的拣货成本：

每订单投入的拣货成本＝拣货投入成本/订单总量

(2) 单位商品投入的拣货成本：

单位商品投入的拣货成本＝拣货投入成本/拣货商品累计总件数

(3) 单位体积投入的拣货成本：

单位体积投入的拣货成本＝拣货投入成本/发货商品体积数

五、配送作业绩效评价指标

1. 人员负担指标

(1) 平均每人的配送量：

平均每人的配送量＝出货总量/配送人员数

(2) 平均每人的配送距离：

平均每人的配送距离＝配送距离/配送人员数

(3) 平均每人的配送重量：

平均每人的配送重量＝配送总重量/配送人员数

(4) 平均每人的配送车次：

平均每人的配送车次＝配送总车次/配送人员数

2. 车辆负荷指标

(1) 平均每台车配送吨公里数：

平均每台车配送吨公里数＝配送总距离×配送总量/配送总车次

(2) 平均每台车配送重量：

平均每台车配送重量＝配送总重量/(自有车重＋外车重)

(3) 空车率：

空车率＝空车行驶距离/配送总距离×100％

3. 配送时间效率指标

(1) 配送平均速度：

配送平均速度＝配送总距离/配送总时间

(2) 单位时间生产力：

单位时间生产力＝配送营业额/配送总时间

4. 配送成本指标

(1) 每吨重配送成本：

每吨重配送成本＝(自车配送成本＋外车配送成本)/配送总重量

(2) 每容积货物配送成本：

每容积货物配送成本＝(自车配送成本＋外车配送成本)/配送总容积

(3) 每车次配送成本：

每车次配送成本＝(自车配送成本＋外车配送成本)/配送总车次

(4) 每公里配送成本：

每公里配送成本＝(自车配送成本＋外车配送成本)/配送总距离

六、配送服务质量指标

配送服务质量指标可用配送延迟率来分析，其计算公式如下：

配送延迟率＝延迟车次/配送总车次

习　题

1. 单项选择题

(1) 与海运提单相比，不属于道路运单的是（　　）。

A. 合同证明　B. 货物收据　C. 物权凭证　D. 记名单证

(2) 仓储成本中的变动成本是（　　）。

A. 设备折旧　B. 工资与福利　C. 保管成本　D. 外协成本

(3) 按服务需求者角度定价是（　　）。

A. 成本导向定价法　B. 需求导向定价法

C. 竞争导向定价法　D. 综合定价法

2. 多项选择题

(1) 仓单作为一种有价证券，具有的特点包括（　　）。

A. 要式证券　B. 背书证券　C. 无因证券　D. 不记名证券

(2) 在集装箱货物道路运单中，一张运单托运的集装箱货物或集装箱必须（　　）。

A. 同一托运人　B. 同一收货人　C. 同一起运地　D. 同一货物种类

(3) 仓储服务水平评价指标包括（　　）。

A. 缺货率　B. 顾客满足程度

C. 准时交货率　D. 货损货差赔偿费率

3. 是非题

(1) 道路运单具有认人不认单的特点。（　　）

(2) 配送合同成立即生效。(　　)

(3) 仓储合同属于保管合同的一种特殊类型。(　　)

(4) 存货人转让仓储物时，必须由存货人在仓单上进行背书。(　　)

4. 简答题

(1) 签订仓储合同应注意的事项有哪些？

(2) 配送成本控制的主要策略有哪些？

(3) 仓储与配送事故处理涉及的单证有哪些？

(4) 阐述道路运单与仓单、提单的异同。

5. 案例分析

某商贸大厦因业务关系与本市某外贸仓库订立了仓储保管合同，约定由仓库为其保管电视机500台。合同规定了保管期限、保管费用、违约责任等内容。入库当天，该商贸大厦将电视机分批运至仓库，搬到仓库保管员指定的位置。送货人要求保管员验收时，保管员认为"商贸大厦信誉好，不用验收了"，便入库盖章。3个月后，商贸大厦工作人员提货时，发现少了5台电视机，便要求该仓库赔偿损失。该仓库负责人认为，商贸大厦的500台电视机入库后，便贴了封条，仓库大门上了三把锁，钥匙分别在三个保管员手中，因此问题不可能出在仓库，仓库拒绝赔偿。双方发生争执，商贸大厦遂诉至法院，要求该仓库赔偿损失。

你认为该仓库有没有责任？为什么？从此案例能得到哪些教训？

第5章

仓储与配送运营管理

引导案例　海尔的自营物流体系

海尔物流搭建的全球供应链资源网络、全球配送网络、投资过亿元的物流执行系统，再加上运作海尔集团物料管理的经验和能力，是海尔物流社会化后的竞争力所在。但这种模式有两个弊端：一是海尔自营的物流体系虽然可以获得物流市场的一部分利润，达到降低成本的目的，但建立一个规范的物流公司不仅要具备强大的运输、仓储能力，投入大量的资金，而且必须拥有大量的专业人才，具备先进的策划能力、信息系统和管理水平。为了满足集团内部的物流需求，在物流基础设施方面，这些年，海尔投巨资建设了青岛立体仓库，但对于遍布全国的租赁仓库，海尔却不能投资进行货架、托盘、叉车、仓库改造，面对物流信息系统（ALIS）、卫星在途定位系统（GPS）、电子地图（GIS）、电子数据标准化（EDI），海尔难以进行大规模投资，因为海尔的战略目标是成为世界知名的家电生产商，而不是物流企业。众所周知，物流的作用主要体现在规模效应上，物流之所以在开始的两年里能为海尔作出巨大贡献，主要是因为集团庞大的家电产业规模。从冰箱到空调、冷柜、洗衣机、彩色电视机，海尔共涉及96大门类15 100多个规格的产品群，重要家电产品线接近完整。而且，这几年海尔的空调、冰箱、洗衣机等几大主导产品的产量和市场占有率均有良好表现，充足的货源给海尔物流提供了良好的生存空间。但随着海尔在计算机、手机、生物制药、家庭整体厨房等领域的投入，海尔主业家电受到影响，空调近年来在销售额和市场占有率上都呈现下降趋势，主导产品洗衣机在市场上的地位同样岌岌可危，海尔物流的利润空间也因此开始收窄。对于本不属于家电的手机、电脑等IT产品，放到海尔家电物流的平台显得勉为其难。IT物流周转频率高、批量小、品种多、速度快、个性化的特点被家电的固有渠道所扭曲。二是海尔电脑的原料由集团内部统一规划、统一采购、统一运输后，表面上共享了平台，但由于规模没有上来，机制又不灵活，反而造成采购成本过高，这直接影响了海尔电脑的价格政策。

青岛海尔和海尔电器作为海尔集团旗下两个核心资本平台，目前各自已有明晰的产业定位。青岛海尔已打造成为海尔集团白电资产旗舰，专注于家电制造与服务，朝着美好居住方案提供解决商方向发展，全面建立起在冰箱、空调等领域的行业领先地位；海尔电器目前的业务重点定位于发展三四级市场家电销售的专门平台，打造虚实网结合、送服务上门的营销模式及通路。自海尔电器成立以来，青岛海尔物流一直为海尔电器提供原材料供应和产成品配送方面的物流服务。2010 年 8 月 28 日，海尔集团公司与青岛日日顺物流签署《海尔集团公司与青岛日日顺物流服务有限公司股权转让协议》。根据该协议，海尔集团公司将其下属企业的相关物流资产整合到青岛海尔物流，并在物流资产整合完成后将其持有的青岛海尔物流 100%的股权转让给青岛日日顺物流。青岛日日顺物流为海尔电器下属 BVI 公司的全资子公司，主要从事海尔及非海尔品牌的其他家电产品的渠道综合服务业务，作为互联网时代领先的服务品牌，日日顺物流一直致力于为消费者提供精准快捷的网购体验。为持续地贴近用户，与用户零距离，日日顺依托四网——虚网、营销网、物流网、服务网，构筑虚实融合的全流程用户体验驱动的竞争优势。“虚网”指互联网，通过网络社区与用户互动，形成用户黏度。日日顺为用户搭建了海尔商城网上平台。“实网”指营销网、物流网、服务网。海尔商城借力“实网”，为全国1 500 多个区县用户提供 24 小时限时达服务，第一时间获得用户满意。实网覆盖全国大部分城市社区和农村市场。日日顺在全国建设了 7 600 多家县级专卖店，2.6 万个乡镇专卖店，19 万个村级联络站，同时也致力于发展非海尔品牌的分销业务，在山东、江苏、辽宁、新疆、河南等地成立了 16 家日日顺合资公司，重点发展面向当地的第三方品牌加盟网络，共同保证农民不出村、不出镇买到所需产品；在全国建立 90 余个物流配送中心，2 800 多个二级配送站，可保障 24 小时之内配送到县，48 小时之内配送到镇，实现即需即送、送装一体化；在全国共布局 17 000 多家服务商，其中在一、二级市场建立了 3 000 多家服务站，三级市场建立了 4 000 多家服务站，四级市场建立了 10 000 多家乡镇服务站，保障随叫随到，为用户提供及时上门、一次就好的成套精致服务。虚实网融合的优势保障了企业与用户的零距离，不但有效支持海尔产品的营销，还成为国内外家电、家具、家装、家饰名牌在中国市场的首选渠道。凭借四网融合的坚实基础，目前日日顺物流为网购大件产品搭建了一个开放的平台，它强大的配送服务能力迅速吸引了一些国内外知名品牌的目光，除了海尔，亚马逊、物流宝、创维、惠而浦、三洋、国美、重庆商社等企业纷纷与日日顺物流建立了合作关系。

5.1 概 述

一、仓储与配送运营管理的概念与要求

狭义的仓储与配送运营管理是指在一定仓储与配送设备的条件下，为完成规定的仓储与配送任务而制定的运营计划和组织办法并实施的过程；或者是在一定任务的条件下，合理选用仓储配送工具、线路、中转地点、装卸机械，制定最优的运营组织方案并实施的过程。

仓储与配送运营管理的总体要求是获得连续性、平行性、协调性和均衡性。

1. 连续性

连续性是指仓储与配送的各个过程应保持连续，每个生产环节、各项作业之间

在时间上应紧密衔接和连续进行，不发生任何不合理的中断。为了提高仓储与配送过程的连续程度，应尽量采用先进的技术，努力提高仓储与配送过程机械化、自动化水平；但是，在一定生产技术水平的条件下，必须谋求仓储与配送组织工作的科学性和合理性，优越的技术条件与先进的组织方法相配合，才能获得理想的效果。

2. 平行性

平行性是指仓储与配送过程中的各个部分、各部分的各个环节和各项作业在时间上平行进行。分析各项作业的具体内容和完成作业所需要的时间，选定可以平行进行作业的项目并加以合理组织。过分追求平行性，会使仓储与配送组织工作复杂化。因此，仓储与配送过程的平行性应从实际出发，具体对待，合理实现。

3. 协调性

协调性是指仓储与配送过程中的各个部分应能协调一致地进行作业，防止发生彼此脱节或比例失调的现象。日常生产活动中，货流的变化、仓储与配送组织工作的改善、工人熟练程度的提高等因素，都会使各生产环节、作业工序之间生产能力的比例发生相应的变化。因此，在一定的技术条件下，仓储与配送过程的协调性在很大程度上取决于仓储与配送组织工作的水平。抓好各个环节和各项作业工序间的平衡工作，及时调整各种比例失调的现象，保证仓储与配送过程的协调性，是仓储与配送组织工作的一项重要内容。

4. 均衡性

均衡性是指仓储与配送企业及其内部各个环节在同一时间内完成大致相等的工作量，或稳步递增（也可能是递减）的工作量，避免出现时松时紧、前松后紧等情况。仓储与配送过程的均衡性有利于企业保持正常的秩序；有利于充分利用载运工具、机械、设备的能力，并使其及时得到保修、更新和改造；有利于保证运送安全和货物完好，确保仓储与配送服务质量；有利于仓储与配送部门和物资部门进行均衡的运转，如期完成计划规定的任务，等等。当然，均衡性并不是绝对的，在个别时期、个别地点，对个别环节和作业进行临时性的突击是难免的。但从整个仓储与配送过程出发，应力求实现均衡性。

二、仓储与配送运营管理的内容与工作流程

仓储与配送运营管理的核心是计划的制定与实施，当然，为了有效地管理，首先必须对其运营组织模式进行设计。仓储与配送运营管理的工作流程如图 5—1 所示。

1. 市场分析

市场分析的目的是对企业在仓储与配送市场中的运量占有份额进行预测，以从市场角度论证企业的阶段发展目标是否具有可行性，同时对实现企业目标所需要的运力、资金和人力进行定量计划。

市场分析的结果就是制定出切实可行的企业仓储与配送量计划，它是企业最基本的工作。

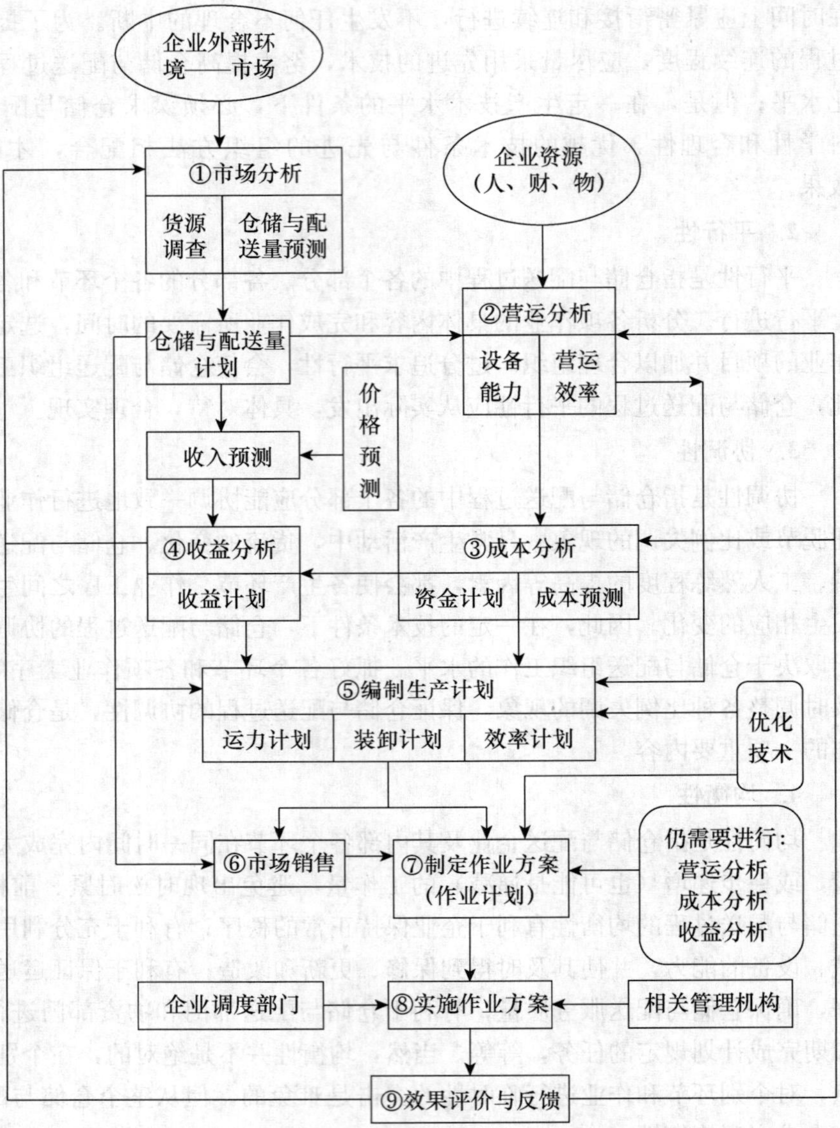

图 5—1　仓储与配送运营管理的工作流程

2. 营运分析

仓储与配送设施及设备营运的基础是仓储与配送量计划。企业的人、财、物必须保证满足执行计划的需要。营运分析的目的是对实现企业市场目标的实际能力（即企业现有仓储与配送设施及设备的拥有量、技术状况、利用效率等）进行分析和预测，以便进行生产资源计划和生产过程计划的设计。

3. 成本分析

营运将消耗资源，产生成本。成本分析的目的一方面是进行资金预测，了解资金的需求趋势，分析投入产出比，以及投资的利润率和使用资金的合理性；另一方面，通过成本分析，可以衡量企业资金的可用性，从而控制资金投向和企业运营成本。

4. 收益分析

收益分析的目的在于通过市场分析（需求分析）、营运分析和成本分析，对预期成本、期望收入和利润进行综合分析，进一步论证是否能够达到企业的发展目标。

5. 编制生产计划

通过市场分析、营运分析、成本分析和收益分析，最终制定仓储与配送设施及设备的生产计划，包括运力计划、装卸计划和设备（运输工具和装卸工具）利用效率计划。

6. 市场销售

为了确保生产计划的实现，还必须按照市场销售计划积极开拓市场，组织货源。

7. 制定作业方案

所谓作业方案，就是制定据以完成某一任务的系统作业图及有关条文。显然，作业方案是具体任务组织工作的依据和指导书。

作业方案属于作业计划的范畴，应根据客户申请和生产计划等的要求，详细制定仓储与配送设施及设备的作业计划。

8. 实施作业方案

通过企业调度机构和一定的管理手段，保证仓储与配送工作按预定的作业方案实施。当作业方案不能执行（比如，商务合同不能履行而导致其作业方案不能实施）时，要查明原因，进行处理。

9. 效果评价与反馈

一个阶段过去或一次任务完成后，对生产计划、作业方案的执行情况进行评价，肯定成功之处，找出不足之处，总结经验教训，改进下一步的工作。

在以上各个步骤中，市场分析是以后各步工作的前提。生产计划是根据市场调查和预测的资料而制定的，是企业一定时期工作的蓝图。作业方案是生产计划的具体化，作业方案的实施是作业方案付诸实际的过程，也是对作业方案的检验过程。效果评价是对以前各步工作的总结评价，并为下一阶段的工作提供指导。通过上述步骤不断循环，使仓储与配送运营管理工作不断完善。

5.2 仓储与配送合理化

5.2.1 配送合理化的判断标志

配送合理化是判断配送方案优劣的标准，而对配送合理化的判断，是配送决策系统的重要内容，目前国内外尚无一定的技术经济指标体系和判断方法，按一般认识，以下若干标志应当纳入。

1. 库存标志

库存是判断配送合理化的重要标志，具体指标有以下两方面：

（1）库存总量。在一个配送系统中，货物从各个客户库存中转移到配送中心，配送中心库存数量与各客户在实行配送后库存量之和应低于实行配送前各客户库存量之和。

从客户角度判断，各客户在实行配送前后的库存量比较是判断配送合理与否的标志。但要注意，随着客户不断生产，库存总量的上升也反映了经营的发展，必须扣除这一因素的影响，才能对库存总量是否下降作出正确判断。

（2）库存周转。由于配送中心的调剂作用，以低库存保持高供应能力，库存周转总是快于原来各客户的库存周转。此外，从客户角度判断，各客户在实行配送前后的库存周转比较也是判断配送合理与否的标志。

为取得共同比较基准，上述库存标志都以库存储备资金计算，而不以实际物资数量计算。

2. 资金标志

配送应有利于资金占用降低及资金运用合理化。具体判断标志有以下三方面：

（1）资金总量。用于进货的资金以及所占用的流动资金总量随库存量的不断降低及供应方式的改变会有一个较大幅度的降低。

（2）资金周转。从资金运用来讲，由于整个节奏加快，资金充分发挥作用，同样数量的资金过去需要较长时期才能满足一定供应要求，实行配送后，在较短时期内就能达此目的。所以，资金周转是否加快，是衡量配送合理与否的标志。

（3）资金投向的改变。资金分散投入还是集中投入，是资金调控能力的重要反映。实行配送后，资金必然从分散投入改为集中投入，以增加调控作用。

3. 成本和效益标志

对于不同的配送方式，可以有不同的侧重点。如果配送是由客户自己组织的，主要强调供应保证和服务性，那么，主要从总效益、宏观效益和客户企业的微观效益来判断，不必过多顾及配送中心的微观效益。

在实际中，以是否按国家政策进行经营，是否完成国家税收及配送中心和客户的微观效益来判断。

对于配送中心而言（在投入确定的情况下），企业利润反映配送合理化程度。

对于客户而言，在保证供应水平或提高供应水平（产出一定）的前提下，供应成本的降低反映了配送的合理化程度。

成本及效益还可以具体到储存、运输等配送环节，使判断更为精细。

4. 供应保证标志

实行配送后，客户担心的是供应保证程度是否会降低，因此必须提高对客户的供应保证能力，这就是配送的合理化。供应保证能力从以下方面判断：

（1）缺货次数。实行配送后，对客户来讲，该到货而未到货以致影响生产及经营的次数必须下降才算合理。

（2）配送中心集中库存量。对每一个客户来讲，配送中心所形成的供应保证能力高于配送前单个企业才算合理。

（3）即时配送的能力及速度。客户出现特殊情况时的供应保证能力必须高于未实行配送前的供应保证能力才算合理。

特别需要强调一点，配送中心的供应保证能力是一个科学、合理的概念，而不是无限的概念。具体来讲，如果供应保证能力过高，超过了实际的需要，则属于不合理，所以追求供应保证能力的合理化是有限度的。

5. 社会运力节约标志

目前，末端运输是运能、运力使用不合理、浪费较大的领域，因而人们寄希望于通过配送来解决这个问题，这也成了配送合理化的重要标志。

运力使用的合理化是依靠配送运力的规划和整个配送系统的合理流程及与社会运输系统合理衔接实现的。配送运力的规划是任何配送中心都需要花力气解决的问题，而其他问题的解决有赖于配送及物流系统的合理化。可以从以下方面简化判断：

（1）社会车辆总数减少，承运量增加为合理。

（2）社会车辆空驶减少为合理。

（3）一家一户自提自运减少，社会化运输增加为合理。

6. 物流合理化标志

配送必须有利于物流合理化，这可以从以下几方面判断：

（1）是否降低了物流费用。

（2）是否减少了物流损失。

（3）是否发挥了各种物流方式的最优效果。

（4）是否有效衔接了干线运输与末端运输。

（5）是否不增加实际的物流中转次数。

（6）是否采用了先进的技术手段。

物流合理化是配送要解决的大问题，也是衡量配送本身是否合理的重要标志。

5.2.2　配送不合理的表现

由于物流活动存在二律背反现象，在追求物流合理化的同时，会产生一些不合理的物流活动，在配送活动中也是如此。实际配送活动中有以下不合理的表现。

1. 经营理念不合理

配送中心的目标是以较低的配送成本合理组织对客户的配送，提高客户服务水平，使客户满意。但实际中，服务与成本的关系是一个很难处理的问题。配送中心为了缓解库存压力，往往会强迫客户接货，或占用客户资金，或挪用客户资源，这些问题在我国配送中心经营过程中相对普遍。

2. 集货不合理

在配送业务的组织过程中，配送中心通过规模化集货、理货、备货，使配送成本低于客户自己进货的成本，进而取得优势。但实际中却存在以下一些问题：

（1）配送中心不是集中多个客户的需求进行批量备货，而是仅为少数几个客户代购代筹，导致客户费用增加。

（2）配送计划不周，进货要么过多、要么过少。

（3）与供应商缺乏长期稳定的合作伙伴关系，供需衔接存在风险。

3. 库存决策不合理

配送实现集中库存，使库存总量低于各客户分散库存量之和，从而降低客户实际分担的库存费用。这取决于集中库存决策的合理性。在配送活动中面临以下几方面的问题：

（1）库存量决策问题。仅转移了客户的分散库存，却导致库存总量增加。

（2）储存量不足，供应保证不及时，特别是对一些随机需求的反应能力较差。

4. 送货中运输不合理

采用共同配送模式，把许多小客户的订货集中配装和送货，会大大节省运力和运费。反之，由客户自提，则会失去配送优势，因为这种情形下不能达到车辆的积载。这是一种不合理的配送。除此之外，各种不合理运输在配送中都有可能出现。

5. 配送直达决策不合理

客户需求量较大时，是由配送中心中转配送，还是由厂商或社会物流系统直达送货，这是配送合理化的一项重要决策内容。因为如果配送中心组织配送，增加了一个中间环节，会直接增加费用支出，而由厂商送货则不会有此项支出。在这种情况下，就产生了不合理配送。

6. 价格不合理

一般来说，配送中心的配送价格应低于客户单独进货时的买价、进货费用、订货费用与运输费用之和。但实际上，配送中心在定价时往往违背这一原则，经常高于客户进货价格，损害了客户利益，也影响了配送中心的经营。

5.2.3 配送合理化的途径

1. 推行一定综合程度的专业化配送

通过采用专业设备、设施及操作程序，取得较好的配送效果并降低配送的复杂程度及难度，从而追求配送合理化。

2. 推行加工配送

通过加工和配送结合，借助于配送，使加工目的更明确，与客户联系更紧密，避免了盲目性。两者有机结合，投入增加不多却可追求两个优势、两个效益，是配送合理化的重要经验。

3. 推行共同配送

通过共同配送，可以以最近的路程、最低的成本完成配送，从而追求合理化。

4. 实行送取结合

配送中心与客户建立稳定、密切的协作关系。配送中心不仅成为客户的供应代理人，而且成为客户的储存据点，甚至成为产品代销人。在配送时，将客户所需物品送到，再将该客户生产的产品用同一车运回，这种产品也成了配送中心的配送产品之一，或者作为代存代储，免去了生产企业的库存包袱。这种送取结合使运力得到充分利用，也使配送中心功能得到更大的发挥，从而实现合理化。

5. 推行准时配送

准时配送是配送合理化的重要内容。配送做到准时，客户才有资源把握，可以放心地实施低库存或零库存，有效地安排接货的人力、物力，以追求最高效率。另外，供应保证能力也取决于准时配送。从国外的经验看，准时配送系统是现在许多配送中心追求配送合理化的重要手段。

6. 推行即时配送

即时配送是最终解决客户断供之忧、大幅提高供应保证能力的重要手段，是配送中心快速反应能力的具体化，是配送中心能力的体现。即时配送成本较高，但它是保证配送合理化的重要手段。此外，客户实行零库存，即时配送也是重要手段。

5.3 仓储与配送组织模式选择

5.3.1 仓储与配送自营与外包决策

一、自营仓储与配送的利弊

1. 自营的优势

（1）掌握控制权。企业自营仓储与配送可以根据掌握的资料对仓储与配送活动的各个环节进行有效的调节，能够迅速地取得供应商、销售商以及最终顾客的第一手信息，解决仓储与配送活动过程中出现的问题，以便随时调整自己的经营策略。通过自营仓储与配送，企业可以全过程地有效控制仓储与配送系统的运作。

（2）避免商业秘密的泄露。一般来说，企业为了维持正常的运营，对某些特殊运营环节必须采取保密措施，比如原材料的构成、生产工艺等。当企业将仓储与配送业务外包，特别是引入第三方物流来管理其内部仓储时，基本的运营情况就不可避免地会向第三方公开。企业外包仓储与配送，经营中的商业秘密就可能会通过第三方物流泄露给竞争对手，削弱企业的市场竞争力。

（3）降低交易成本。企业靠自己完成仓储与配送业务，就不必对相关的仓储与配送费用问题和物流企业进行谈判，避免交易结果的不确定性，降低交易风险，减少交易费用。

（4）盘活企业原有资产。目前许多生产企业仍拥有仓储与配送设施及设备。企业选择自营物流的模式，在改造企业经营管理结构和机制的基础上使原有仓储与配送资源得到充分的利用，盘活原有资产，为企业创造利润空间。

（5）提高企业品牌价值。企业自营仓储与配送，能够更好地控制市场营销活动。一方面，企业可以为顾客提供优质的服务，顾客能更好地熟悉企业、了解产品，感受到企业的亲和力，体会到企业的人文关怀；另一方面，企业可以更快地掌握顾客信息和市场发展动向，从而根据顾客需求和市场信息制定和调整战略，提高企业的市场竞争力。

2. 自营的劣势

（1）庞大的投资。企业需要增加仓储与配送设施与设备以及相关的人力资本，这必然减少企业其他重要环节的投入，削弱企业的市场竞争力。

（2）配送效率低下，管理难以控制。对于绝大部分企业而言，仓储与配送并不是企业所擅长的活动。在这种情况下，企业自营仓储与配送就等于迫使自己从事不擅长的业务活动，企业的管理人员往往需要花费过多的时间、精力和资源去从事仓储与配送工作，结果可能是辅助性的工作没有做好，又没有发挥关键业务的作用。

（3）规模有限，仓储与配送的专业化程度非常低，成本较高。对规模较小的企业来说，企业产品数量有限，采用自营仓储与配送不足以形成规模效应。一方面，导致仓储与配送成本过高，产品成本升高，降低了市场竞争力；另一方面，由于规模的限制，仓储与配送的专业化程度较低，企业的需求无法得到满足。

（4）无法进行准确的效益评估。许多自营仓储与配送的企业没有将仓储与配送费用从整个企业中分离出来进行独立核算，因此无法准确地计算出产品的仓储与配送成本，进而无法进行准确的效益评估。

二、外包仓储与配送的利弊

1. 外包的优势

（1）业务优势。外包可以使企业获得自身不能提供的仓储与配送服务。在很多情况下，企业的顾客所需要的仓储与配送服务通常需要特别的专业技能和知识，制造企业所有的仓储与配送服务要求不是靠企业内部就能满足的。特别是对于中小企业来说，仓储与配送外包可以突破企业资源的限制。

（2）成本优势。一方面，将仓储与配送业务外包可以降低制造企业的运营成本。物流企业在经营规模、经营范围上的经济性，降低了包括劳动力要素在内的仓储与配送运营成本。另一方面，对于企业来说，仓储与配送成本在产品的成本中占据了较大的比重。外包仓储与配送可以减少企业在固定资产方面的投资，加速资本周转。

（3）客户服务优势。比起生产企业，物流企业在信息网络和配送节点两个方面都具有资源优势。利用信息网络可以加大订单的处理能力，减少对客户需求的反应时间。配送节点多，可以进行直接到户的点对点配送，使商品更快地到达顾客手中，提高顾客的满意度。而且，物流企业在仓储与配送服务方面具备独特的专业能力和优势，可为顾客提供更为周到的服务，增强企业的市场号召力。

（4）归核优势。对于生产企业来说，仓储与配送不是企业的关键业务，企业也不擅长专业的仓储与配送业务，而物流企业通过整合各项仓储与配送资源，其作业更加高效，而且运营成本相对较低，因此，生产企业如果将仓储与配送业务外包给第三方，将获得更周到的仓储与配送服务，同时又可以集中精力发展核心业务。

2. 外包的劣势

（1）仓储与配送的控制能力减弱。物流企业的介入，使得制造企业自身对仓储与配送的控制能力下降，要承担仓储与配送失控的风险，从而降低企业的客服水平。另外，当双方协调出现问题时，由于第三方的存在，双方更容易出现相互推托的局面，影响仓储与配送的效率。

（2）客户关系管理的风险。生产企业通过第三方物流来完成产品的配送与售后服务，削弱了企业与客户之间的关系，不利于稳定、密切客户关系。而且客户信息是企业非常重要的资源，第三方物流企业有很多客户，它们在为企业的竞争对手提供服务时，增大了泄露企业商业秘密的可能性。

（3）连带经营风险。仓储与配送外包是一种长期的合作伙伴关系，如果第三方物流企业自身经营不好，就会影响企业的运营。而如果解除合作关系，又会产生较高的成本，因为两个企业稳定的合作关系需要较长时间来磨合。

三、仓储与配送自营及外包决策过程

生产企业仓储与配送自营及外包决策过程如图 5—2 所示。

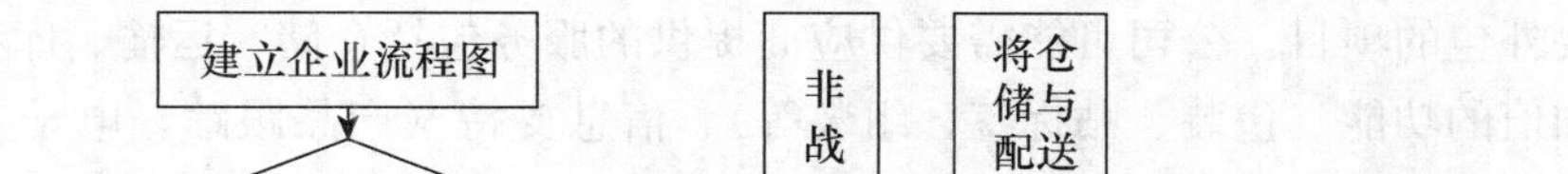

图 5—2　企业仓储与配送自营及外包决策过程图

1. 建立企业业务流程，确定系统是否具有核心竞争力

判断仓储与配送系统是否构成企业的核心能力，可采用诸如价值链分析等各类工具，一般可从以下几方面判断：(1) 是否高度影响企业业务流程？(2) 是否需要相对先进的技术，采用此种技术能否使公司在行业中领先？(3) 在短期内是否不会被其他企业所模仿？

2. 在具有核心竞争力的情况下进行成本分析，以便进行自营与分包决策

如果该仓储与配送系统构成企业核心竞争力，就可以断定该系统在战略上处于重要地位。此时企业是否自营，还要与仓储与配送供应商比较在一定的顾客服务水平下谁的成本更低，只有在企业的相对成本较低的情况下，选择自营的方式才有利；如不然，企业应把该项功能分化出去，实行外包。

3. 在不具有核心竞争力的情况下进行成本分析，以便进行自营与分包决策

如果仓储与配送系统对企业而言并非很重要，那就需要从企业仓储与配送能力的角度决定是自营还是外包。此处企业仓储与配送能力是指客户的服务水平。如果企业不具备一定的客户服务水平，就要进行外包。

此外，值得注意的是，由于仓储与配送系统是多功能的集合，各功能的重要性和相对能力水平在系统中是不平衡的，因此，在实际过程中应对各相关功能进行评估。

四、仓储与配送服务商的选择

1. 明确服务需求

为了有效地进行合同谈判，公司必须确定自己的服务需求。首先，准确地列出将要外包的项目。公司可能需要供应商提供的服务包括仓储、运输、库存管理、提高附加值的功能（包装、贴标签、组装等）、信息支持（产品跟踪、电子支付、结算等）。然后，详细定出这些作业的参数。这些都是选择供应商时需要参考的标准。如果服务需求没有量化或不明确，会导致供需双方的理解出现偏差，供应商常常认为需求商要求过高，需求商认为供应商未认真履行合约条款。此外，要确定供应商是否能够应对实际运作中未预料到的改变，比如说产品数量的改变、销售量和顾客的变化等。

2. 筛选候选者

一旦确定了公司的服务需求，就可以列出最合适的物流服务商的名单。这时候有很多选择，需要花些资源去做出一个正确的选择，从而显著地减少将来可能出现的问题。

可以在一张评估表上概括总结出公司的服务需求，根据它使候选者减少到三至四名。通过评估归纳出候选者名单，然后把候选者减少到最有希望的一至两名。

3. 参观工作场所

首先，参观物流服务商的工作场所，仔细地听取供应商的介绍，让其描述它如何能够满足本公司的需要。其次，确保供应商的每一个设备的可操作性和灵活性。公司可以通过了解实际使用者所经历的困难来避免一些常见的问题。

4. 成本估算

通常，外包普通仓储服务的成本包括需要的场地面积、仓库中移动产品所必需的活动，以及产生附加值的功能等。确定仓储服务成本可以使用每平方米场地使用成本、每件产品的交易成本、每次装载成本等指标。

5. 建立考核标准

物流服务商通常希望自主决定商品运输的始点、终点和路线，同时规定运输、仓储和管理的价格。对于生产企业来说，可以根据对这些服务愿意支付的价格来确定相应的条款（比如说安排收发货时间）。

外包关系一旦确立，就意味着双方利益是捆绑在一起的而非独立的，良好的合作伙伴关系将使双方受益，任何一方的不良表现都将使双方受损。供需双方自我真诚的评估和定位、行为道德、相互信任和忠诚以及履行承诺是建立良好的外包合作关系的关键因素。因此，不管双方的联盟是什么性质的，建立绩效考核标准来监督双方对合同的履行是必不可少的，并且在合同中要进行详细的说明，以免在问题出现时双方互相指责。

5.3.2 仓库租赁运营决策

一、仓库租赁运营的概念

仓库租赁经营是通过出租仓库、场地、仓库设备，由存货人自行保管货物的仓库经营方式。进行仓库租赁经营时，最主要的一项工作是签订一个仓库租赁合同，在法律条款的约束下进行租赁经营，取得经营收入。

仓库租赁经营中，租用人对租用的仓库及仓库设备享有使用权，并保护仓储设备设施，按约定的方式支付租金。出租人对出租的仓库及设备拥有所有权，并享有收回租金的权利，同时必须承认租用人对租用仓库及设备的使用权，并保证仓库及设备的性能完好。

仓库租赁经营可以是整体性的出租，也可以采用部分出租、货位出租等方式。在分散出租形式下，仓库所有人需要承担更多的仓库管理工作，如环境管理、保安管理等。

二、仓库租赁运营的程序

（1）确定出租的仓库。

（2）清产核资，拟定出租方案。

（3）公开招标，确定投标者。

（4）组织投标者答辩，确定中标者（承租人）。

（5）由出租人和承租人签订仓库租赁经营合同。

（6）申请法律公证。

（7）办理法人变更手续，履行法人权利和义务。

（8）租赁期满解除合同关系，重新签订租赁合同。

5.3.3 配送组织模式决策

一、商流物流一体化的配送模式

这种配送模式又称为配销模式。在这种配送模式下，配送的主体通常是销售企业或生产企业，也可以是生产企业的专门物流机构。这些配送主体不仅参与物流过程，还参与商流过程，而且将配送作为其商流活动的一种营销手段和策略，即参与商品所有权的让渡和转移，在此基础上向客户提供高水平的配送服务。其主要经营行为是商品销售，配送是实现其营销策略的具体手段，主要目的是通过提供高水平的配送服务来促进商品销售、提高市场占有率。在我国物流实践中，以批发为主体经营业务的商品流通机构以及连锁经营企业所进行的内部配送多采用这种配送模式，国外的许多汽车配件中心所开展的配送业务同样也属于这种配送模式。

商流物流一体化的配送模式对于行为主体来说，由于其直接组织货源及商品销售，因此配送活动中能够形成资源优势，扩大业务范围和服务对象，同时便于向客户提供特殊的物流服务，如配套供应物资等，从而满足客户的不同需求。可见，这种配送模式是一种能全面发挥专业流通企业功能的物流形式，但这种模式对于组织者的要求较高，需要大量资金和管理技术的支持，给企业资源配置带来过大的压力，不利于形成物流配送活动的经营规模。

此外，由于这种配送模式是围绕销售而展开的，因此不可避免地要受到后者的制约。在现代化大批量、单品种生产条件下，生产企业采取这种配送模式直接配送自己的产品，往往难以获得物流方面的优势。

二、商流物流相分离的配送模式

在这种配送模式下，配送的组织者不直接参与商品交易活动，即不参与商流过程，只是专门为客户提供货物的入库、保管、加工、分拣、运送等物流服务，其业务实质上属于物流代理。从组织形式上看，其商流与物流活动是分离的，分属于不同的行为主体。

在我国的物流实践中，这类模式多存在于由传统的储运企业发展起来的物流企业，它们在传统的仓储与运输业务基础上增加配送服务功能，其宗旨是为市场提供全面的物流保证。在国外，发达国家的运输业配送中心、仓储业配送中心和物流服务中心所开展的配送活动均属于这类配送模式。

这种配送模式的优点有：

（1）配送企业的业务活动单一，有利于专业化的形成和物流服务水平的提高；

（2）占用资金相对较少，易于扩大服务范围和经营规模；

（3）只提供物流代理服务，企业收益主要来自服务费，经营风险较小。

这种配送模式的主要缺点就是配送机构不直接掌握货源，其调度和调节能力较差；另外，对客户的依赖性强，容易因客户的销售不畅而导致自身配送规模下降，经营的主动性差。

三、共同配送模式

共同配送是指多家企业共同参与，共同在配送中心的统一计划、统一调度下完成配送作业。

1. 共同配送的类型

按照共同配送的主体划分，共同配送分为货主主体型和配送专业者主体型。

按照产业划分，共同配送分为纵向共同配送和横向共同配送两种类型。

纵向共同配送分为批发厂商间的物流共同化和零售与批发商之间的物流共同化两种类型。

横向共同配送分为同产业间的共同配送、异产业间的共同配送和共同集配三种类型。

同产业间的共同配送是指处于相同产业的生产或经营企业为提高物流效率，通过配送中心集中送货。具体做法有以下两种：一是同产业间相互协作的共同配送模式。在这种模式下，各企业对运输工具和物流设施的所有权不变，但是可以根据各自物流运输的特点及客户分布情况，建立协调机制保证共同配送的正常进行。二是同产业间通过建立配送中心等基础物流设施来发展共同配送。与前一种配送模式相比，这种模式的共同配送规模很大，有利于发挥经济规模优势；同时对参与的所有企业而言，既节省大量物流设施、设备、人员的投资，又能够集中精力发展自己的核心业务。这种配送模式还有利于实现专业化，配送水平相对较高。

异产业间的共同配送是指将不同行业的企业生产的商品集中起来，通过配送中心向客户输送。具体做法有以下两种：一是异产业间相互协作的共同配送模式。不同产业间通过搭配不同大小的商品来共同配送，这种配送特别要注意商品的特性及其客户分布特点。二是异产业间通过建立配送中心等基础物流设施来发展共同配送。这种配送模式既可以保证优势互补，又可以防止企业信息外泄，从而充分发挥协同效应。

共同集配是以大型物流企业为主导的合作型共同配送，即由第三方物流企业统一集中货物，参与合作的企业或商家指定第三方物流企业完成向各地客户的配送。

2. 共同配送的优点

（1）节省零售企业资本投入。配送中心属于资金密集型投资，需要大面积的土地资源、软硬件设施以及人力资源。对于一般连锁企业特别是中小连锁企业来说，共同配送使各连锁企业的资源得到充分利用和高度共享，减轻连锁企业的投资负担。

（2）提高客户服务水平。共同配送可以实现多品种、小批量、高频率的及时配送，从而使零售企业降低缺货率，增加商品的品种，提高商品的新鲜度，减少商品因过期而产生的损失。这些都提高了连锁企业的客户服务水平。

（3）实现社会效益。共同配送是绿色物流的体现，共同配送的实施可以减少社会车流总量，缓解交通拥挤，减少环境污染；共同配送可以整合生产商、批发商和零售商，有利于健全商业渠道，有利于全国商品大生产、大流通。

3. 共同配送的缺点

（1）费用很难进行分摊。由于多家企业共同参与配送，而且对配送任务完成的贡献很难量化，所以，费用不易分摊。

（2）有商业机密泄露的风险。共同配送必然会带来部分信息的共享，难免会出现商业信息泄露的情况。

（3）各合作企业之间很难磨合，由于每个企业对物流配送的要求不会完全相同，所以在合作期间可能会出现运行理念和利益等方面的冲突，需要经过长时间的磨合。

5.4 仓储与配送运作流程

如图 5—3 所示，仓储与配送作业包括进货、保管、发货三大作业环节，三大作业环节可细分为进货、搬运装卸、储存、订单处理、拣货、补货、配货、送货等 8 项作业。至于具体内容的多少以及复杂程度，取决客户的要求以及仓库或配送中心的设施与设备，比如，一般的仓库往往不承担送货的任务，而配送中心的核心任务就是按照用户的要求将货物分拣出来，按时按量发送到指定地点。

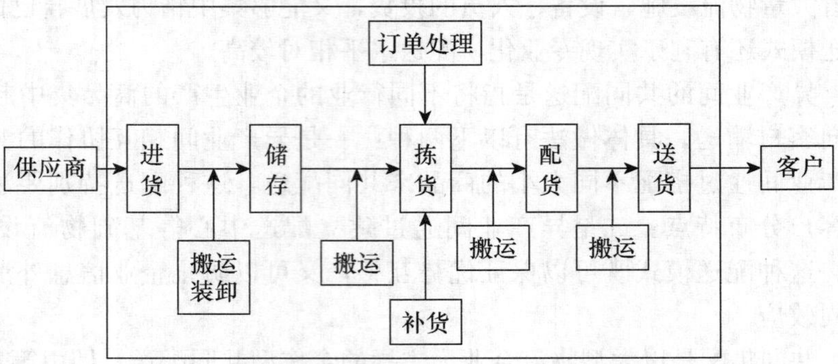

图 5—3 仓储与配送的基本作业流程

5.4.1 货物入库

货物入库工作必须经过货物的接运、装卸搬运、检验、办理手续等一系列过程。这一过程要求在一定的时间内迅速、准确地完成。除了要切实做好货物入库前的各项准备工作之外，还必须按照合理的具体操作程序来组织好入库作业。入库作业流程如图 5—4 所示。

一、入库准备

按入库通知单中有关货物的品种、性能、数量、存放时间等要求，结合货物的堆码分区保管要求，核算占用仓位的面积，进行必要的腾仓、清场、打扫、消毒，准备好验收的场地等。

1. 熟悉入库货物

仓库仓管人员应认真查阅入库货物资料，必要时向存货人询问，掌握入库货物的品种、规格、数量、包装状态、单件体积、到库确切时间、存期、理化特性、保管要求等，据此进行精确和妥善的库场安排和准备。

2. 掌握仓库情况

了解在货物入库期间、保管期间仓库的库容、设备、人员的变动情况，以便安排工作。必要时对仓库进行清查、清理、归位，以便腾出仓容。如有需使用重型设备操

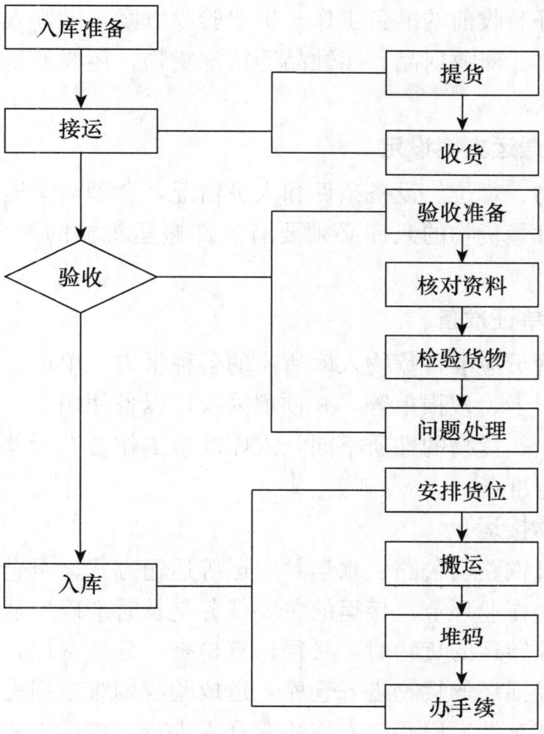

图 5—4　货物入库作业流程

作的货物，一定要确保货位可使用设备。

3. 制定仓储计划

仓库业务部门根据货物、仓库、设备制定仓储计划，并将任务下达到各作业单位和管理部门。

4. 妥善安排货位

仓库部门根据入库货物的性能、数量、类别，结合仓库分区分类保管的要求，核算货位大小。根据货位使用原则，妥善安排货位、验收场地，确定堆垛方法、沾垫方案。

5. 做好货位准备

仓库保管员要及时进行货位准备，彻底清洁货位，清除残留物，清理排水管道，必要时安排消毒、除虫、铺地等。详细检查照明、通风等设备，发现损坏及时报修。

6. 准备沾垫材料、作业用具

在货物入库前，根据所确定的沾垫方案准备相应的材料，并组织沾垫铺设作业。作业所需的用具要准备妥当，以便随时使用。

7. 验收准备

为保证验收工作及时准确地完成，提高验收效率，减少劳动消耗，仓库验收工作必须有计划、有准备地进行。在接到到货通知后，应根据货物的性质和仓库管理制度，提前做好验收前的准备工作，确定验收方案，做好人员、资料、器具、货位、设备的准备工作。对放射品、腐蚀品等特殊货物，还要准备相应的防护用具，会同有关检验部门验收。

8. 装卸搬运方案设定

根据货物、货位、设备条件和人员情况，合理科学地制定卸车搬运方案，保证作业效率。大批量货物的入库必须要有装卸搬运机械的配合，要提前做好设备的申请调用。

9. 文件单证准备

仓库保管员应准备货物入库所需的各种报表、单证、记录簿等，如入库记录、理货检验单、料卡、残损单等，并预填妥善，以备使用。

由于仓库、货物的性质不同，入库准备工作会有所差别，应根据实际要求和仓库制度做好充分准备。

二、货物接运

货物经过铁路、公路、水运、空运等运输方式运至仓库，因此，接运是入库业务流程的第一个作业环节。接运的主要任务是及时准确地从交通运输部门提取物品，在接运由承运人转运的货物时，必须认真检查，分清责任，避免让一些在运输过程中或运输前就已经损坏的货物进入仓库，造成验收困难或损失。

接运可在车站、码头、专用线或仓库进行，接运方式包括提货和到货提取两种方式。在提货情况下，仓库要组织库外运输。

1. 车站、码头提货

（1）了解货物情况，做好各项准备。提货人员应了解提取货物的品名、型号、特性、一般保管知识、装卸搬运注意事项等。在提货前应做好接运的准备工作，安排好相应的吊装运输设备、人力和储存货物的货位等。

（2）提货时认真核对各种资料。提货人员应对所提货物进行认真核对、查验。根据提单、运单及有关资料在承运单位现场详细核对所提货物的品名、型号、规格、数量等，并要注意外观，查看包装、封印、标志以及有无受潮、玷污、水渍、油渍等异状。若有短缺、损坏、货票不符等问题，必须当场要求查验确认，并做相应记录。

（3）短途转运中，注意货物安全。提货人员在转运货物过程中，要做到不混不乱，避免碰坏损失。对于腐蚀性货物、易燃货物、易碎货物和放射性货物等，应严格按有关搬运规定办理，精密仪器仪表、贵重货物、怕潮货物、怕冻货物不宜露天卸货。若受条件所限必须露天卸货，要采取必要的防护措施并严加管理。

（4）货物到库，办理货物的内部交接手续。货物到库后，提货人员要将货物逐一清点交给保管员，并配合做好卸货工作，确保货物不受损。尽量做到提货、运输、验收、入库、堆码一条龙作业，缩短入库验收时间，并办理内部交接手续。如发生数量、质量方面的问题，提货人员应当签名作证，不得拒签。

2. 专用线接车

专用线接车是仓库直接与铁路部门在库内交接货物的一种方式，要做好下列几个方面的工作。

(1) 做好接车卸货准备工作。接到专用线到货通知后，应立即确定卸货的位置，力求缩短场内搬运距离，组织好卸车所需要的机械和人员以及有关资料，做好准备，确保能够按时完成卸货作业。

(2) 车皮到达后的检查。检查实物状况，把好货物入库第一关。检查的主要内容包括：一是车皮封闭情况是否良好，车卡、车床、铅封、苫盖等有无异状。二是根据铁路运单和有关凭证核对到货品名、规格、型号和标志，并仔细清点件数，查看外观质量和包装捆扎情况。三是查看到货有无进水、受潮、污染、弯曲等损坏现象。四是查看需要送回的各种物料。要清点件数，查看质量，集中存放，及时送回。五是检查中发现问题时应会同铁路司检人员复查确认，当场编制有关记录，作为处理问题时的依据。

(3) 遵循"安全、快速、准确、方便"的收卸原则。做到车号、货物品名、规格、型号不混不乱；不碰坏、不压伤货物；保证包装及捆扎完整；做好临时下垫上盖；在限定时间内卸完到货，不压车压线。

(4) 填写到货账目，办理内部交接。接运收货台账是专用线接运情况的原始记录。要准确记明到货品名、规格、型号、数量、到货日期、货物发站、发运单位、送货车皮号、货物有无异状、有无记录等。

(5) 货物卸完货后的"排空"工作。整车运输员要及时向车站报空，等待"排空"，并将报空时间和铁路接报时间记录下来备查。整车运输员要及时准确地做好收卸货物标记，在实物上写明车皮号、件数和卸货日期，以便验收时识别。

3. 仓库接货

仓库自行接货是指仓库接受货主委托直接到供货单位提货或供货单位直接送货入库的接货方式。

(1) 仓库接受货主委托直接到供货单位提货时，仓库应根据提货通知，了解所提货物的性能、规格、数量，准备好提货所需的机械、工具、人员，配备保管员在供方当场检验质量、清点数量，并做好验收记录，接货与验收合并一次完成。

(2) 库内接货。存货单位或供货单位将货物直接运送到仓库储存时，应由保管员或验收人员直接与送货人员办理交接手续，当面验收并做好记录。

三、货位确定

1. 货位指派方法

货位指派的方法有人工指派法、计算机辅助指派法和计算机全自动指派法三种。

(1) 人工指派法。人工指派法是指商品的存放位置由人工进行指定，其优点是计算机等设备投入费用少，缺点是指派效率低、出错率高。

人工指派法的要点是：要求仓管人员必须熟记货位指派原则，并能灵活应用。仓储人员必须按指派单证把商品放在指定货位上，并做好详细记录。实施动态管理，进行补货或拣货时，仓储人员必须做好登记消除工作，保证账物相符。

(2) 计算机辅助指派法。计算机辅助指派法是利用图形监控系统收集货位信息，并显示货位的使用情况，把这作为人工指派货位依据进行货位指派作业。采用此法需要使用计算机、扫描仪等硬件设备及货位管理软件系统。

（3）计算机全自动指派法。计算机全自动指派法是利用图形监控货位管理系统和各种现代化信息技术，如条码自动阅读机、无线电通信设备、网络技术、计算机系统等，收集货位有关信息，通过计算机分析后直接完成货位指派工作。

2. 货位管理要素

货位管理的基本要素主要包括存储空间管理、商品管理、人员管理三方面。

（1）存储空间管理。不同功能的仓库对存储空间的重视程度不同，考虑的重点也不一样。侧重商品保管功能的仓库，主要考虑保管空间的货位分配；侧重流通转运功能的仓库，则主要考虑保管空间的货位如何提高拣货和出货的效率。在进行货位配制规划时，需先确定货位空间，而货位空间的确定必须综合考虑空间大小、桁柱排列、有效存储高度、通道、搬运机械的回旋半径等基本因素。

（2）商品管理。处于保管中的商品，由于不同的作业需求经常以不同的包装形态出现，包装单位不同，使用的设备和存放方式也不一样。此外，对商品保管还应考虑的因素有：一是供应商。即商品由谁以什么方式供应，有无行业特点。二是商品特性。包括商品的品种、规格、体积、重量、包装、周转速度、季节分布、理化性能等因素。三是商品的进货时间及数量。包括商品采购时间、进货到达时间、商品产量、进货量、库存量等。

（3）人员管理。人员包括保管、拣货、搬运作业人员等。在存储管理中由保管人员负责商品管理及盘点作业；拣货人员负责拣货、补货作业；搬运人员负责入库、出库、翻堆作业。为了既提高作业效率，又达到省力的目的，首先，作业流程必须合理、精简、高效；其次，货位配置及标识必须简单、清楚；最后，表单应简明、统一且清晰。

四、装卸搬运

货物入库后，组织相关人员合理选用装卸搬运机械，按照装卸搬运计划迅速将货物转移到规定的货位存放。

装卸搬运是物流系统的构成要素之一，是为运输和保管而进行的作业。严格来讲，装卸、搬运是两个不同的概念。装卸是指在同一地域范围内（如车站范围、工厂范围、仓库内部等）改变物的存放、支承的活动；搬运是改变物的空间位置的活动，两者合称装卸搬运。有时候或在特定场合，单独说“装卸”或“搬运”包含了装卸搬运的完整含义。

装卸活动的基本作业包括装车（船）、卸车（船）、堆垛、入库、出库以及连接上述各项作业的短程输送，是随运输和保管等活动而产生的必要活动。在物流过程中，装卸活动是不断出现和反复进行的，它出现的频率高于其他各项物流活动，每次装卸活动都要花费很长时间，因此成为决定物流速度的关键。装卸活动所消耗的人力也很多，所以，装卸费用在物流成本中所占的比重也比较高。

合理组织装卸搬运，对于加快物流速度、减少作业费用、提高物流经济效益有重要意义。实现装卸搬运合理化，应从以下几方面着手。

1. 减少装卸次数，消除多余作业

装卸搬运作业不能增加货物的使用价值，与此相反，过多的装卸次数反而会导致货损的增加，降低货物使用价值。同时，一次装卸的费用相当于几十公里的运输费用，因此，每增加一次装卸，费用就会有较大幅度的增加。此外，装卸会大大延缓整个物流的速度。因此，应尽可能采用一次性作业方式，尽量排除不必要的装卸搬运，使装卸搬运次数降到最低。

2. 提高装卸搬运活性

放在仓库的物品都是待运物品，应使之处在易于移动的状态。这种易于移动的状态叫做“搬运活性”。这种状态从0～4分为5个等级。为提高搬运活性，应当把它们整理归堆或是包装成单件放在托盘上、装在车上、放在输送机上。从理论上讲，搬运活性指数越高越好，但在具体实施中还要考虑其可行性。

3. 利用重力，实现装卸搬运省力化

在装卸搬运服务业中，利用重力由高处向低处移动（如滑槽），有利于节省能源，减少劳动力。当重力作为阻力发生作用时，应把物品装在滚轮输送机上，达到省力和提高作业效率的目的。目前，利用重力的方法主要是利用滑槽，当重力作为阻力发生作用时，多利用滚轮输送机。

4. 实现作业机械化和自动化

在当今社会化大生产时代，首先应考虑改善装卸搬运作业的条件和环境，实现作业机械化和自动化，这是形势发展的需要，也是物流现代化的需要。实现作业机械化和自动化，可以把作业人员或司机从重体力劳动中解放出来，并提高劳动生产率。

5. 使作业不受阻滞

装卸搬运作业量的不均衡和人员设备的不合理配置都是影响装卸搬运作业的主要因素，因此，应当尽可能进行连续作业，最为理想的状态是使物品不间断地连续流动，力求达到作业量与作业能力相匹配，使总体工作效率得到提高。

6. 推广应用集装货载

大力推行使用托盘和集装箱，将一定数量的货物集中起来成为一个大件货物，有利于机械搬运、运输、保管，形成单元货载系统。

7. 谋求系统的优化

物流活动由运输、保管、搬运、包装、流通加工等活动组成，装卸搬运一个环节的单独改进和优化是有限的，应把这些活动当成一个系统来处理，以达到整体优化的效果。

五、检查验收

所有到库商品必须在入库前进行验收，只有验收合格才算正式入库。这种必要性体现在两方面：一方面，各种到库商品来源复杂、渠道繁多，从结束生产过程到到达仓库前经过一系列储运环节，受到储运质量和其他各种外界因素的影响，质量和数量可能发生某种程度的变化；另一方面，各类商品尽管在出厂前进行了检验，但有时也会出现错检或漏检的情况，使一些不合格商品按合格商品交货。

商品验收包括验收准备、核对凭证、实物检验和问题处理四个作业环节。

1. 验收准备

仓库接到到货通知后，应根据到货商品的特性做好验收前的准备工作，验收准备是整个验收工作的前提。

（1）人员准备。安排好负责验收工作的检验人员，对于技术特性复杂的商品，要及时和用货单位的专业技术人员进行有效沟通。

（2）文件准备。准备好待验商品的有关文件，如技术标准、订购合同等。

（3）器具准备。准备好验收用的检验工具，如衡器、量具等，并校验正确。

（4）防护准备。对有些特殊商品，如毒害品、腐蚀品、放射品等，需要准备相应的防护用品。

2. 核对凭证

入库商品必须具备下列凭证：

（1）入库通知单和订货合同副本，这是仓库接收商品的凭证。

（2）供货单位提供的材质证明书、装箱单、磅码单、发货明细表等。

（3）商品承运单位提供的运单，若商品在入库前发现残损情况，还要有承运单位提供的货运记录，作为与责任方交涉的依据。

核对凭证也就是将上述凭证加以整理核对。入库通知单、订货合同要与供货单位提供的所有凭证逐一核对，相符后才可以进行实物检验。

审核验收的依据，包括业务主管部门或货主提供的入库通知单、订货合同、协议书等。

核对供货单位提供的验收凭证，包括质量保证书、说明书、装箱单和保修卡及合格证等。

在整理、核实、查对以上凭证时，如果发现证件不齐或不符情况，要与货主、供货单位、承运单位和有关业务部门及时联系解决。

3. 实物检验

所谓实物检验，就是根据入库单等相关凭证对商品进行数量和质量检验。

（1）确定抽检比例。对于业务量比较大的仓储企业，商品通常是整批、连续到货，而且品种、规格复杂，在有限的时间内不可能逐件查看，这时需要确定一个合理的抽检比例。抽检比例的大小一般根据商品的特性、商品价值的大小、品牌信誉、物流环境等因素而定。

（2）数量检验。货物数量检验包括毛重、净重的确定，件数理算，体积丈量等。质量检验则是对货物外表、内容的质量进行判定。数量检验是保证入库商品数量准确的重要步骤，依据入库单等有关凭证，按商品的品名、规格、等级、产地等进行核对，以确保入库商品数量准确无误。数量检验可分为计件、检斤、检尺求积三种方式。

（3）质量检验。质量检验包括外观检验、尺寸检验、理化检验三种形式。仓库一般只做外观检验和尺寸检验，理化检验则由仓库检验技术人员取样，委托专门检验机构或用货方技术人员进行检验。

4. 问题处理

仓库到货商品来源复杂，涉及商品供应、采购、运输等多个作业环节，不可避免地会出现诸如证件不齐、数量短缺、质量不符合要求等问题。因此，要求在进货验收过程中认真细致，区别不同的情况及时进行处理。

（1）质量检验问题的处理。验收过程中，凡发现质量不符合验收规定的，应及时与供货单位进行退货、换货交涉，或征得供货单位同意代为修理，或在不影响使用的前提下降价处理。商品规格不符或错发时，应先将规格对的予以入库，规格不对的商品做好验收记录并交给相应部门办理换货。

（2）数量检验问题的处理。数量短缺或溢余在规定范围内的，可按原数入账。凡超过规定范围的，应查对核实，做验收记录和磅码单交主管部门，供其与供货单位办理交涉。对于数量溢余较大的情况，可选择商品退回或补发货款的方式解决；对于数量短缺较大的情况，可选择按实数签收并及时通知供应商的方式解决。

（3）验收凭证问题的处理。验收凭证问题主要是指验收需要的证件未到或证件不齐全。验收过程中遇到此类问题时，要及时与供应商进行交涉，可以采取拒绝收货、改单签收或退单、退货的方式解决。

此外，在对验收过程中发现的问题进行处理时应做到：第一，在商品入库凭证未到或未齐之前不得正式验收；第二，发现商品数量或质量不符合规定时，要会同有关人员当场作出详细记录，交接双方在记录上签字；第三，在数量验收中，计件商品应及时验收，发现问题时要按规定的手续在规定的期限内向有关部门提出索赔要求。

六、货物入库

1. 安排货位

安排货位时，必须将安全、方便、节约的思想放在首位，使货位合理化。货物具有不同的自然属性，有的怕冻，有的怕热，有的怕潮，有的怕虫蛀等。如果货位不能适应储存货物的特性，就会影响货物质量，使其发生霉腐、锈蚀、熔化、干裂、挥发等变化。为了方便出入库业务，要尽可能缩短收发货作业时间，以最少的仓容储存最大数量的货物，提高仓容使用效能。

2. 搬运

经过充分的入库准备及货位安排，搬运人员就可把验收场地上经过点验合格的入库货物按每批入库单开制的数量和相同的品唛集中起来，分批送到预先安排的货位，要做到进一批、清一批，严格防止品唛互串和数量溢缺。分类工作应力争送货单位的配合，在装车启运前，做到数量准、批次清。对于批次多和批量小的入库货物，分类工作一般可由管理收货人员在单货核对、清点件数过程中同时进行，也可在搬运时一起进行。

在搬运过程中，要尽量做到一次连续搬运到位，避免入库货物在搬运途中的停顿和重复劳动，对有些批量大、包装整齐、送货单位具备机械操作条件的入库货物，要争取送货单位的配合，利用托盘实行定额装载，从而提高计数准确率、缩短卸车时间、加速货物入库。

3. 堆码

堆码是根据物资的包装形状、重量、数量和性能等特点，结合地面负荷、储存时间、季节气候等因素，将物资按一定规律堆码成各种垛形。

商品科学堆码的方式主要有以下四种：

（1）散堆方式。将无包装的散货在库场上堆成货堆是目前库场堆存的一种趋势，特别适用于大宗散货，如煤炭、矿石、散粮和散化肥等。这种堆码方式很简便，便于采用现代化的大型机械设备，节省包装费用，提高仓容的利用率，降低运费。

（2）垛堆方式。指对包装货物或长、大件货物进行堆码。合理的堆码方式可以增加堆高，提高仓容利用率，有利于保护货物质量。具体方式有直叠式、压缝式、通风式、缩脚式、交叠式、牵制式以及栽桩式等。

（3）货架方式。采用通用或者专用的货架进行货物堆码。货架方式适合于存放小件货物或不宜堆高的货物。通过货架能够提高仓容的利用率，减少货物存取时的差错。

（4）成组堆码方式。采用成组工具使货物的堆存单元扩大。常用的成组工具有货板、托盘和网络等。成组堆码一般每堆 3～4 层，这种方式可以提高仓库利用率，实现货物的安全搬运和堆存，提高劳动效率，加快货物流转。

堆码商品常用的技术方法有直码、压缝法、交叉码、连环码、梅花码等。要根据商品的品种、性质、包装、体积、重量等情况，以及仓库的具体储存要求和有利于商品库内管理的原则来确定堆码形式，做到科学合理。

商品堆码要做到货堆之间，货堆与墙、柱之间保持一定距离，留有适宜的通道，以便商品的搬运、检查和养护。要把商品保管好，“五距”很重要，五距是指顶距、灯距、墙距、柱距和堆距。

4. 办理交接手续

交接手续是指仓库对收到的货物向送货人进行确认，表示已接收货物。办理完交接手续，意味着划清了运输、送货部门和仓库的责任。完整的交接手续包括以下内容。

（1）接收货物。仓库以送货单为依据，通过理货、查验货物将不良的货物剔除、退回，并编制残损单明确责任，确定收到货物的确切数量、货物表面状态等。

接收送货人送交的货物资料、货运记录、普通记录等，以及随货的相关文件，如图纸、准运证等。

（2）签署单证。仓库人员与送货人或承运人共同在送货单、交接清单上签字和批注，并留存相应单证。提供相应的入库单、查验单、理货单、残损单、事故报告。

5. 登账、立卡与建档

（1）货物入库，应建立实物保管明细账，登记货物入库、出库、结存的详细情况。实物保管明细账按商品的品名、型号、规格、单价、货主等分别建立账户。此账采用活页式，按商品的种类和编号顺序排列。在账页上要注名货位号和档案号，以便查对。实物账必须严格按照商品的入、出库凭证及时登记，填写清楚、准确。

（2）立卡。货物入库或上架后，将货物名称、规格、数量或出入状态等内容填在货卡上，称为立卡。货卡又称为料卡、货牌，插放在货物下方的货架支架上或摆放在货垛正面的明显位置。

（3）建档。建档是对物资入库作业全过程的有关资料证件进行整理、核对，建立资料档案，以便进行货物管理和保持客户联系，为将来发生争议时提供凭据。同时有助于总结和积累仓管经验，为物资的保管、出库业务创造良好的条件。

5.4.2　货物保管

当货物进入仓库或配送中心后，仓库或配送中心就要对货物的安全质量承担责任，为确保不发生货损、货差等事故，应做好以下工作。

一、健全台账制度并定期盘点

仓库堆放货物必须建立货物台账制度，做到有货有账、货账相符。货物入库和出库后应及时登账和销账。仓库货物应定期盘点，每月一般至少一次，也可根据实际情况增加盘点次数。若盘点后发现数量溢缺，应查明原因，报告有关部门更正账面。每月填制库存月报表。无主货、地脚货均应在台账上表示出来。

二、防止盗窃破坏事件发生

仓库员应坚守岗位，离开时锁好仓库大门。仓库钥匙要专人保管。进出仓库人员应进行登记，无关人员不能进入仓库。

三、做好防火工作

仓库应根据货物情况配备消防器材，放置在明显的固定地方，并定期检查更换。仓库内不能使用电炉、煤炉，不得带火种入库，不准在仓库内吸烟。明火作业应经消防部门批准，同时进行监护。

四、做好防汛、防台风工作

防台风防汛措施应落实，配备相应器材，并有专人负责。仓库渗漏及破裂部分要及时修复，如不能及时修复，应将货物转移至安全地方。

五、特殊货物处理

1. 地脚货、超期货

地脚货是指因货物外包装破损而散漏出来的货物。对作业中造成的散漏，应随时扫集。地脚货不能装入原包装内，不同品种的地脚货不能装在一个包内。地脚货应堆放在原票货垛旁，发货或转栈时应和原票货物同行。无主地脚货应立账，按规定定期上报处理。为减少地脚货的发生，对破包应进行修复。

超期货是指超过规定时间尚未有人来提的货物。对于超期货仓库应向收货人发催提通知。同时还应根据海关的有关规定，对超期货立账并交海关有关部门处理。

2. 危险品

危险品要单独堆放，性质相抵触的危险品要分开堆放，并应配备相应的消防器材和劳防用品。如仓库无堆放危险品条件，应及时疏运至危险品专用仓库或以箱代库。

仓库员对仓库内的危险品要定期巡检，发现破损或渗漏，应根据危险品的性质采取紧急措施，并及时通知有关消防或化救部门。

3. 贵重物品

贵重物品和私人物品应堆放在专用货位。如有条件，仓库可以用一个房间专门堆放此类物品。

六、合理使用货位

应根据仓库内货物堆存量来安排拆箱计划，如货物堆存量大，应少安排或不安排拆箱进库计划；相反，则多安排拆箱进库计划。定期对零星货物进行归、并、转，以提高货位利用率。

5.4.3 订单处理

从接到客户订单开始到着手准备拣货之间的作业阶段称为订单处理。通常包括订单资料确认、存货查询、单据处理等内容。订单处理分人工和计算机两种形式。人工处理具有较大弹性，但只适合少量的订单处理，一旦订单数量较多，处理将变得缓慢且易出错。计算机处理则速度快、效率高、成本低，适合大量的订单处理，因此目前主要采取后一种形式。图5—5显示了订单处理的基本内容及步骤。

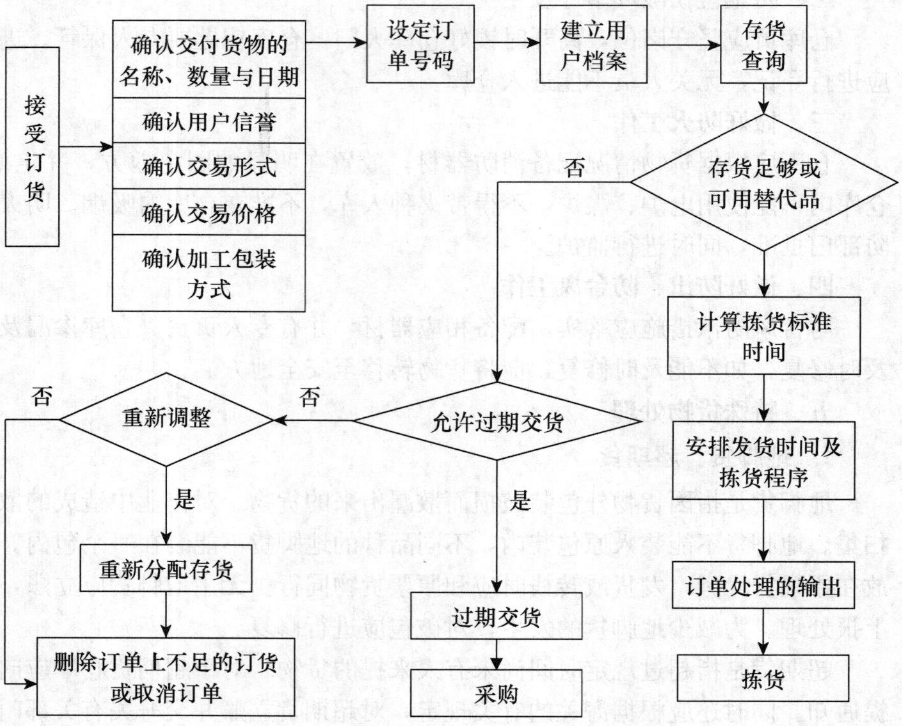

图5—5 订单处理流程

一、接受订货

接单作业是订单处理的第一步。随着流通环境的变化和现代科技的发展，现在客户更趋于高频率的订货，且要求快速配送。因此，接受客户订货的方式渐渐由传统的人工下单、接单，演变为计算机间直接送收订货资料的电子订货方式。电子订货即采用电子传运方式取代传统人工书写、输入、传送的订货方式，它将订货资料由书面资料转为电子资料，通过通信网络进行传送。

二、货物数量及日期的确认

接单以后，首先确认货物名称、数量及日期，检查品名、数量、送货日期等是否有遗漏、笔误或不符合公司要求的情形。尤其当送货时间有问题或出货时间延迟时，需与客户再次确认订单内容或更正运送时间。同样，若采用电子订货方式接单，也需对已接收的订货资料加以检验确认。

三、客户信誉的确认

不论订单由何种方式传至公司，配送系统都要核查客户的财务状况，以确定其是否有能力支付该订单的账款。通常的做法是检查客户的应付账款是否超过其信用额度。若客户应付账款超过其信用额度，系统自动加以警示，以便输入人员决定是继续输入订货资料还是拒绝其订单。运销部门一旦发现客户的信用有问题，则将订单送给销售部门再调查或退回订单。

四、订单形态确认

配送中心虽有整合传统批发商的功能以及物流信息处理功能，但在面对较多的交易对象时，仍需根据顾客的不同需求采取不同做法。在接受订货业务上，表现为具有多种订单的交易形态，即物流中心对不同的客户采取不同的交易及处理方式。

(1) 一般交易订单。一般交易订单即接单后按正常的作业程序拣货、出货、发送、收款。其处理方式是接单后，将资料输入订单处理系统，按正常的订单处理程序处理，资料处理完后进行拣货、出货、发送、收款等作业。

(2) 间接交易订单。间接交易订单是客户向配送中心订货，直接由供应商配送给客户。其处理方式是接单后，将客户的出货资料传给供应商由其代配。需注意的是客户的送货单是自行制作或委托供应商制作的，应对出货资料加以核对确认。

(3) 现销式交易订单。现销式交易订单是与客户当场交易、直接给货。其处理方式是订单资料输入后，因货物此时已交给客户，故不再进行拣货、出货、发送等作业，只需记录交易资料即可。

(4) 合约式交易订单。合约式交易订单是与客户签订配送契约，如在某期间内定时配送一定数量的商品。其处理方式是在约定的送货日，将配送资料输入系统处理以便出货配送，或一开始便输入合约内容的订货资料并设定各批次送货时间，以便在约定日期系统自动产生所需的订单资料。

五、订单价格确认

不同的客户（批发商、零售商）、不同的订购批量可能对应不同的售价，因而输入价格时系统应加以检核。若输入的价格不符（输入错误或业务员降价接受订单等），系统应加以锁定，以便主管审核。

六、加工包装确认

客户订购的商品是否有特殊的包装、分装或贴标等要求，需加以专门的确认。

七、设定订单号码

每一份订单都要有单独的号码，除了便于计算成本外，还有利于制造、配送等其他相关的工作。所有工作的说明单及进度报告都应附有此号码。

八、建立客户档案

详细记录客户状况，不但有益于此次交易的顺利进行，而且有益于以后合作机会的增加。

九、订单资料处理输出

经上述处理后即可开始印制出货单据，展开后续的物流作业。

5.4.4 拣货补货作业

一、拣货作业

拣货作业是指依据客户的订货要求或配送中心的作业计划，尽可能迅速、准确地将商品从其货位或其他区域拣取出来的作业过程。

拣货作业按实际作业情况大致分为拣货资料的形成、行走或搬运、拣货、分类与集中四个部分，如图 5—6 所示。

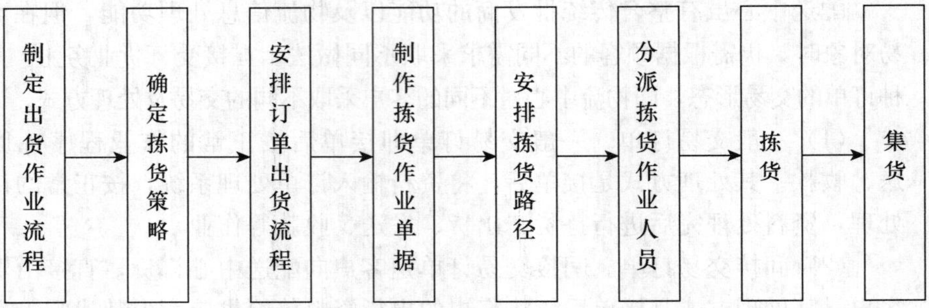

图 5—6 拣货作业流程

分拣货物一般采用摘取式和播种式两种方式。

(1) 摘取式分拣就像在果园中摘果子那样去分拣货物。具体做法是：作业人员拉着集货箱（或分箱）在排列整齐的仓库货架间走动，按照配送单上所列的品种、规格、数量等将客户所需的货物拣出并装入集货箱内。在一般情况下，每次拣选只为一个客户装配；在特殊情况下，也可以为两个以上的客户装配。目前，由于推广和应用了自动化分拣技术，装配了自动化分拣设施等，大大提高了分拣作业的劳动效率。

(2) 播种式分拣类似于田野中的播种操作。具体做法是：将数量多的同种货物集中运到发货场，然后根据每个货位货物的发送量分别取出货物，分别投放到每个代表用户的货位上，直至配货完毕。为了完好无损地运送货物和便于识别装配好的货物，有些经过分拣、装配好的货物需重新包装，并且要在包装上贴标签，记载货物的品种、数量、收货人的姓名、地址及运抵时间等。

二、补货作业

补货作业是将货物从仓库保管区搬运到拣货区的工作。补货方式包括整箱补货、托盘补货和货架上层—货架下层补货。

图 5—7 显示了一般补货作业流程（以托盘补货为例说明）。

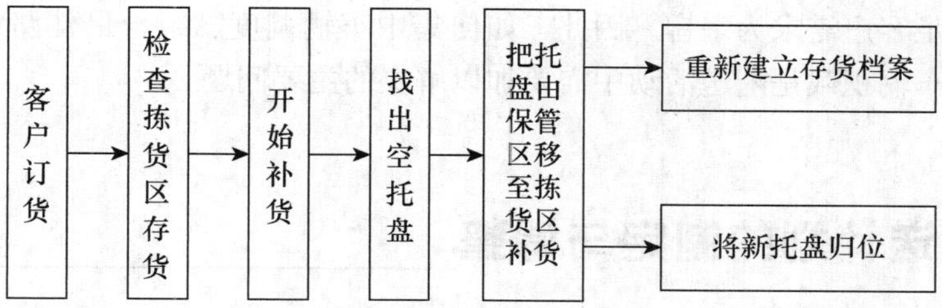

图 5—7　补货作业流程

补货主要有批组补货、定时补货和随机补货三种。

(1) 批组补货是指每天由计算机计算所需货物的总拣取量，查询动管拣货区存货量后得出补货数量，从而在拣货前一次性补足，以满足全天拣货量。这种一次补足的补货原则，较适合一日内作业量变化不大、紧急订单不多或是每批次拣取量大的情况。

(2) 定时补货是把每天划分为几个时点，补货人员在各时段内检查动管拣货区货架上的货品存量，若不足则及时补货。这种方式适合分批拣货时间固定且紧急处理较多的配送中心。

(3) 随机补货是指定专门的补货人员随时巡视动管拣货区的货品存量，发现不足则随时补货。这种方式较适合每批次拣取量不大、紧急订单多以至于一日内作业量不易事先掌握的情况。

5.4.5　配货送货作业

一、配货作业

配货作业是指把拣取分类完成的货品经过配货检查后装入容器做好标示，再运到配货准备区，待装车后发送。其作业流程如图 5—8 所示。

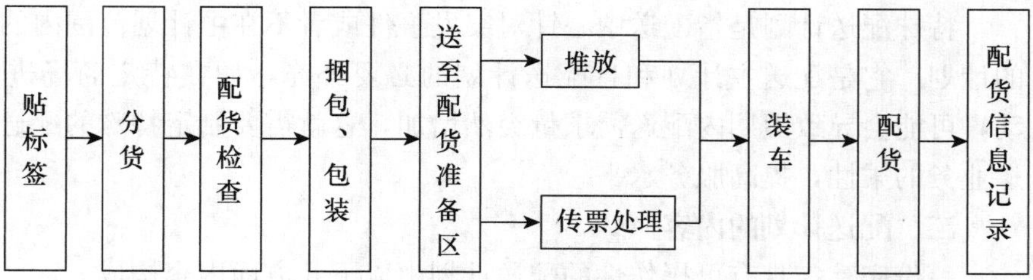

图 5—8　配货作业流程

配货作业既可采用人工作业方式，也可采用人机作业方式，还可采用自动化作业方式，但组织方式有一定区别。

二、送货作业

送货作业是利用配送车辆把用户订购的物品从制造厂、生产基地、批发商、经销商或配送中心送到用户手中的过程。

送货通常是一种短距离、小批量、高频率的运输形式。它以服务为目标，以尽可能满足客户需求为宗旨。因此，如何集中车辆调度、组合最佳路线、确定送货顺序、完成车辆积载是配送活动中需要加以解决的主要问题。

5.5 配送计划的制定与调整

5.5.1 配送计划的类型与内容

一、配送计划的概念与类型

配送计划是指配送企业（配送中心）在一定时间内编制的生产计划。它是配送中心生产经营的首要职能和中心环节。

配送计划一般包括配送主计划、日配送计划和特殊配送计划。

1. 配送主计划

配送主计划是指针对未来一定时期，对已知客户需求进行前期的配送规划，以便对车辆、人员、支出等做统筹安排，满足客户的需要。例如，为迎接家电行业每年3～7月份空调销售旺季的到来，配送中心可以提前根据各个客户前一年的销售情况，预测今年空调销售旺季的配送需求量，据此制定空调销售旺季的配送主计划，提前安排车辆、人员等，保证销售任务完成。

2. 日配送计划

日配送计划是配送中心逐日进行实际配送作业的调度计划。例如，订单增减和取消、配送任务细分、时间安排、车辆调度等。制定日配送计划的目的是使配送作业有章可循。与配送主计划相比，配送中心的日配送计划更具体、频繁。

3. 特殊配送计划

特殊配送计划是指配送中心针对突发事件或者不在主计划范围内的配送业务所做的计划。它是配送主计划和日配送计划的必要补充，如在特定商场进行空调促销活动，可能会导致短期内配送需求量突然增加，这就需要制定特殊的配送计划，增强配送业务的柔性，提高服务水平。

二、配送计划的内容

一份完整、具有可操作性的配送计划由以下几方面内容构成。

1. 客户订单方面

客户需要的物品品名、规格、数量、交货时间、交货地点。

2. 配送作业方面

（1）送货车辆、送货线路与人员。尽可能优化车辆行走路线与送货批次，并将送货地点和路线在地图上标明或在表格中列出，配备合适人员全程、全车负责，完成对客户的送货。

（2）满足客户在时间方面的要求，结合运输距离确定送货提前期。

(3) 送达服务的具体组织方式和规范。包括货物卸下、搬运、放置，设施的安装、调试、维护、修理、更换，废弃物清理、回收，单据的填写、签章，货款的结算等。

3. 配送预算方面

配送计划应对配送成本支出项目作出合理预算，包括资本成本分摊、支付利息、员工工资福利、行政办公费用、商务交易费用、自有车辆设备运行费、外车费用、保险费或者残损风险、工具以及耗损材料费、分拣装卸搬运作业费、车辆燃油费等。

配送计划确定之后，还应将货物送达时间、品种、规格、数量通知客户，使客户按计划准备接货工作。

5.5.2 配送计划的制定

一、配送计划制定的依据

(1) 客户订单。客户订单对配送商品的品种、规格、数量、送货时间、送达地点、收货方式等都有要求。因此，客户订单是拟订配送计划的最基本的依据。

(2) 客户分布、送货路线、送货距离。客户分布是指客户的地理位置分布，客户位置离配送中心的距离长短、配送中心到达客户收货地点的路径选择，直接影响到配送成本。

(3) 物品特性。配送货物的体积、形状、重量、性能、运输要求是决定运输方式、车辆种类、载重、容积、装卸设备的因素。

(4) 运输、装卸条件。道路交通状况、送达地点及其作业地理环境、装卸货时间、气候等对配送作业的效率有相当大的约束作用。

(5) 根据分日、分时的运力配置情况，决定是否要临时增减配送业务。

(6) 调查各配送地点的物品品种、规格、数量是否适应配送任务的要求。

二、配送计划制定的步骤

配送计划制定的步骤如图 5—9 所示。

1. 基本配送区域划分

首先对客户所在的具体位置作统计，并作区域上的整体划分，再将每一客户纳入不同的基本配送区域之中，作为配送决策的参考。例如，按行政区域或交通条件划分配送区域。

2. 车辆配载

为提高送货效率，确保货物品质，在接到客户订单后，应首先对货物分类，决定采取不同的送货方式和运输工具，比如根据食品、服装、图书等进行分类配载。然后，根据货物轻重缓急，做好车辆的初步配装工作。

3. 暂定配送先后次序

根据客户订单的交货期要求，确定送货的先后次序，为后续车辆积载做准备工作，有效保证送货时间，提高运作效率。

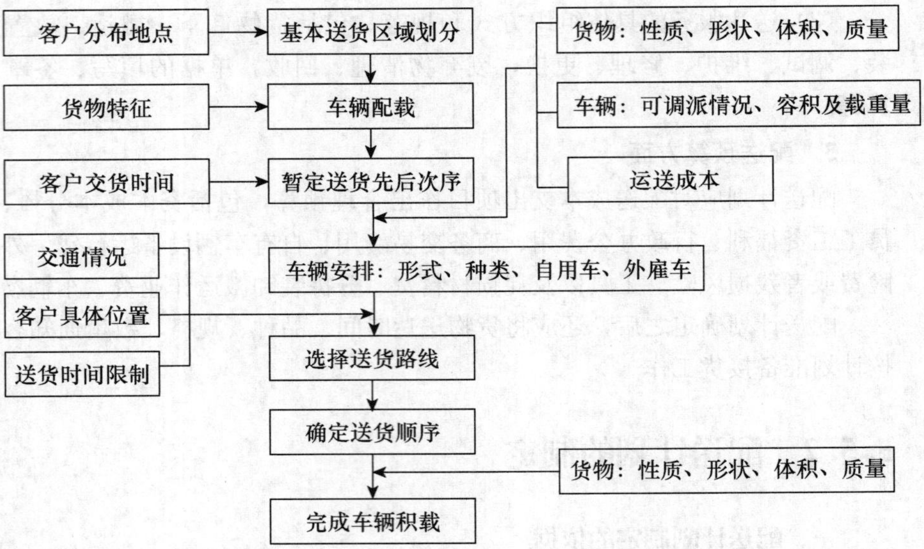

图 5—9　配送计划制定步骤

4. 车辆安排

车辆安排要解决的问题是安排什么类型、吨位的配送车辆，是使用自用车还是外雇车。首先，要了解有哪些车辆可供调派且符合要求，也就是了解这些车辆的容积和额定载重是否满足要求；其次，分析订单物品信息，如重量、数量、体积、装卸要求、包装要求、运输要求等。综合考虑各方面因素后，作出合适的车辆安排。

5. 确定每辆车负责的客户

作出配送车辆的安排，每辆车所负责的客户也就确定了。

6. 路线选择

根据各客户点的位置关联性及交通状况来选择送货路线，以最快的速度完成配送。除此之外，对于有些客户或环境，送达时间的限制也要予以考虑，比如有些客户不愿中午收货，或是有些道路在高峰时间不准卡车进入等，必须在选择路线时尽量避开。

选择配送路线时，必须明确试图达到的目标以及实现此目标的各种限制因素（即客观约束条件），才能找出最优合理方案。

实践中，主要有以下多种目标可以选择：

（1）成本目标。成本和配送路线之间有比较密切的关系，应建立合适的数学模型，但计算各配送路线的配送成本比较复杂。

（2）距离目标。假设成本与路程强相关，而与其他因素微相关，可以采用路程最短的目标，这样可以大大简化计算，避开许多不易计算的影响因素。但需要注意的是，由于道路状况、道路收费等因素会影响成本，有时候路程最短并不见得成本最低，这时以最短路程为最优解就不合适了。

（3）吨公里目标。吨公里数最低是长距离运输时选择的目标。在多个发货站和多个收货站的条件下，以及整车发到的情况下，选择以吨公里数最低为目标可以取得满意结果。但是在配送路线选择中，除共同配送方式外，一般情况下是不适用的。在节约里程法的计算中所确定的配送目标是吨公里数最低。

(4) 时间性目标。准时性是配送中重要的指标，以准时性为目标确定配送路线就是将各用户的时间要求和路线先后到达的安排协调起来，这样有时难以顾及成本问题，甚至需要牺牲成本来满足准时性要求。在这种情况下成本不能失控，应有一定限制。

(5) 运力利用最合理目标。在运力非常紧张，运力与成本或效益又有一定相关关系时，为节约运力，应充分运用现有运力，而不要外租车辆或新购车辆，也可以以运力安排为目标确定配送路线。

(6) 消耗性目标。以油耗最低、司机人数最少、司机工作时间最短等为目标确定配送路线，是在特殊情况下（如供油异常紧张、油价非常高、意外事故引起减员、某些因素限制了配送司机人数等）所选择的目标。

以上目标在实现时受许多条件的约束，必须在满足这些约束条件的前提下取得成本最低或吨公里数最低的结果。配送路线的约束条件一般有以下几项：

(1) 满足所有收货人对货物品种、规格、数量的要求。

(2) 满足收货人对货物发到时间范围的要求。

(3) 在允许通行的时间内进行配送。

(4) 各配送路线的货物量不得超过车辆容积和载重量的限制。

(5) 在配送中心现有运力允许的范围内。

配送路线优化的方法主要包括定性法与定量法。定性法是根据配送货物的数量、种类、客户的地理位置和距离、交通状况、运送成本、客户对配送服务的时间要求等因素，根据经验进行配送路线选择，比如，经验判断法、综合评分法等；定量法是指当配送路线的影响因素可用某种确定的数学关系式表达时，采用数学方法对路线方案进行优化，比如最短路径法等。目前，已经出现了一些解决配送路线问题的软件，使得确定配送路线问题变得更加简便。

7. 确定最终送货顺序

完成车辆的调配安排以及配送路线的选择后，根据各车辆的配送路线即可将客户的配送顺序确定下来。

8. 车辆装载方式

确定了客户的配送顺序，接下来就是如何将货品装车，以什么次序上车的问题。原则上，知道了客户的配送顺序后，只要将货品依后送达先上车的顺序装车即可，但有时为妥善利用空间，可能还要考虑货品的性质（怕震、怕撞、怕湿）、形状、容积及重量等。此外，这些货品的装卸方式有必要依货品的性质、形状等来决定。

5.5.3 配送计划的调整

一、配送计划调整的含义与种类

由于配送的条件复杂，可变因素很多，已编制好的配送计划在执行过程中往往由于客观条件的变化或原来的认识有不符合客观实际之处，必须进行必要和及时的变更。这种变更就是配送计划的调整（也称为调度作业调整）。

根据配送计划调整的性质不同，可分为预防性调整和应变性调整。

（1）预防性调整是指尚未脱离作业计划，但已经预见到计划将遭到破坏而预先主动进行调整。这种调整的目的是避免计划遭到破坏或尽可能降低计划破坏的影响程度。

（2）应变性调整是指作业计划已经遭到破坏，采取积极有效的措施使之恢复，并尽可能减少损失和消除由于计划破坏而带来的不良影响。

二、配送计划调整的原因

影响配送计划执行的因素很多，归纳起来主要包括以下几个方面：

（1）货源。比如，货源变更、落空；待货时间过长等。

（2）装卸。比如，装卸机械发生故障；装卸或待装卸时间超过定额；办理有关业务手续时间过长等。

（3）运输工具。比如，保修的运输工具未能及时修理并交付使用，运输途中运输工具发生故障、出现交通事故，以及运输工具不适航，等等。

（4）劳动力。比如，司乘人员、装卸工人及其他劳动力不足；驾驶人员擅自变更计划等。

（5）调度工作。比如，计划编制不当；调度控制不力，应变能力差；交代任务不清等。

（6）线路、气象。比如，突发性桥断路阻；道路桥梁施工影响通行；因气象等原因中断作业等。

（7）其他。指不属于上述因素的其他消极原因。

三、配送计划调整的原则

为保持全路运用车的合理分布及各线车流的相对稳定，配送计划调整工作必须高度集中统一。具体而言，配送计划调整应遵循的基本原则如下：

（1）宁打乱少数计划，不打乱多数计划；

（2）宁打乱局部计划，不打乱整体计划；

（3）宁打乱次要环节，不打乱主要环节；

（4）宁打乱当日计划，不打乱日后计划；

（5）宁打乱小吨位载运工具计划，不打乱大吨位载运工具计划；

（6）宁打乱可缓运货物的运输计划，不打乱急运货物的运输计划；

（7）宁打乱整车货物运输计划，不打乱零担货物运输计划；

（8）宁打乱货物运输计划，不打乱旅客运输计划；

（9）宁打乱长途计划，不打乱短途计划；

（10）宁使本企业工作受影响，不使社会生产、生活受影响。

四、配送计划调整的机构

配送车辆是在点多、面广、纵横交错、干支相连的运输网络中分散流动的，涉及多个部门、多个环节，工作条件较为复杂，这就需要建立一个具有权威性的组织指挥系统——车辆调度部门进行统一领导、统一指挥，灵活、及时地处理问题。

1. 车辆调度机构的作用

（1）保证运输任务按期完成。

（2）及时了解运输任务的执行情况。

（3）促进运输及相关工作的有序进行。

（4）实现最小的运力投入。

2. 车辆调度机构的工作特点

（1）计划性。坚持合同运输与临时运输相结合，以完成运输任务为出发点，认真编制、执行及检查车辆运行作业计划。

（2）预防性。在车辆运行组织中，经常进行预防性检查，发现薄弱环节，及时采取措施，避免运输的中断。

（3）机动性。加强信息沟通，机动灵活地处理有关部门的问题，准确及时地发布调度命令，保证生产的连续性。

3. 车辆调度机构的工作原则

（1）统一领导和指挥、分级管理、分工负责。

（2）从全局出发，局部服从全局。

（3）以均衡和超额完成计划任务为出发点。

（4）投入最少资源（运力）和获得最大效益。

五、配送计划调整的内容与方法

配送计划调整的对象包括载运工具、港站、货物三个方面。调整的内容和方法多种多样，主要可概括为载运工具在港站的作业调整、载运工具运行作业调整和载运工具在港站密度的调整。

1. 载运工具在港站的作业调整

为了使载运工具按计划就航，必须采取有效措施。比如，集中装卸机械和人力，组织多路作业；合并某些作业；调换货种等。

有时由于某种原因，比如货源中断、装卸机械故障、气象原因等，载运工具不能按计划装满或卸空货物。这时涉及调度作业决策问题，有两个方案供调度人员选择：第一方案是载运工具等待装（卸）货，满载（卸空）开航；第二方案是载运工具未达到满载（卸空）就立即开航。由此可见，配送计划的调整是相当复杂的。

2. 载运工具运行作业调整

如果载运工具延迟发运，或在运输途中由于某种原因延误，可以通过运行作业来调整，一般可采用提高载运工具的速度、变更换装地点等方法。

3. 载运工具在港站密度的调整

控制载运工具在港站的密度，是载运工具作业调整的重要内容。调整载运工具在港站密度的方法，因情况不同而异。一般常用的方法有临时改变卸货的港站、载运工具排空到某港站装货、控制载运工具运行速度、重点突击集中装卸等。

上述提到的这些调整方法都是要具备一定条件的。有时只用一种方法即可使计划恢复正常，有时可能要同时采用几种方法。有些方法是配送企业本身即可决定的，有些方法则需要港站企业的协作配合，有些还需要其他方面的配合。此外，这些方法只能对局部线路起作用，而无法控制全局情况，为此，调度部门必须向有线、无线相结合的中心调度与通信技术、电子计算机相结合的“示踪”调度发展，以加速信息的反馈和指令的传递。

习 题

1. 单项选择题

(1) 下列属于配送合理化途径的有（　　）。

A. 延时配送　　B. 单一配送　　C. 加工配送　　D. 长距离配送

(2) 下列不属于配送组织模式的是（　　）。

A. 商流物流一体化的配送模式

B. 商流物流相分离的配送模式

C. 零担配送模式

D. 共同配送模式

(3) 拣取分类完成的货品经过配货检查，装入容器做好标示，再运到配货准备区，待装车后发送的过程叫做（　　）。

A. 配货送货作业　　B. 拣货补货作业

C. 订单处理　　D. 货物保管

2. 多项选择题

(1) 下列属于仓储与配送运营管理特性的是（　　）。

A. 连续性　　B. 平衡性　　C. 协调性　　D. 均衡性

(2) 配送不合理的表现包括（　　）。

A. 经营理念不合理　　B. 不合理的集货

C. 不合理的库存决策　　D. 送货中不合理的运输

(3) 仓储与配送作业包括的三大环节是（　　）。

A. 进货　　B. 盘点　　C. 保管　　D. 发货

(4) 配送计划调整的主要方法是载运工具的（　　）。

A. 在港站作业调整　　B. 车辆运行作业调整

C. 在港站密度调整　　D. 装卸调整

3. 是非题

(1) 判断配送合理化的标志包括库存、资金、成本和效益、供应保证等。（　　）

(2) 共同配送的优点有节省零售企业资本投入、提高客户服务水平、实现社会效益等。（　　）

(3) 货位管理的基本要素包括存储空间的管理、商品的管理、人员的管理、绩效的管理

四个方面。(　　)

4. 简答题

(1) 阐述配送合理化的途径。

(2) 阐述仓储与配送运营管理工作流程。

(3) 阐述自营与外包仓储与配送的利弊。

(4) 阐述仓储与配送运作流程。

(5) 阐述配送计划的类型与内容。

(6) 阐述配送计划制定依据。

第6章

仓储与配送增值服务管理

引导案例　中储“质押监管”为物流服务增值

中国物资储运总公司是我国最早倡导、推广质押监管业务的企业之一。1992年，中储就开始了对“物资银行”的探索，直至1999年，质押监管业务作为中储的主业——仓储保管的增值服务，在中储无锡分公司完成了第一单实际操作。到目前为止，中储的大部分仓库仍将该业务作为吸引客户的增值服务手段之一。从那时起，该业务以每年近120%的速度增长，公司先后共为500多家客户提供了质押融资服务，质押产品涉及黑色、有色建材、汽车、纸张、煤炭、化工等产品，包括四大国有商业银行等数十家金融机构都与中储建立了合作关系。

目前，中储所开展的质押监管业务模式已由传统的静态质押监管向动态质押监管发展，且动态质押监管业务成为主要监管模式；质押监管业务向库外和多库监管发展，并与现有业务结合发展，在很大程度上提高了其他业务的市场吸引力，成为很多客户选择中储作为合作伙伴的重要因素。结合的方式主要有：一是与国内贸易的结合——买方信贷即保兑仓业务。中储为银行监管货物，银行为客户提供专门用于向卖方支付货款的融资授信方式。二是与加工制造业供应链管理的结合——融通仓业务。仓库通过输出管理，派人员对制造企业的原料或成品实施质押监管，银行向制造企业贷款。三是与国际货运代理业务的结合——在进口业务中，代理开证监管、代理监管货物、提单分拆；在出口业务中，代理集港、代理监管、信用证打包等。

中储质押监管业务的成功开展得益于充分利用了自身的相对优势，这包括规模庞大的资产、覆盖全国的网络、庞大的客户群与良好的品牌和商誉。一是雄厚的资产实力。在质押监管业务中，物流企业起到了整合和再造企业信用的作用，这也是质押监管的重要功能之一。这不仅体现在物流企业取得银行的授信，还体现在物流企业对中小企业信用担保体系的构建，即前期为中小企业申请质押贷款提供担保或者以自身担保能力组织企业联保或互助担保。中储的资产规模达到50亿元以上，为做大质押监管业务提供了保证。二是覆盖全国的网络。巨大的仓储资源是质押监管业务的基础。中储拥有国内最大的仓储物流网络，覆盖90%以上全国中心城市和交通枢纽；拥有分布于全国各主要城市的直属大型仓库和业务加盟库；拥有多条铁路专用线和可支配货车。这为客户企业进行异地质押、降低运输成本等提供了便利，使这一融资方式拥有更强大的生命力。三是庞大的客户群。质押监管业务往往和仓储、销售等业务联系在一起，可以提高物流企业基础业务的竞争力，而物流企业良好的基础业务能在很大程度上促进质押监管的发展。四是良好的品牌和商誉。在质押监管业务中，物流企业作为银行和客户企业的中间人行使质押品的监管和保管职责，应保持客观、公正的立场，既不能和客户企业合伙瞒骗银行，虚开仓单或允许企业私自提货，也不能与银行联合损害客户企业的利益。这要求物流企业有良好的信誉和资信。中储长期的优质服务和诚信博得广大银行和工商企业的信任，成为金融机构进行质押监管首选的合作伙伴。

6.1　概　述

一、仓储与配送增值服务的概念与特点

目前，理论界对于增值服务的定义大多是围绕第三方物流展开讨论的。根据中华人民共和国国家标准《物流术语》(GB/T 18354—2006)，增值物流服务是指在完成物流基本功能的基础上，根据客户需求提供的各种延伸业务活动。据此可知，仓储与配送增值服务（value-added service）是指在完成仓储或配送基本功能的基础上，根据客户的需求为其提供的各种延伸业务活动。

增值服务是相对于常规服务而言的。常规服务一般是指仓储与配送所具有的基本功能要素，比如提供仓储、装卸搬运、包装、配送等服务，它们提供了空间、时间效用以及品种调剂效用。常规服务大多是与完成货物交付有关的服务，主要依靠物流设施、设备、器具等硬件来完成，是资产和劳动密集型服务，具有标准化的特征。

所谓增值，是指在常规服务的核心价值上为客户提供一些附加价值或新的价值。可见，增值服务是根据客户的需要为客户提供的超出常规的服务，或者是采用超出常规的服务方法所提供的服务。

仓储与配送增值服务与其他行业的增值服务具有相同的特点。创新、超常规、满足客户个性化需要是其本质特征。增值服务主要是借助完善的信息系统和网络，通过发挥专业管理人才的经验和技能来实现的，主要依托的是企业的IT基础，因此，增值服务一般是技术和知识密集型服务，可以提供信息效用和风险效用。这样的服务融入了更多的精神劳动，能够创造出新的价值。

二、仓储与配送增值服务模式

作为企业核心竞争力的增值服务，既包括一般意义上的延伸服务，也包括更深层次的延伸服务。

1. 一般意义上的延伸服务

仓储企业可以充分利用自身资源，通过以下几种模式来提供增值服务。

一是为客户提供货物检验、安装、简单加工服务；配合客户营销计划提供产品重新包装和产品组合服务；提供便利服务（如为商品贴价格标签或条形码）和商品追踪服务；为特殊客户提供低温冷藏等特殊服务等。

二是为客户提供存货查询功能。以客户为引导，按区位排列顺序列出各种规格型号货物的详细信息，确认有效库存能否满足客户需求。

三是建立缓冲仓库。为了满足客户的大量突发性订货准备“缓冲库存”，从而提高客户的满意度。

这些模式对于从事单一功能的物流服务的传统仓储企业来说，不仅可以拓展物流服务的范围，满足客户的不同需求，而且可以达到提高企业盈利能力的效果。

2. 更深层次的延伸服务

所谓更深层次的延伸服务，主要包括客户增值体验、物流解决方案和 IT 类的增值服务。这三类增值服务能使物流企业形成区别于其他竞争对手的特色业务，并使企业根据客户的要求和具体的问题提供合适的物流解决方案以及相关的 IT 管理服务系统。

一般大多数传统的运输或者仓储企业，对于运输、仓储等范畴的服务内容都有比较深刻的理解，对于单项服务内容都有一定的经验。欲提高自身增值服务能力，关键是如何将这些单项或者传统的服务内容和项目有机地结合起来，形成针对客户的服务套餐，即量体裁衣的物流解决方案。

三、仓储与配送增值服务的内容

表 6—1 列出了由运输、仓储等基础服务延伸出的增值服务内容。一般而言，可将增值服务内容归纳为以下四大方面：

表 6—1 增值服务项目列表

类型	主要内容
仓储类	材料及零部件的到货检验； 材料及零部件的安装制造； 提供全天候收货和发货窗口； 配合客户营销计划对制成品进行重新包装和组合，如不同产品捆绑促销时提供商品的再包装服务； 为满足客户销售需要而提供成品标记服务或便利服务，如为商品贴价格标签或条形码、为成衣销售提供开箱加挂衣架重新包装的服务； 提供商品退回的存放及追踪服务； 为食品、药品类客户提供低温冷藏服务，并负责先进先出。
运输类	从收货到递送的货物全程追踪服务； 电话预约当天收货； 车辆租赁服务； 为对时间敏感的产品提供快速可靠的服务； 为对温度敏感的产品提供快速可靠的服务； 配合产品制造或装配的零部件、在制品即时交付； 被客户退回的商品回收运输服务； 运输设备的清洁或消毒等卫生服务； 信誉好的承运人甚至可以为客户提供承运人的评估选择、运输合同管理等服务。

续前表

类型	主要内容
货运类	订舱、租船、包机、包舱、托运、仓储、包装。
代理类	货物的监装、装卸、集装箱拼装拆箱、分拨、中转及相关的短途运输服务； 报关、报验、报检、保险； 内向运输与外向运输的组合； 多式联运、集运（含集装箱拼箱）。
信息类	向供应商下订单并提供相关财务报告； 接受客户的订单并提供相关财务报告； 利用对数据的积累和整理对客户的需求预测提供咨询支持； 运用网络技术向客户提供在线数据查询和帮助服务。
第四方物流类	向客户提供全面意义上的供应链解决方案； 对第三方物流企业的管理和技术等物流资源进行整合优化，对物流作业流程进行再造，甚至对其组织结构进行重组； 对客户物流决策提供咨询服务等。
物流金融类	仓单质押等物流金融服务。

（1）增加便利性的服务。也就是说在提供仓储与配送服务时，推行“一条龙”、一站式的服务，如提供完备的操作或作业提示、免费培训、代办业务、24 小时营业、自动订货、仓储与配送全过程追踪等都是对客户有用的增值服务。

（2）加快反应速度的服务。它要求物流企业在面对多品种、小批量的买方市场时，能以最快的速度按照客户提出的要求为其提供所需的仓储与配送增值服务或产品。

（3）通过寻找各种仓储与配送解决方案，降低服务成本，提高工作效率和效益。

（4）增值服务中的延伸服务。比如，运用计算机，向上可以延伸到市场调查与预测、采购及订单处理；向下可以延伸到物流咨询、物流系统设计、物流方案的规划与选择、库存控制决策建议、货款回收与结算、教育与培训等物流增值服务。可以说，这些延伸服务是最具有增值性的，但也是最难提供的。

四、我国仓储与配送增值服务概况

如表 6—2 所示，随着经济的发展和物流技术的进步，在物流融入客户的供应链后，物流服务的种类、广度与深度将不断扩大，根据客户的特点和需要量身定制，从而为客户带来增值效益的物流增值服务将成为物流发展的方向。未来物流竞争将取决于增值服务的竞争，物流服务市场将会细分成不同领域的物流增值专业服务市场，物流公司只有对客户服务作出贡献并创造价值，才能取得长久的成功。

表 6—2　我国物流增值服务概况

国内现状	未来发展方向
● 大多停留在比较简单的手工服务，技术性不强，容易模仿。如简单的分拣、包装、贴标签/条码、组装、拆卸等。 ● 提供简单的专业化服务。如物流方案设计，满足个别货物处理需要等。 ● 参与客户的内部管理运作。如收取终端客户的费用和开发票等。 ● 与其他行业联合，提供扩展服务。如与金融业联合，提供仓单质押等服务。	● 向专业化、高技术含量的服务过渡。如售后维修服务、精细的组装和拆卸服务。 ● 协助客户提供个性化服务，如产品说明书翻译、致客户信内容更改等。 ● 利用直接面向终端市场的优势，协助客户收集、分析市场资料。 ● 进行数据统计和研究分析，提供客户决策分析资料（销售资料/客户资料/产品资料）。 ● 其他。

五、仓储与配送企业开展增值服务的动因

1. 时代发展的需要

随着物流业的快速发展，如今的物流服务已经远远超出了传统意义上的运输、仓储和寄存等常规性的服务，由常规性服务延伸出来的增值服务成为物流服务行业发展的新趋势。对于仓储企业而言，仓储本身就是为客户提供的一项增值服务，它为客户提供了空间和时间上的商品及效用。但在竞争激烈的物流市场中，单一的物流服务已经无法构成企业牢固的基础，企业一方面必须提供新的附加服务，扩大业务范围；另一方面还必须不断推陈出新，为客户提供独家的多元化服务——增值服务，以增加企业的核心竞争力、提高企业的盈利能力。因此，国内传统的仓储企业应该摒弃传统的简单租赁仓库的业务模式，努力拓展新的业务范围，充分利用其联系广泛的有利条件，朝多功能的物流服务中心方向发展，开展包括加工、包装、配送、贴标签等多项附加服务，提高仓储在市场经济中的竞争力，增加仓储利润来源，提高自身的收益。

2. 不断增加的客户需求

在以客户为中心的市场经济环境下，任何物流企业的立足、发展和壮大都需要迎合客户个性化、多样化需求的变化。企业应该帮助客户分析其市场形势，通过提供定制的物流增值服务提升客户对企业的认可，提高客户满意度，从而使企业获得更多的客户资源。

3. 行业竞争的不断加剧

目前越来越多的外国企业进入中国，这些公司不仅拥有巨大的优势资源、先进的物流技术以及丰富的业务经验，而且在服务领域和服务质量上都迎合了现代物流的发展趋势，在仓储物流市场上具有强大的竞争优势。这会给我国本土的物流企业，尤其是传统仓储企业带来巨大的冲击。超越单一的基础服务，转向为客户提供各种仓储增值服务，是突破竞争重围的新思路。

六、仓储与配送企业开展增值服务的益处

1. 增强企业的竞争优势

目前，仓储增值服务市场尚未饱和，市场发展空间巨大。中国物流与采购联合会

的调查表明，国内第三方物流企业的收益有 85%来自基础性物流服务，诸如运输管理和仓储管理等，增值服务及物流信息服务只占 15%。增值服务是企业不断开发新客户以及与同行业企业竞争的手段之一。尤其对于仓储企业而言，通过多元化的增值服务手段，可以使其在激烈的物流竞争中获得一定的优势。

2. 增加企业的经济效益

从国内外仓储业的发展趋势看，仓储业的主要利润来源于其提供的增值服务。尽管目前中国仓储行业的利润率只有 2.6%，但是增值业务的利润率有较大幅度的提高。基于仓储业的综合物流业务将是仓储业未来发展的主要方向。例如，中国物资储运总公司是我国最早倡导、推广质押监管业务的企业之一。到目前为止，中储的大部分仓库仍将该业务作为吸引客户的增值服务手段之一，该业务以每年近 120%的速度增长。可见，增值服务的多元化发展不仅可以满足客户的个性化需求，提高客户对企业的信任度，而且可以为企业带来更多的经济收益。

6.2 包　装

6.2.1 包装概述

一、包装的概念

根据中国国家标准《包装术语基础》(GB/T 4122.1—1996)，包装（packaging）的定义是："为在流通过程中保护产品、方便储运、促进销售，按一定技术方法而采用的容器、材料及辅助物等的总体名称。也指为了达到上述目的而采用容器、材料和辅助物的过程中施加一定技术方法等的操作活动。"

其他国家或组织对包装的含义有不同的表述和理解，但基本意思是一致的，都以包装功能和作用为其核心内容，一般有两重含义：

(1) 关于盛装商品的容器、材料及辅助物品，即包装物；

(2) 关于实施盛装和封缄、包扎等的技术活动。

二、包装的功能

(1) 保护功能。这也是包装最基本的功能，即使商品不受各种外力的破坏。一件商品要经过多次流通，才能走进商场或其他场所，最终到消费者手中，这期间需要经过装卸、运输、库存、陈列、销售等环节。在储运过程中，很多外因如撞击、潮湿、光线、气体、细菌等因素，都会威胁到商品的安全。因此，通过包装可保证商品在流通过程中的安全。

(2) 便利功能。所谓便利功能，也就是商品的包装是否便于使用、携带、存放等。一个好的包装作品，应该以人为本，站在消费者的角度考虑，这样会拉近商品与消费者之间的距离，激发消费者的购买欲，提高消费者对商品的信任，也会促进消费者与企业之间的沟通。

（3）销售功能。在市场竞争日益激烈的今天，包装的作用与重要性也为厂商深谙。在各种超市与自选卖场如雨后春笋般兴起的今天，直接面向消费者的是产品自身的包装。好的包装能直接吸引消费者的视线，让消费者产生强烈的购买欲，从而达到促销的目的。

三、包装的分类

（1）按产品销售范围分，有内销产品包装、出口产品包装；

（2）按包装在流通过程中的作用分，有单件包装、中包装和外包装等；

（3）按包装制品材料分，有纸制品包装、塑料制品包装、金属包装、竹木器包装、玻璃容器包装和复合材料包装等；

（4）按包装使用次数分，有一次用包装、多次用包装和周转包装等；

（5）按包装容器的软硬程度分，有硬包装、半硬包装和软包装等；

（6）按产品种类分，有食品包装、药品包装、机电产品设备包装、危险品包装等；

（7）按功能分，有运输包装、储藏包装和销售包装等；

（8）按包装技术方法分，有防震包装、防湿包装、防锈包装、防霉包装等；

（9）按包装结构形式分，有贴体包装、泡罩包装、热收缩包装、可携带包装、托盘包装、组合包装等。

6.2.2 包装合理化

一、包装合理化的概念与表现形式

所谓包装合理化，是指在包装过程中使用适当的材料和技术制成与物品相适应的容器，节约包装费用，降低包装成本，既满足包装保护商品、方便储运、有利于销售的要求，又提高包装的经济效益的包装综合管理活动。

（1）包装的轻薄化。由于包装只是起保护作用，对产品使用价值没有任何意义，因此在强度、寿命、成本相同的条件下，更轻、更薄、更短、更小的包装可以提高装卸搬运的效率。

（2）包装的单纯化。为了提高包装作业的效率，包装材料及规格应力求单纯化，包装规格还应标准化，包装形状和种类也应单纯化。

（3）符合集装单元化和标准化的要求。包装的规格与托盘、集装箱关系密切，应考虑到包装与运输车辆、搬运机械的匹配，从系统的角度制定包装的尺寸标准。

（4）包装的机械化与自动化。为了提高作业效率和包装现代化水平，各种包装机械的开发和应用是很重要的。

（5）注意与其他环节的配合。包装是物流系统的组成部分，需要和装卸搬运、运输、仓储等环节一起综合考虑、全面协调。

（6）有利于环保。包装是产生大量废弃物的环节，处理不好可能造成环境污染。包装材料最好可反复多次使用，并能回收利用。在包装材料的选择上，要考虑不对人体健康产生影响，不对环境造成污染，即所谓的“绿色包装”。

二、合理包装应满足的基本要求

包装合理化一方面包括包装总体的合理化，这种合理化往往用整体物流效益与微观包装效益的统一来衡量；另一方面包括包装材料、包装技术、包装方式的合理组合及运用。从多个角度来考察，合理包装应满足五个方面的要求：

（1）包装应妥善保护内装的商品，使其质量不受损伤。

（2）包装的容量要适当，包装的标志要清楚，以便于装卸和搬运。

（3）科学包装、减少浪费，具体包括包装标准化、包装轻薄化、包装单纯化、包装绿色化等。

（4）采用无包装的物流形态。

（5）包装要考虑人格因素。

三、推进包装合理化时应考虑的因素

1. 装卸搬运

对包装产生影响的第一因素是装卸，不同装卸方法决定了包装。目前我国铁路运输尤其是汽车运输还存在手工装卸情况，因此，包装的外形和尺寸就要适合人工操作。另外，装卸人员素质低、作业不规范会直接引发商品损失。比如，从香港报关进口的一个大木箱，内装精密设备，要求运输途中不能倾斜。当木箱运至客户手中时，货主肯定货物被倾斜了，因为木箱外包装上有一个标识变成了红色——原来该货物倾斜 45°时，外包装上的标识就会变色。因此，引进装卸技术、提高装卸人员素质、规范装卸作业标准等会相应地促进包装、物流的合理化。

2. 保管

应根据不同的保管条件和方式而采用与之相适合的包装强度。

3. 运输

运送工具类型、输送距离长短、道路情况等都对包装有影响。比如，航空的直航与中转，铁路快运集装箱、包裹快件、行包专列等，汽车中的篷布车、密封厢车，对包装都有不同的要求和影响。

四、实现包装合理化的途径

要实现包装合理化，需要从以下几方面加强管理。

（1）广泛采用先进包装技术。包装技术的改进是实现包装合理化的关键。要推广诸如缓冲包装、防锈包装、防湿包装等方法，使用不同的包装技法，以适应不同商品的包装、装卸、储存、运输要求。

（2）由一次性包装向反复使用的周转包装发展。

（3）采用组合单元装载技术，即采用托盘、集装箱进行组合运输。托盘、集装箱是包装—输送—储存三位一体的物流设备，是实现物流现代化的基础。

（4）推行包装标准化。

（5）采用无包装的物流形态。对于需要大量输送的商品（如水泥、煤炭、粮食等）来说，包装所消耗的人力、物力、财力是非常大的，若采用专门的散装设备，可获得较高的技术经济效益。散装并不是不要包装，它是一种变革了的包装，即由单件小包装向集合大包装的转变。

6.2.3 开展包装增值服务的模式

一、物流企业承接制造企业的包装工作

该模式是指物流企业承接制造企业的包装业务，但并不对制造企业的包装物进行回收。例如，德国某大型企业为了制定第三方物流包装的实施方案，在厂房和库房十分紧张而无法扩大生产的情况下，将物流包装委托给既有专业经验又有生产实力的物流包装企业，把现有的厂房和库房全部用于生产核心产品，把大量从事物流包装的操作人员和管理人员转移到产品的生产和管理上，完成了一次投入少而收效显著的结构调整。

二、物流企业承接制造企业的包装工作并负责物流运作

该模式是指第三方物流企业承接制造企业的包装业务，同时制造企业的物流运输和仓储工作也由第三方物流企业承担。这种物流包装是单向的，在生产企业向销售地的运输中，包装是一次性的，并不回收。目前，我国有些物流企业所用的物流包装采用这种模式，主要原因是包装物不适宜回收，或者第三方物流企业对产品包装进行改进。

三、物流企业为制造企业做包装设计并进行物流回收

该模式比第二种模式更进一步，第三方物流企业不仅做包装设计，还利用自身的网络进行包装物的回收，进一步降低了制造企业的包装成本。例如，淄柴集团是我国著名的发动机制造企业，在对自有的运输车队及相应仓储设施进行整合和剥离的基础上，该集团将柴油机的全国物流配送业务外包给山东博远物流公司。博远公司在柴油机下线后，利用自己开发的专用铁皮包装箱（这种铁皮包装箱适合十几种柴油机型号）对柴油机进行包装，负责将柴油机送至淄柴集团全国各地的客户，并将专用铁皮包装箱回收。此前，淄柴集团的物流包装是一次性的，采用的是木质材料，很难回收再利用，相应的包装成本很高。经过与博远物流公司合作，淄柴集团的包装成本降低了1/3，同时，也节省了物流配送方面的人力、物力和财力。

6.3 流通加工

6.3.1 流通加工概述

一、流通加工的概念与特点

流通加工（distribution processing）是指物品从生产地到使用地的过程中，根据需要实施包装、分割、计量、分拣、刷标志、拴标签、组装等简单作业。

流通加工是为了提高物流速度和物品的利用率，在物品进入流通领域后按客户的要求进行的加工活动，即在物品从生产者向消费者流动的过程中，为了促进销售、维护商品质量、提高物流效率、增加附加价值、满足客户需求，对物品进行一定程度的加工。流通加工通过改变或完善流通对象的形态来实现桥梁和纽带的作用，因此它是流通中的一种特殊形式。随着经济增长、国民收入增多，消费者的需求开始多样化，这促使在流通领域开展流通加工。目前，在世界许多国家和地区的物流中心或仓库经营中大量存在流通加工业务，在日本、美国等物流发达国家更为普遍。

与生产加工相比，流通加工一般具有增值性、简单性和满足需求性等特征。

1. 增值性

流通加工的增值性，一是指通过流通加工提高商品的价值。如配送加工中把大包装分成小包装、礼品包装来满足消费者的个性化要求。二是指通过流通加工提高物流配送系统的效率，从而提高顾客的满意度。如配送加工中适应标准化装运的标准化捆扎、组合包装等。

2. 简单性

流通加工的对象是进入流通过程的商品，所以流通加工大多是简单加工，而不是复杂加工。流通加工是一种辅助性及补充性的加工过程。它只是一种简单的加工作业，如包装、分割、计量、分拣、组装、贴标签、商品检验等。

3. 满足需求性

流通加工有两个目的：其一是为了满足顾客的消费需求，这种加工主要是依据顾客的要求；其二是以仓储、配送为目的，这种加工纯粹是为仓储、配送创造条件。

二、流通加工的类型

根据不同的目的，流通加工具有不同的类型。

1. 适应多样化需要

生产部门为了实现高效率、大批量的生产，其产品往往不能完全满足用户的要求。为了满足用户对产品多样化的需要，同时又保证高效率的生产，可对生产出来的单一、标准化的产品进行改制加工。例如，对钢材卷板的舒展、剪切加工；平板玻璃按需要规格的开片加工；木材改制成枕木、板材、方材等加工。

2. 方便消费、省力

根据下游生产的需要将商品加工成生产直接可用的状态。例如，根据需要将钢材定尺、定型，按要求下料；将木材制成可直接投入使用的各种型材；将水泥制成混凝土拌合料，只需稍加搅拌即可使用等。

3. 保护产品

在物流过程中，为了保护商品的使用价值，延长商品的寿命，防止商品在运输、储存、装卸搬运、包装等过程中遭受损失，可以采取稳固、改装、保鲜、冷冻、涂油等方式。例如，水产品、肉类、蛋类的保鲜、保质的冷冻加工、防腐加工等；丝、麻、棉织品的防虫、防霉加工等。还有为防止金属材料锈蚀而采取喷漆、涂防锈油等措施，运用手工、机械或化学方法除锈；木材的防腐朽、防干裂加工；煤炭的防高温自燃加工；水泥的防潮、防湿加工等。

4. 弥补生产加工不足

由于受到各种因素的限制，许多产品在生产领域不能完全实现终极加工。例如，木材如果在产地完成成材加工或制成木制品的话，就会给运输带来极大的困难，所以，在生产领域只能加工到圆木、板、方材这个程度，进一步的下料、切裁、处理等加工则由流通加工完成；钢铁厂只能按规格进行大规模生产，以使产品有较高的通用性，从而使生产有较高的效率，取得较好的效益。

5. 促进销售

流通加工也可以起到促进销售的作用。比如，将过大包装或散装物分装成适合销售的小包装；将以保护商品为主的运输包装改换成以促进销售为主的销售包装；将蔬菜、肉类洗净切块以满足消费者要求，等等。

6. 提高加工效率

许多生产企业的初级加工由于数量有限，加工效率不高。而流通加工以集中加工的形式解决了单个企业加工效率不高的问题。它以一家流通加工企业的集中加工代替了若干家生产企业的初级加工，促使生产水平有一定的提高。

7. 提高物流效率

有些商品本身的形态使之难以进行物流操作，而且商品在运输、装卸搬运过程中极易受损，因此需要进行适当的流通加工，使物流各环节易于操作，提高物流效率，降低物流损失。例如，造纸用的木材磨成木屑可以极大地提高运输工具的装载效率；自行车在消费地区的装配加工可以提高运输效率，降低损失；石油气的液化加工使很难输送的气态物转变为容易输送的液态物，可以提高物流效率。

8. 衔接不同运输方式

在干线运输和支线运输的节点设置流通加工环节，可以有效解决大批量、低成本、长距离的干线运输与多品种、小批量、多批次的末端运输和集货运输之间的衔接问题。在流通加工点与大生产企业间形成大批量、定点运输的渠道，以流通加工中心为核心，组织对多个用户的配送，也可以在流通加工点将运输包装转换为销售包装，从而有效衔接不同目的的运输方式。比如，散装水泥中转仓库把散装水泥装袋、将大规模散装水泥转化为小规模散装水泥的流通加工，就衔接了水泥厂大批量运输和工地小批量装运的需要。

9. 生产、流通一体化

依靠生产企业和流通企业的联合，或者生产企业涉足流通，或者流通企业涉足生产，形成对生产与流通加工进行合理分工、合理规划、合理组织，统筹进行生产与流通加工的安排，这就是生产、流通一体化的流通加工形式。这种形式可以促成产品结构及产业结构的调整，充分发挥企业集团的经济技术优势，是目前流通加工领域的新形式。

10. 实施配送

这种流通加工形式是配送中心为了实现配送活动、满足客户的需要而对物资进行的加工。例如，混凝土搅拌车可以根据客户的要求，把沙子、水泥、石子、水等不同材料按比例装入可旋转的罐中。在配送路途中，汽车边行驶边搅拌，到达施工现场后，混凝土已经搅拌均匀，可以直接投入使用。

三、流通加工成本构成

（1）流通加工设备费用：流通加工设备购置费用。

（2）流通加工材料费用：流通加工过程中需要消耗材料的费用。

（3）流通加工劳务费用：流通加工过程中从事加工活动的管理人员、工人及有关人员的工资、奖金等费用的总和。

（4）流通加工其他费用：流通加工中耗用的电力、燃料、油料等费用。

6.3.2　流通加工合理化

一、流通加工合理化的概念与评价

流通加工合理化指实现流通加工的最优配置，不仅做到避免各种不合理流通加工，使流通加工有存在的价值，而且综合考虑流通加工与配送、运输、商流等的有机结合，做到最优选择，以实现最佳的流通加工效益。

通常采用以下指标进行流通加工合理化评价。

（1）增值率。

增值率＝［(产品加工后价值－产品加工前价值)/产品加工前价值］×100％

（2）品种规格增加量及增加率。

品种规格增加率＝(增加品种数/加工前品种数)×100％

（3）资源增加量。

新增出材率＝加工后出材率－原出材率

新增利用率＝加工后利用率－原利用率

二、不合理流通加工的形式

1．流通加工地点设置不合理

流通加工地点设置即布局状况是决定整个流通加工是否有效的重要因素。一般而言，为衔接单品种、大批量生产与满足多样化需求的流通加工，加工地设置在需求地区才能实现大批量的干线运输与多品种末端配送的物流优势。

假如将流通加工地设置在生产地区，不合理之处在于：第一，多品种、小批量的产品由生产地向需求地的长距离运输会出现不合理的现象；第二，在生产地增加了一个加工环节，同时增加了近距离运输、装卸、储存等一系列物流活动。所以，在这种情况下，不如由原生产单位完成这种加工，无须设置专门的流通加工环节。

一般而言，为方便物流，流通加工环节应设在产出地，设置在进入社会物流之前。假如将其设置在物流之后，即设置在消费地，不但不能解决物流问题，反而在流通中增加了一个中转环节，是不合理的。

即使在生产地或需求地设置流通加工的选择是正确的，也还有流通加工在小地域范围的正确选址问题，假如处理不善，仍然会出现不合理的情况。主要表现在交通不便，流通加工点与生产企业或用户距离较远，流通加工点的投资过高（如受选址的地价影响），加工点四周的社会、环境条件不良等。

2. 流通加工方式选择不当

流通加工方式涉及流通加工对象、流通加工工艺、流通加工技术、流通加工程度等内容。流通加工方式的确定实际上是与生产加工的合理分工。分工不合理，本来应由生产加工完成的，却错误地由流通加工完成，或本来应由流通加工完成的，却错误地由生产加工完成，都会造成不合理。

流通加工不是对生产加工的代替，而是一种补充和完善。所以，一般而言，假如工艺复杂、技术装备要求较高，或加工可以由生产过程延续或轻易解决，都不宜再设置流通加工，尤其不宜与生产过程争夺技术要求较高、效益较高的最终生产环节，更不宜利用一个时期市场的压力使生产者进行初级加工或前期加工，而流通企业完成装配或最终产品的加工。假如流通加工方式选择不当，就会出现与生产夺利的恶果。

3. 流通加工作用不大，形成多余环节

有的流通加工过于简单，或对生产及消费者作用都不大，甚至有时流通加工的盲目性不能解决品种、规格、质量、包装等问题，反而增加了环节，这也是流通加工不合理的重要形式。

4. 流通加工成本过高，效益不好

流通加工之所以能够有生命力，重要优势之一是有较小的投入产出比，因而起着补充完善的作用。假如流通加工成本过高，则不能实现以较低投入获得更高使用价值的目的，除了一些必需的、服从政策要求即使亏损也应进行的加工外，其他都应看成是不合理的。

三、实现流通加工合理化的途径

1. 加工和配送结合

就是将流通加工设置在配送点。一方面按配送的需要进行加工；另一方面加工又是配送作业流程中分货、拣货、配货的重要一环，加工后的产品直接投入配货作业，这样就无须单独设置一个加工的中间环节，从而使流通加工与中转流通巧妙地结合在一起。这种形式在煤炭、水泥等产品的流通中表现出较大的优势。

2. 加工和配套结合

“配套”是指将用品集合成套给用户使用。例如，方便食品的配套。当然，配套的主体来自各个生产企业，如方便食品中的方便面就是由其生产企业配套生产的。但是，有的配套不能由某个生产企业全部完成，如方便食品中的盘菜、汤料等。这样，在物流企业进行适当的流通加工，可以有效地促成配套，大大增强流通作为供需桥梁与纽带的能力。

3. 加工和合理运输结合

我们知道，流通加工能有效衔接干线运输和支线运输，促进两种运输形式的合理化。利用流通加工，在支线运输转干线运输或干线运输转支线运输等这些必须停顿的环节，按干线或支线运输合理的要求进行适当加工，从而大大提高运输及转载水平。

4. 加工和商流结合

流通加工也能起到促进销售的作用，从而使商流合理化，这是流通加工合理化的方向之一。加工和配送相结合，通过流通加工，提高配送水平，促进销售，使加工与商流合理结合。此外，通过简单地改变包装加工形成方便客户的购买量，通过组装加工解决用户使用前进行组装、调试的困难，都是有效促进商流的很好例证。

5. 加工和节约结合

节约能源、节约设备、节约人力、减少耗费是流通加工合理化的重要考虑因素，也是目前我国流通加工合理化的普遍形式。

对于流通加工合理化的最终判断，是看其能否实现社会和企业两方面的效益，而且是否取得了最优效益。流通企业应该树立社会效益第一的观念，以实现产品生产的最终利益为原则，如果只是追求企业的局部效益，不适当地进行加工，甚至与生产企业争利，这就有悖流通加工的初衷，或者其本身已不属于流通加工的范畴。

6.3.3 配送加工

一、配送加工的定义与作用

配送加工是指根据顾客的需要或配送的要求，对配送产品进行包装、分割、计量、分拣、组装、贴标签、检验和适应标准化装运的标准化捆扎、堆垛等简单作业的总称。

配送加工是为了满足顾客日益个性化的消费需求和提高物流配送效益，在物品进入流通领域后，由配送中心按客户和配送的要求进行的加工活动。即在物品从生产者向消费者流动的过程中，为了促进销售，维护产品质量，实现物流的高效率使物品发生物理和化学变化的功能。

配送加工这一功能要素不具有普遍性，但往往具有重要作用。主要原因是通过配送加工，可以大大提高用户的满意程度。配送加工是指配送和流通加工相结合，在流通加工后进行配送。流通加工和配送相结合使流通加工更具有针对性，从而减少了盲目性，配送企业不但可以依靠送货服务取得收益，还可以通过流通加工增值取得收益。

二、配送加工的内容

配送加工作业主要是指对即将配送的产品或半成品按销售和配送要求进行再加工，包括：

（1）分割加工，如对大尺寸产品按不同用途进行切割；

（2）分装加工，如将散装或大包装的产品按零售要求进行重新包装；

（3）分选加工，如对农副产品按质量、规格进行分选，并分别包装；

（4）促销包装，如与促销赠品搭配包装；

（5）贴标加工，如粘贴价格标签，打条形码；

（6）适应配送装运的标准化捆扎、堆垛等作业。

加工作业完成后，商品即进入可配送状态。

6.4 库存管理

6.4.1 库存概述

一、库存的概念与分类

库存是指处于储存状态的商品物资，是储存的表现形态。通俗地说，库存是指企业在生产经营过程中为现在和将来的耗用或者销售而储备的资源。

显然，凡是处在储存状态的物资都可以称作库存物资，简称库存。这里的储存状态有比较广泛的含义，它既包括仓库中的物资，也包括不在仓库中的物资，例如在途物资、零售商店货架上的存货，或者临时堆放在生产车间里的在制品或原材料。

库存按其所处的领域可以分为生产库存和流通库存。生产库存是为生产的各个环节顺利进行提供物资准备的库存，主要包括原材料库存、零配件库存和在制品库存等。流通库存是指在流通过程中准备用于批发、零售等销售环节的库存，主要包括生产企业的成品库存、流通企业的批发库存、零售库存等。

二、库存产生的原因

1. 不确定性与安全存货

不确定性主要考虑：制造商、批发商、零售商和消费者需求量和购买时间的不确定性；制造商完成订单所需时间和运输交付的可靠性。处理不确定性的惯常作法是进行需求预测，但准确预测出需求大小很难，因此必须备有安全存货以应对不确定性。

2. 在途和在制品存货

处于移动状态的产品和原材料也会产生与时间周期相联系的存货成本，时间越长，成本越高。如空运在途时间最短，节约了相关的存货成本，但运费高。水运在途时间长，存货成本较高，可能导致相关的顾客服务成本也高。

3. 季节性存货

季节性存货可能涉及公司物流系统的进货方或出货方，或者双方。通常面临季节性供给或需求的公司都需要仔细分析自己的存货量。

4. 经济批量与周转存货

经济批量与购买、生产、运输都有联系，购买批量大可以获得较多的价格折扣，同样大量运输也可获得较多的运输折扣，但都可能带来存货持有成本。同一产品的批量越大，其单位生产成本就越低，但是也会带来存货持有成本和产品陈旧过时的问题。因此在购买、运输和生产三个方面要权衡分析，确定合适的周转存货。

不适量、不适时的供应都会对企业造成损害。供应的数量不足和供应时间延迟会导致缺货，影响企业的正常运转，甚至造成停产停业；订购数量过多或补货时间提前会导致库存增加，产生库存成本。由于企业采购进货是分批次的，这种按批次的进货与企业持续变动的需求存在时间、空间、品种和数量上的矛盾，因此，要加强周转库存管理。

三、库存成本的构成

在整个库存经营过程中会发生各种各样的费用，主要有以下几种费用。

1. 订货成本

所谓订货成本，是订货过程中发生的与订货有关的全部费用，包括差旅费、订货手续费、通信费、招待费以及订货人员有关费用。订货成本的特点是在一次订货中，订货成本与订货量的多少无关，而若干次订货的总订货成本与订货次数有关，订货次数越多，总订货成本越大。在全年需求量一定的情况下，订货次数越多，则每次订货量越少，而全年订货成本越大，分摊到每次的订货成本越大。

2. 库存持有成本

所谓库存持有成本，是指为持有存储物资而发生的成本，包括存储设施的成本，入、出库时的装卸搬运、堆码、检验费用，保管用具用料成本，仓库房租、水电费，保管人员有关成本，保管过程中的货损货差，货物的贬损，持有物资的资金成本，保险成本等。库存持有成本与持有物资数量的多少和持有时间的长短有关：持有物资的数量越多，持有的时间越长，持有成本也就越高。

3. 缺货成本

所谓缺货成本，是指由于缺货不能为顾客服务所发生的费用，或由于失去了为客户服务的机会没有得到的预期利益，以及由于一些难以把握的因素而造成信誉损失所产生的不良后果等。缺货对于仓库来说，轻则丧失销售机会，进而丧失盈利的机会，重则误了合同，遭受罚款，更重则失去用户，失去竞争力，从而失去市场。缺货对于用户来说，轻则多花些差旅费到别处去买，重则停工待料、停产改产。企业增大库存量可减少缺货，但库存持有成本会大大增加。

4. 补货费

所谓补货，就是当用户来订货时仓库没有现货供应，但为了不丧失销售机会，要求用户仍然在这里订货，进行欠账经营，答应马上进货，待进货后马上补货给用户。在这种情况下，往往发生补货费用。例如招待费、感情费、回扣费，或是优惠服务、优惠价格所产生的费用。

5. 进货费与购买费

所谓进货费，就是进货所产生的全部费用，即运杂费，包括运费、包装费、装卸费、租赁费、延时费、货损货差等。所谓购买费，即购买物资的原价。它们的特点是当订货的数量、地点确定后，总的购买费和总的进货费就是确定不变的，不会随着进货批量的变化而变化。也就是说，进货费与购买费都与订货批量无关，批量大小不会影响总进货费和总购买费。我们把这种与订货批量无关的费用称为固定费用，而把那些与订货批量有关的费用称为可变费用。因此，进货费与购买费是固定费用，而订货费、保管费、缺货费、补货费是可变费用。

6.4.2 库存管理概述

一、库存管理的概念

库存管理是指对制造业或服务业生产、经营全过程中的各种物品、产成品以及其他资源进行管理和控制，使其储备保持在经济合理的水平上。根据外界对库存的要求、企业订购的特点，预测、计划和执行一种补充库存的行为，对这种行为进行控制，重点在于确定如何订货、订购多少、何时订货。

1. 库存管理与仓库管理的区别

仓库管理主要是针对仓库或库房的布置、物料运输和搬运以及存储自动化等的管理；库存管理的对象是库存项目，即企业中的所有物料，包括原材料、零部件、在制品、半成品、产成品，以及辅助物料。库存管理的主要功能是在供需之间建立缓冲区，达到缓和用户需求与企业生产能力、最终装配需求与零配件、零件加工工序、生产厂家与原材料供应商之间矛盾的目的。

2. 对库存管理的不同认识

一是持有库存。一般而言，在库存上更大的投入可以带来更高水平的客户服务。长期以来，库存作为企业生产和销售的物资保障环节，在企业的经营中占有重要地位。企业持有一定的库存有助于保证生产正常、连续、稳定进行，也有助于保质、保量地满足客户需求，维护企业声誉，巩固市场占有率。

二是库存控制，保持合理库存。库存管理的目的是保持合适的库存量，既不能过度积压，也不能短缺。让企业管理者困惑的是：库存控制的标准是什么？库存控制到什么量才能达到要求？如何配置库存是合理的？这些都是库存管理的问题。

三是以日本丰田为代表的企业提出所谓“零库存”的观点。主要代表是即时生产方式（JIT)。它们认为，库存即是浪费，零库存是一项高效管理库存的措施，得到了企业的广泛应用。

二、库存管理的功能

(1) 谋求资本的有效运用。如果有多余的资金长期积压，对资金的正常运行不利。要防止资金僵化，进行良性循环才能产生利润。

(2) 保有最小库存量，保证销售顺利进行，使库存量达到不致存量不足的最小限度，避免积压资金。

(3) 及早掌握库存状况，以便对库存过剩、库存短缺及时处理。

(4) 节省库存费用。适当地保有库存能节省库存费用。库存费用每年约占库存总额的 24%～25%。1974 年日本资材管理协会的问卷调查结论为 24.06%，之后因人工费上涨，估计已达到 30% 以上。这部分金额的增大给资金运转造成很大压力，使经营效率降低。

(5) 提高企业的经济效益。库存过多会积压资金，库存不足会造成资金浪费，唯有适当保有库存才能实现有效的营运。

(6) 稳定操作水准能减少或维持制造成本。

(7) 促进生产，防止库存不足。库存是为了配合生产、降低物料短缺率、保障物料供应而存在的。

(8) 缩短生产周期。适当保存材料、在制品以缩短生产周期。

(9) 提高物料搬运效率。为了使物料合理地搬运，必须强调时间观念，改善搬运和库存，才能收到效果。

(10) 缩短物料供应周期。如果缩短从订货到物料进厂的时间，为供应周期准备的库存量可以减少。

(11) 防止物料陈旧。了解各种物料的特性，分别针对其特性采取相应的保管方法。对那些容易风化、生锈、破碎及体积大的物品，必要时再购进，或尽量少存。

(12) 有效地利用工厂面积、仓库面积。在有限的厂房内，放置多余的物料或零散堆放会造成拥挤。为了有效地利用面积，应采用立体储藏来提高储藏效率。

三、库存管理方式

根据对待库存物资态度的不同，可以将库存管理分成先进先出、后进先出以及零库存三种基本方式。

1. 先进先出的库存管理方式

先进先出是在库存管理中经常使用的办法，先入库的物品先出库，又称为吐故纳新法。这种管理方式的优点是，先入库的物品先使用，剩下的物品都是新的；反之，先入库的物品先不用，剩下的物品必定是旧的，就有可能发生变质或贬值。其不足表现在，在库存商品质量没有变化的同时库存有所增加，忽视了库存管理的根本任务。

2. 后进先出的库存管理方式

为了避免忽视库存数量管理，可以采用后进先出法。这是一种新型的管理方法，后入库的物品必须先发放，剩下的物品都是旧的。这就会促使有关人员设法改进工作。例如，当库存中旧物品增多时，管理人员就要倾听各方面的意见，研究怎样改进工作，从而制定出调整库存量的办法。这时，可以根据剩余量的具体情况，在做到物品不变质的同时，积极寻找入库的适宜时间，或者提出调整库存量的意见。采用后进先出管理方式的优点是，可以督促相关人员随时跟踪库存情况，杜绝呆滞物品存在。这种方式开始受到库存管理人员的普遍重视。

3. 零库存管理方式

零库存的提出可以解决库存管理中部分浪费的问题，零库存是一种特殊的库存管理概念，其含义是以仓库形式保存的某种或某几种物品的数量为零，即不保持库存。不以库存形式存在就可以免去仓库存货的一系列问题，如仓库建设、管理费用，存货维护、保管、装卸、搬运费用，存货占用流动资金，及库存物的老化、损失、变质等。库存管理是对物品的进、存、出进行台账管理，既管理各物品供应和需求的关系使之达到平衡，又要尽量压低物品的库存量。

6.4.3 库存的ABC分类管理

一、ABC分类管理的基本原理

ABC分类法是由意大利经济学家维尔弗雷多·帕累托首创的。1879年，帕累托在研究个人收入的分布状态时发现少数人的收入占全部人收入的大部分，而多数人的收入却只占一小部分，他将这一关系用图表示出来，就是著名的帕累托图。该分析方法的核心思想是在决定一个事物的众多因素中分清主次，识别出少数的但对事物起决定作用的关键因素和多数的但对事物影响较小的次要因素。后来，帕累托分析法不断应用于管理的各个方面。1951年，管理学家迪基（H. F. Dickie）将其应用于库存管理，命名为ABC法。1951—1956年，约瑟夫·朱兰将ABC法引入质量管理，用于对质量问题的分析，称为排列图。1963年，彼得·德鲁克将这一方法用于分析全部社会现象，使ABC法成为企业提高效益普遍应用的管理方法。

ABC分类法又称帕累托分析法，也叫主次因素分析法，是项目管理中一种常用的方法。它是根据事物在技术或经济方面的主要特征进行分类排队，分清重点和一般，从而有区别地确定管理方式的一种分析方法。由于它把分析对象分成A，B，C三类，所以又称为ABC分析法。

如图6—1所示，在ABC分析法中，纵坐标表示某品种占用资金占库存占用资金总额的累计百分数，横坐标表示影响质量的各项因素，按影响大小从左向右排列，曲线表示各种影响因素的累计百分数。一般是将曲线的累计频率分为三级，与之相对应的因素分为三类：

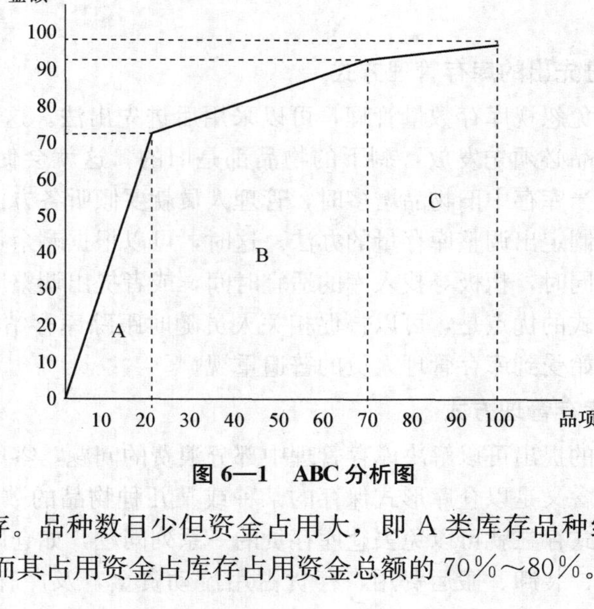

图6—1 ABC分析图

(1) A类库存。品种数目少但资金占用大，即A类库存品种约占库存品种总数的10%～20%，而其占用资金占库存占用资金总额的70%～80%。

（2）B类库存。品种约占库存品种总数的20%～50%，其占用资金占库存占用资金总额的20%左右。

（3）C类库存。品种数目大但资金占用小，即C类库存品种约占库存品种总数的40%～50%，而其占用资金金额占库存占用资金总额的10%以下。

以上比例只是近似值，可根据实际情况具体确定。

二、ABC分类管理的步骤

（1）收集各个品目商品的年销售量、商品单价等数据。

（2）对原始数据进行整理并按要求进行计算，如计算销售额、品目数、累计品目数、累计品目百分数、累计销售额、累计销售额百分数等。

（3）制作ABC分类表。在总品目数不太多的情况下，可以用大排队的方法将全部品目逐个列表。按销售额的大小，由高到低对所有品目顺序排列；将必要的原始数据和经过统计汇总的数据如销售量、销售额、销售额百分数填入；计算累计品目数、累计品目百分数、累计销售额、累计销售额百分数；将累计销售额为60%～80%的前若干品目定为A类；将累计销售额为20%～30%的若干品目定为B类；将其余的品目定为C类。如果品目数很多，无法全部排列在表中或没有必要全部排列出来，可以采用分层的方法，即先按销售额进行分层以减少品目栏内的项数，再根据分层的结果将关键的A类品目逐个列出来进行重点管理。

（4）以累计品目百分数为横坐标，累计销售额百分数为纵坐标，根据ABC分类表中的相关数据，绘制ABC分析图（见图6—1）。

（5）根据分析的结果，对A，B，C三类商品采取不同的管理策略。

［实例］ 某配送仓库根据总部的电脑统计数据对每类货物的资金占用额进行分析，确定各自的比重，运用ABC法进行货物库存分类管理。其操作步骤如下：

（1）将每种货物按资金额多少进行排列，其内容包括货物代码、资金额、资金额占总资金额的比重、累计金额百分比、货物品项累计百分比等，如表6—3所示。

表6—3　ABC分类表

货物代码	货物资金额	资金额占总资金额的比重	累计金额百分比	货物品项累计百分比	货物类别
×××1	6 800	68%	68%	10%	A
×××2	1 200	12%	80%	20%	A
×××3	500	5%	85%	30%	B
×××4	400	4%	89%	40%	B
×××5	300	3%	91%	50%	B
×××6	200	2%	93%	60%	B
×××7	150	1.5%	95%	70%	C
×××8	150	1.5%	97%	80%	C
×××9	150	1.5%	98.5%	90%	C
×××10	150	1.5%	100%	100%	C
合计	10 000	100%			

(2) 根据所列种类货物资金额所占的比重，确定它们属于哪个类别，填入ABC分类表中。

该配送仓库将累计金额百分比达到80%、品项累计百分比达到20%的货物划为A类，又称作主力货物；将累计金额百分比在85%～93%之间、品项累计百分比在30%～60%之间的货物划为B类，又称辅助性货物；余下的货物划为C类，又称附属性货物。

(3) 分类管理与控制。对库存进行ABC分类之后，便可根据企业的经营策略对不同级别的库存进行不同的管理和控制，如表6—4所示。

表6—4　ABC物资分类管理

项目/级别	A类库存	B类库存	C类库存
控制程度	严密控制	一般控制	简单控制
库存量计算	依库存模型详细计算	一般计算	简单计算或不计算
订货方式	定期订货	定期或定量订货	定量订货
进出记录	详细记录	一般记录	简单记录
存货检查频度	密集	一般	很低
安全库存	低	较大	大量

A类库存：实行严格的集中管理，经常进行盘点检查，采取定期订货方式，尽量控制订货批量，每次批量按下一期的实际需要订购。尽量减少安全库存，以避免过多占用资金。

B类库存：实行集中管理与分散管理相结合的管理方式，采取一般的管理方法，适当建立安全库存。

C类库存：进行简单的管理，采取定量订货方式，一般可进行较大批量进货，库存检查时间间隔长，使安全库存高一些。减少这类库存的管理人员和设施，以便有更多的精力集中抓好A类物资的管理。

6.4.4 库存控制方法

库存控制方法总体上可以归结为两大类，一类是定量订货法，一类是定期订货法。这两类库存控制技术的共同点就是根据用户需求量的大小，制定一个订货进货策略来控制订货进货过程，达到既满足用户需要又控制库存水平使库存总费用最小的目的。因此这些库存控制方法实际上又可以叫做订货策略。它们主要是解决与订货有关的三个问题：(1) 什么时候订货，即订货点、订货时机；(2) 订多少，即订货批量；(3) 如何实施，即订货方法。

一、定量订货法

所谓定量订货法，就是预先确定一个订货点和订货批量，随时检查库存，当库存下降到订货点时就开始订货。在整个系统运作过程中订货点和订货批量都是固定的。订货点和订货批量的确定取决于库存物资的成本和需求特性，以及相关的存货持有成本和再订购成本，订货批量一般取经济订货批量。

定量订货法要做以下假设：

● 可以是随机的，但满足正态分布。换言之，我们假定需求的概率预测符合众所周知的正态分布。注意，我们可以通过平均值和标准差对所预测的正态分布进行全面的描述。

● 每次订购产品需要支付一个固定的成本 K，再加上与订购数成比例的费用。

● 持有成本根据单位时间保管单位库存的费用计算。

● 水平的检查在每天结束时进行，如果发出一个订单，订货经过一个提前期后到达。提前期也可以是随机的，但满足正态分布。同样，我们可以通过平均值和标准差对所预测的正态分布进行全面的描述。

● 顾客订单到达时，若手头无库存满足顾客需求（如已经断货），这笔订单就会失去。

仓库规定一个必需的服务水平。服务水平是提前期中不出现缺货的概率。例如，仓库希望确保提前期内至少能满足 95%的顾客需求，这里的服务水平为 95%。

定量订货法的原理如图 6—2 所示。假设在实施订货策略时已确定了订货点 s，每天检查库存，假设在第一个周期库存量以 R_1 的速度下降，当库存下降到 s 时，就开始订货，订货批量为经济订货批量。随后进入订货提前期 LT_1，提前期 LT_1 结束时，消耗掉一部分库存物资，使库存水平下降到较低水平。这时所订货物批量 Q^* 到达，实际库存量一下上升到一个较高的库存水平，然后进入第二个周期。假设第二个周期的需求速率为 R_2，库存下降到 s 时，又开始订货，订货批量为 Q^*。随后进入第二个订货提前期 LT_2。提前期 LT_2 结束时，消耗掉一部分库存物资，使库存水平又下降到一个较低水平。这时所订货物批量 Q^* 到达，实际库存量又再次上升到一个较高的库存水平，然后进入第三个周期，这样不断循环。

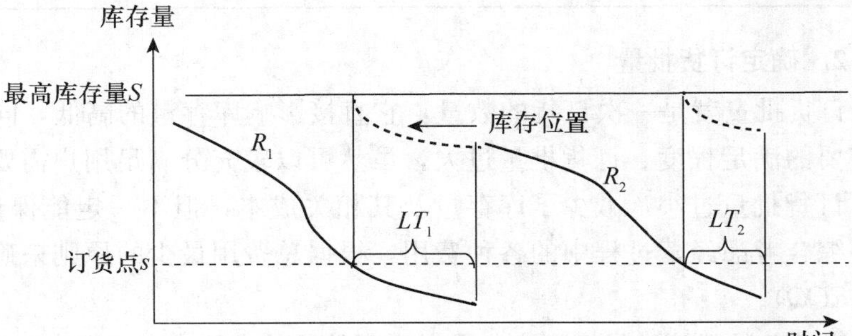

图 6—2　定量订货法

该系统运行满足用户需求的水平主要取决于安全库存量设置的大小。根据客户服务水平（或库存满足水平）p 的大小来设计安全库存的数量。p 越大，安全库存越高，库存满足水平也越高。定量订货法的核心是确定订货点、订货批量和如何实施。下面分别进行研究。

1. 确定订货点

在定量订货法中，进行订货时仓库里该品种的实际库存量叫做订货点。订货点是一个决策变量，它是控制库存水平的关键。订货点要适中，如果订货点太高，则订货物资回来了，原有的库存物资还没有用完，这样新旧物资合在一起，库存量就太高了；如果订货点太低，则订货物资还没到，库存物资就没有了，造成缺货。

订货点 s 由两部分组成。第一部分是提前期内的平均库存水平，它是平均需求与平均提前期的乘积。这确保了发出订单后，系统有足够的库存来满足提前期内的期望需求。第二部分代表安全库存，是需要在仓库和途中保存以防止提前期内需求偏离平均值的库存数量。

订货点的计算公式为：

$$s = AVG \cdot AVGL + \alpha\sqrt{AVGL \cdot STD^2 + AVG^2 \cdot STDL^2} \qquad (6\text{—}1)$$

式中：AVG——需求的期望值，即平均需求；

STD——需求的标准差；

$AVGL$——从供应商到仓库的补货提前期的期望值；

$STDL$——提前期的标准差；

α——安全系数。

安全系数 α 可查表获得，以确保客户服务水平为 p，即提前期内的缺货率在 $1-p$ 之内。表 6—5 提供了不同的服务水平 p 所对应的安全系数 α 值。

表 6—5　不同的服务水平 p 所对应的安全系数 α 值

服务水平 p	90%	91%	92%	93%	94%	95%	96%	97%	98%	99%	99.9%
安全系数 α	1.29	1.34	1.41	1.48	1.56	1.65	1.75	1.88	2.05	2.33	3.08

2. 确定订货批量

订货批量就是一次订货的数量。它直接影响库存量的高低，同时也直接影响用户需要的满足程度。订货批量过大，虽然可以较充分满足用户需要，但库存成本较高；订货批量过小，减少了库存量及其相关成本，但不一定能保证满足用户需要。需要综合考虑经营过程中的各种费用，根据总费用最少的原则来确定经济订货批量 Q^*（EOQ）。

在简单的经济批量模型中，只考虑两种最基本的成本，即库存持有成本和订货成本。库存物品的年度总费用用以下公式表示：

年度总费用＝订货成本＋库存持有成本

即

$$TAC = \frac{K}{Q} \cdot AVG + \frac{Q}{2} \cdot h \qquad (6\text{—}2)$$

若使 TAC 最小，将上式对 Q 求导后令其等于 0，得到经济订货批量 EOQ 的计算公式为：

$$EOQ=Q^*=\sqrt{\frac{2K\cdot AVG}{h}} \tag{6—3}$$

式中：　K——订货成本；

Q——每次订货批量；

h——库存持有成本。

[实例] 某生产企业依计划每年需采购 A 零件 50 000 个，A 零件单价为 200 元，年保管费率为 20%，每次订货成本是 10 000 元，求 A 零件的经济订货批量。

解：$K=10\,000$，$AVG=50\,000$，$h=200\times20\%=40$

$$EOQ=Q^*=\sqrt{\frac{2K\cdot AVG}{h}}=\sqrt{\frac{2\times10\,000\times50\,000}{40}}=5\,000(\text{个})$$

即每次订购数量为 5 000 个时，年平均库存总成本最小，计算结果为：

$$TAC=\frac{K}{Q^*}\cdot AVG+\frac{Q^*}{2}\cdot h=200\,000(\text{元})$$

3. 实施

实施定量订货法首先应确定订货点和订货批量，库存管理人员或销售人员每天检查库存，当库存量下降到订货点时进行订货，订货量取经济订货批量。

应用定量订货法时要注意它的前提条件：

一是它只适用于订货不受限制的情况，即随时随地都能订到货，这样市场必须具备物资供应充足和自由流通的条件。

二是它只适用于单一品种的情况。如果要联合订购几个品种，就要对公式进行灵活处理。

三是它既适用于确定型需求也适用于随机型需求。对于不同的需求类型，原理都是相同的，根据具体情况可以导出各种运用形式。

四是它一般多用于 C 类物资。这样物资品种多而价格低廉，实行固定批量订货。

二、定期订货法

在很多实际情况中，库存水平的检查是周期性的，间隔期是固定的，每次检查后都要订购适当的数量。例如，库存水平的检查可能在每个月初或每周末进行，检查完都要发出一个订单。

定期订货法的原理是预先确定订货周期 T 和最高库存量 S，周期性地检查库存并进行订货。订货批量的大小应使得订货后的名义库存量达到额定的最高库存量 S。

定期订货法的运行模型如图 6—3。

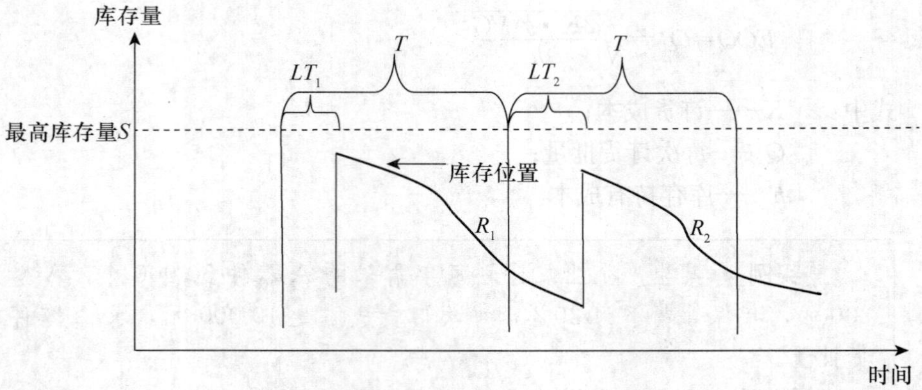

图 6—3 定期订货法

在系统运行前，先确定订货周期 T 和最高库存量 S。在某一周期开始时，检查库存量，库存量假设为 s_1，此时进行订货，订货量取 S 与 s_1 的差值，即第一次的订货量 $Q_1=S-s_1$。随后进入第一个订货提前期 LT_1，提前期结束，所订的 Q_1 货物到达，实际库存达到一个较高水平。经过一个订货周期 T，到了下一个订货周期开始的日子，检查库存量，假设这时库存量为 s_2，此时进行订货，订货量取 S 与 s_2 的差值，即第二次的订货量 $Q_2=S-s_2$。随后进入第二个订货提前期 LT_2，提前期结束，所订的 Q_2 货物到达，实际库存又达到一个较高水平。到了下一个订货周期开始的时候，又检查库存、进行订货。如此继续下去。

为什么这样操作能达到既控制库存量又保证满足用户需要的目的呢？控制库存量是很明显的。整个运行过程的最高库存量不会超过 S。实际上，刚订货时，包括订货量在内的名义库存量最高就是 S，经过一个订货提前期，所订货物实际到达，实际最高库存量比 S 还少一个提前期平均需求量。最高库存量是定期订货法用以控制库存量的一个关键参数。

在保证用户需求满足程度方面，定期订货法与定量订货法不同。定量订货法是以提前期内用户需求量为依据，目的是保证提前期内用户需求量的满足。定期订货法是以满足订货周期内的需求量和提前期内用户的需求量为目的，即以满足 $T+LT_2-LT_1$ 期间的用户总需求量为目的。它根据 $T+LT_2-LT_1$ 期间的用户总需求量来确定 S。因为 $T+LT_2-LT_1$ 期间的总需求量是随机变化的，所以它是一个随机变量。其值由两部分构成：一部分是 $T+LT_2-LT_1$ 期间的平均需求量；另一部分是为预防随机性延误而设置的安全库存量。安全库存量的大小是根据一定的库存满足率设置的。库存满足率越高，则安全库存量越多，S 也越大。实施定期订货法要解决以下问题。

1. 确定订货周期

订货周期就是订货间隔期。它与定量订货法的订货间隔期不同，定量订货法的订货间隔期可能互不相等，而定期订货法的订货间隔期都是相等的。订货间隔期的长短直接决定最高库存量、库存水平的高低，因而也就决定了库存费用。订货周期偏长使得库存水平过高，订货周期过短会使订货批次增多，从而增加订货费用。

在一般情况下，可以用经济订货周期作为定期订货法的订货周期，即

$$T^{*}=\sqrt{\frac{2K}{h\cdot AVG}} \tag{6—4}$$

式中，变量的含义与经济订货批量公式中的一样。

实际上，订货周期可以根据具体情况进行调整。例如，以月、季、年等为订货周期，也可根据企业的生产周期或供应周期等确定。

2. 确定最高库存量

定期订货法的最高库存量应该以满足 $T+LT_2-LT_1$ 期间的需求量为依据。我们可以取最高库存量等于 $T+LT_2-LT_1$ 期间的总需求量。

最高库存量的计算公式为：

$$S=AVG\cdot(AVGL+T)+\alpha\sqrt{(AVGL+T)\cdot STD^2+AVG^2\cdot STDL^2} \tag{6—5}$$

式（6—5）中的符号和定量订货法式（6—1）中的含义相同。

3. 确定订货量

定期订货法的订货量不是固定的，每个周期的订货量为最高库存量与当时实际库存量的差值。更精确的描述是检查库存时仓库实际持有的能够用于供应的全部物资数量，包括当时存于仓库中的物资数量 s、已订购尚未到的货物数量 A 和已经售出但尚未发货的货物数量 B。s，A 和 B 都是订货时检查库存得到的实际数据，每次检查库存时实际数据可能不一样，因此每次订货量也不一样。第 i 次检查库存后进行订货的数量 Q_i 可以表示为：

$$Q_i=S-s_i-A_i+B_i \tag{6—6}$$

4. 实施

具体实施定期订货法时，首先进行需求分析、经营方式分析和控制方法分析等。确定采用定期订货法时，就要分析并确定决策参数最高库存量 S 和订货周期 T。然后在具体运行时，每隔一个订货周期 T 检查一次库存，并进行订货。每次订货量的大小都要使得订货后的名义库存量达到 S。

6.5 物流金融服务

6.5.1 物流金融服务概念与需求分析

一、物流金融服务概念与市场主体

物流金融是一个新的概念，是指在供应链业务活动中运用金融工具使物流产生价

值增值的融资活动。在物流金融中涉及三个主体：物流企业、客户和金融机构，物流企业与金融机构联合起来为资金需求方企业提供融资，物流金融的开展对这三方都有现实意义。

“物流金融”作为一个新兴市场，产生的主要原因是企业融资难。由于融资渠道单一，银行贷款成为中小企业融资的首选。但提供有效担保和抵押是银行向中小企业提供贷款的前提条件。目前国内银行一般偏好于房地产抵押，一来是因为我国的资产交易市场尚不发达，二来是因为银行缺乏对其他资产，诸如机器设备、存货、应收账款的鉴别和定价能力，况且上述资产易损耗、价值波动较大。而中小企业大多受经营规模所限，抑或是出于经营战略的需要，固定资产较少，土地房屋等抵押物不足，一般很难提供合乎银行标准的抵押品，社会公信度不理想，它们也很难找到令银行放心的具有代偿能力的担保人。但是动产资源的潜力很巨大，每个企业手上都有原材料、半成品、产成品库存等，这些资源可以作为质押物。动产质押就是要充分挖掘中小企业的担保资源，实现企业的自我担保。

随着我国物流业的快速发展，一批信誉好、实力强的物流企业崛起，使“物流银行”这一运作模式在我国兴起成为可能。物流企业可以以融资企业与银行以外的第三方身份协助提供金融担保服务。在实际操作中，商业银行和中小型企业直接沟通有一定难度。作为企业，需要考虑的是如何将沉淀的资金盘活；作为金融机构的银行，需要考虑的是如何控制风险。

实际商品的流通渠道是不变的，为中小企业提供物流服务的物流企业掌握作为操作对象的商品的规格、型号、质量、原价和净值、销售区域、承销商等情况，尤其对库存的变动、物流流动的区域，通过库存管理、配送管理等可以做到了如指掌。所以物流企业具备给客户提供金融担保服务的能力，它可以以第三方的身份介入到融资过程中。

二、对作为抵押物的动产的要求

作为贷款抵押物的动产应当是市场畅销、价格波动幅度小、处于正常贸易流转状态而且符合要求的产品，既可以是原材料，也可以是产成品。国内外常见的原材料包括钢材、有色金属、棉纱、石油、汽车零部件等，产成品则包括家电、陶瓷、家具、服装等。此外，装修材料等符合质押品标准的材料也可作质押。

不仅在仓库中储存的货物可以质押，处于运输过程中的货物也可质押。物流银行使企业能够把动产盘活出来，原先购买原材料的资金只有经生产、售出后才能变成可用资金，但现在，通过物流银行，原材料买来后存在仓库内就能立刻变成可用资金。如果把这笔资金拿去做其他的用途，便能提高资金的流转率。另外，如果制造企业在购买原材料时资金紧张，尤其是当原材料即将涨价企业想大批购买而无支付能力时，可以通过物流银行以原材料做质押，由银行直接向原材料供应商支付货款，而原材料直接进入物流企业控制的仓库，此后制造企业可以分批支付货款，分批提出材料用于生产。

三、物流金融服务的市场前景

物流金融服务不仅使得生产企业有效地解决了资金问题，经销商保证能把钱拿到，银行也可通过物流企业的信息平台把资金流、信息流和货流统一起来，达到一个银行、生产方、经销商、物流监管方四方共赢的局面。物流金融服务有广阔的前景，因为这一模式能满足多方的需要。

1. 供应链上的企业生存发展的需要

整个供应链过程中存在大量的库存，虽然合理的库存可以满足顾客的需求，应对供货周期与制造周期的不匹配，但是库存就意味着相应的资金成本。企业在发展过程中面临的最大威胁是流动资金不足，而存货占用大量资金使得企业可能处于流动资金不足的困境。这种资金不足的风险在中小企业的发展中更加明显，往往成为制约其发展的瓶颈。信贷资金的缺乏和在资本市场上融资能力的缺乏使得许多企业产生了利用存货融资的需求。

2. 降低资金需求方融资成本的需要

资金流运作过程非常烦琐，供应商和消费者为了避免风险，多是通过银行借助信用状况进行交易。这种方式不仅手续烦琐，而且会产生不必要的成本——资金积压产生的利息成本、设立收款中心产生的运营成本，加重中小企业资金周转负担。

3. 降低金融机构风险的需要

在实际融资活动中对金融机构而言，如何降低风险最重要，而掌控企业物流活动的机构应当成为最直接、最有说服力的发言者。企业存在以分立、合并、兼并、重组、托管、联营等方式进行的产权、经营权的交易，但实际商品的流通渠道是不变的。作为金融机构的银行为了控制风险，就需要了解抵押物、质押物的规格、型号、质量、原价和净值、销售区域、承销商等，要察看权利凭证原件，辨别真伪，这些工作不仅费时费力，而且超出了金融机构的日常业务范畴。

4. 物流企业获取新的竞争优势的需要

物流金融业务使得物流企业得以控制全程供应链，保证特殊产品的运输质量并长期稳住客户。在供应链管理模式下，企业逐渐转而强调跨企业的整合，使得顾客关系的维护与管理变得越来越重要。物流管理已从物的处理提升到物的附加值方案管理，为客户提供融资的物流供应商在客户心中的地位会大幅提高，物流金融将有助于形成物流企业的竞争优势。

面对中国巨大的市场需求，不仅跨国物流企业有兴趣，类似花旗银行这样的国际金融机构也来“凑热闹”。据介绍，花旗银行的物流金融服务主要是为了解决中国企业在海外市场进口原材料所遇到的困难。花旗银行通过与物流公司的合作，向其提供资金支持，间接帮助生产企业。虽然它们没有详细介绍这一业务的运作流程，但表示这个解决方案可以提供商品购买的规模效应和与之相匹配的融资支持。由此不难看出，花旗银行的这一金融服务不仅仅停留在抵押、贷款，而是旨在从整个供应链的角度帮助企业。当然，这样的业务所获得的利润绝非简单的贷款业务可以相比。

6.5.2 仓储与配送企业开展物流金融服务的必要性分析

物流企业开展物流金融服务不仅可以减少客户交易成本，使金融机构降低了信息不对称产生的风险，成为客户与金融机构的“黏合剂”，而且成为物流企业的重要业务模式。在沿海经济发达地区的物流企业与金融机构已经广泛地开展这项业务。在国外市场，中小企业正是美国联合包裹快递服务公司（United Parcel Service Inc.，UPS）金融服务模式最大的受益者。仓储配送企业为中小企业提供金融服务的优势决定了这一服务形式将是今后发展的一大趋势。其必要性体现在以下几方面。

一、用既有优势获取新的竞争优势

首先，仓储与配送企业具有优良的信誉和坚实的资产基础，是银行信得过的物流企业。其次，仓储与配送是物流企业的核心业务。最后，仓储与配送企业监管的货物大多符合作为质押品的标准。因此，仓储与配送企业开展这项业务具备得天独厚的条件，而这些条件却不是一般物流企业都具备的，所以能够用来打造新的竞争优势。开展物流金融服务的初期，仓储与配送企业可以以金融担保服务等简单业务为切入点，逐渐向深层次的高端服务渗透，这方面可以学习和借鉴 UPS 的经验。

目前，物流金融已经成为 UPS 的发展战略之一和第一利润来源。UPS 认为，“未来的物流企业谁能掌握金融服务，谁就能成为最终的胜利者”。可见，金融服务已经成为 UPS 的制胜法宝。除通常意义上的物流服务，UPS 还打造了一整套的金融交易体系，从而使物流、信息流、资金流实现了真正意义上的无缝衔接。这些跨国公司依托良好的信誉和强大的金融实力，结合自己对物流过程中货物的实际监控，在为发货方和货主提供物流服务的同时，还提供以下金融服务，如开具信用证、仓单质押、票据担保、结算融资等，不仅吸引了更多客户，而且在物流金融活动中创造了可观的利润。

二、吸引新的服务需求，扩大业务量

仓储与配送企业作为银行和客户都信任的第三方，可以更好地融入到客户的商品产销供应链中，同时增进与银行的关系。比如，以客户企业产成品服务为主的仓储与配送企业在开展物流金融服务后，可以将原先不属于现有业务范围的客户企业的原材料、零部件等吸引过来，有些原材料或零部件甚至比产成品更具有市场价值（例如，某些化工原材料远比由其制造出来的产成品更有价值），由此可以扩大物流业务品种，关键是“我为客户做得越多，客户越依赖于我”。

三、增加企业利润

开展物流金融服务，仓储与配送企业在原有的客户仓储费或配送费的基础上，还可以从银行获得质押监管费，因此，相对简单的仓储或配送服务可以获得更多的利润。当然，开展这类业务也有一定的风险，但只要严格考察客户经营状况，制定运作规范和程序，增强责任心，风险是可以规避的（有关风险的规避将在后面予以说明）。

6.5.3 仓储与配送企业开展物流金融服务模式的选择

一、垫付货款模式

银行为了控制风险，需要了解质押物的规格、型号、质量、原价和净值、销售区域、承销商等，要察看权利凭证原件，辨别真伪，但这些工作超出了银行的日常业务范畴，这时候银行离不开企业的协助。

一般情况下，银行不可能了解商品变动的情况，而安全库存水平是可以融资的底线，如果第三方物流供应商能够掌握商品分销环节，向银行提供商品流动情况，则可以大大提高融资的限额。在信誉诚信体制尚未健全的情况下，商品销售的网点分布、单点销量、平均进货周期、结款信誉度这些资料的取得依赖于第一线第三方物流供应商的资料，如果第三方物流供应商有完善的信息系统，就可以使整个资金周转过程透明化，使银行、生产商随时了解商品的现状，更好地把握风险。

二、代收货款模式

垫付货款模式常见于 B2B（Business-to-Business）业务中，而代收货款模式常见于 B2C（Business-to-Customer）业务中，并且在发达地区的邮政系统和很多中小型第三方物流供应商中广泛开展。

三、融通仓模式

融通仓模式也称仓单质押，是指物流企业参与下的权利质押业务。它是指客户把货物存储在物流企业的仓库中，然后凭物流企业开具的仓单向银行申请贷款，银行根据货物的价值向客户提供一定比例的贷款，同时，由物流企业代理监管货物。仓单质押业务通常称为融通仓业务，其运作流程如图 6—4 所示。

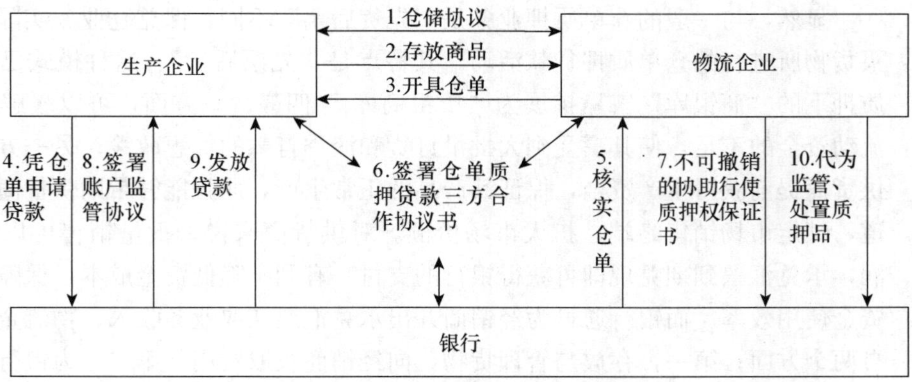

图 6—4　融通仓运作流程图

仓单质押业务已经从物流企业自有仓库存货的质押扩展到了物流企业以外的仓库；在物流环节上，从仓储环节扩展到了从原材料采购到产品生产和产成品销售的供应链全过程。到现在为止，常见的仓单质押业务模式主要有现有存货质押贷款、异地仓库监管质押贷款、买方信贷等。现有存货质押贷款是指货主企业把质押品存储在中储的仓库中，然后凭借仓单向银行申请贷款，银行根据质押品的价值和其他相关因素向客户企业提供一定比例的贷款。这一过程中，物流企业负责监管和储存质押品。异地仓库监管质押贷款是在仓单质押的基本模式上对地理位置的一种拓展。物流企业根据客户不同，或利用遍布全国的仓储网络，或整合社会仓库资源，甚至是客户自身的仓库，就近进行质押监管，极大地降低了客户的质押成本。

四、保兑仓模式

保兑仓模式是指在卖方（生产企业）承诺如果在承兑期限内买方（经销商）不能

实现承兑金额的销售，卖方（生产企业）将向银行退回承兑金额与发货金额的差价的前提下，买方（经销商）向银行申请以卖方（生产企业）为收款人的贷款额度，并由银行控制其以提货权为条件的融资业务。其运作流程如图 6—5 所示。

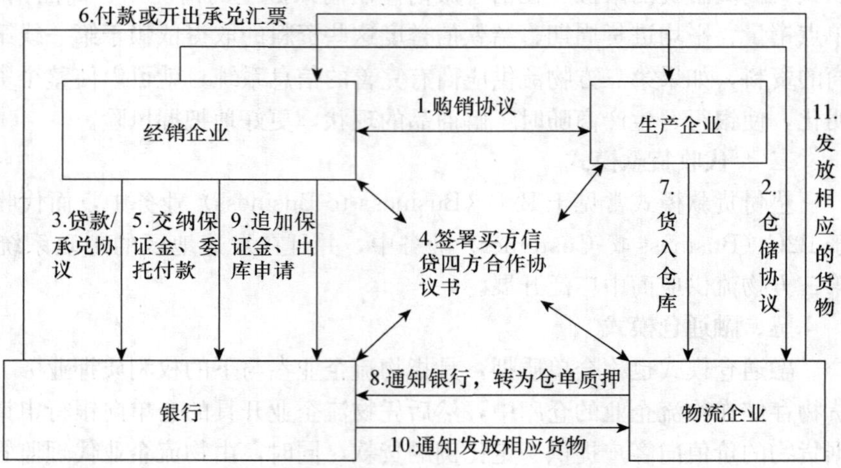

图 6—5 保兑仓运作流程图

显然，与一般的仓单质押业务是“先货后票”不同，保兑仓业务实际上是以拟购买货物所进行的仓单质押贷款活动，其特点是“先票后货”。这种模式已由一般仓单质押下的“商银库”三赢扩展为“厂银商库 ”四赢。一方面，可以缓解经销商自有流动资金的不足，使其享受到大批量订货和淡季打款的优惠政策；另一方面，不仅使供货商提前获得生产资金，保证其产品的正常生产，而且能够帮助供货商增加销售渠道，锁定市场销售终端，扩大市场份额。对供货商来说，批量销售可以增加经营利润，承兑汇票到期兑现即可获得银行的支付，有利于降低资金成本，保障收款，提高资金使用效率。而银行通过为经销商开出承兑汇票获取业务收入。物流企业的收益来自两个方面：第一，存放与管理货物，向经销商收取费用；第二，为银行提供价值评估与质押监管中介服务，收取一定比例的费用。

五、海陆仓模式

针对客户企业在商品生产和贸易过程中普遍存在对商品流转的空间和时间上的融资需求，借用仓单质押理念，发展成为基于海上在途货物质押，连带发货地和目的地仓库质押的全程点对点的质押融资模式，即海陆仓模式。该种模式横跨时间和空间，可以更大限度地满足供应链中各环节企业的融资需求。

在海陆仓模式下，物流企业负责从生产地到消费地，以及中间的海运和陆运全程质押监管。该种模式可以结合保兑仓和融通仓（即一般的仓单质押业务）的业务模式，根据客户的需求演化出多种操作方法，比如，内贸集装箱模式、内贸散货模式、信用证下进口模式、非信用证下进口模式、出口模式等。图 6—6 系内贸集装箱模式的海陆仓运作流程。

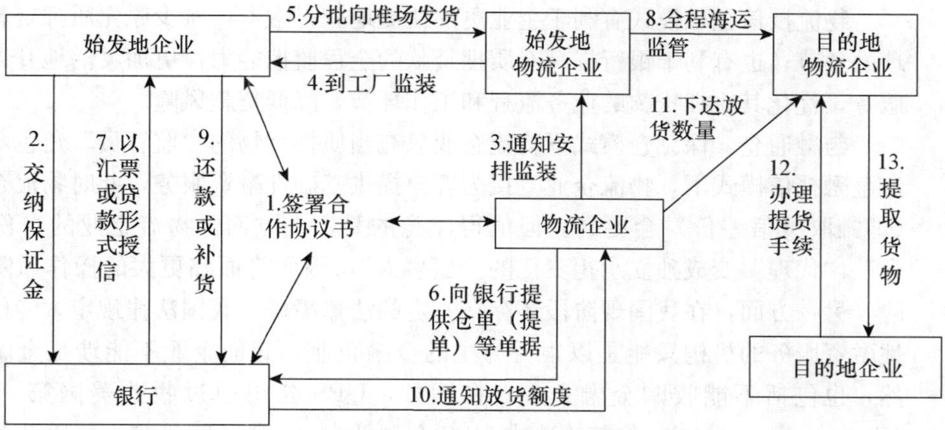

图6—6　海陆仓运作流程图

六、物流金融授信模式

物流金融授信模式是指金融机构根据物流企业的规模、经营业绩、运营现状、资产负债比例以及信用程度授予物流企业一定的信贷额度，物流企业直接利用这些信贷额度向相关企业提供灵活的质押贷款业务，由物流企业直接监控质押贷款业务的全过程，金融机构基本上不参与该质押贷款项目的具体运作。

图6—7显示了物流企业在仓单质押业务的基础上，通过加深与银行、生产企业的合作，利用生产企业产成品进行金融授信，为生产企业提供包括原材料采购、运输、仓储、代收货款等业务的一体化全程物流服务。

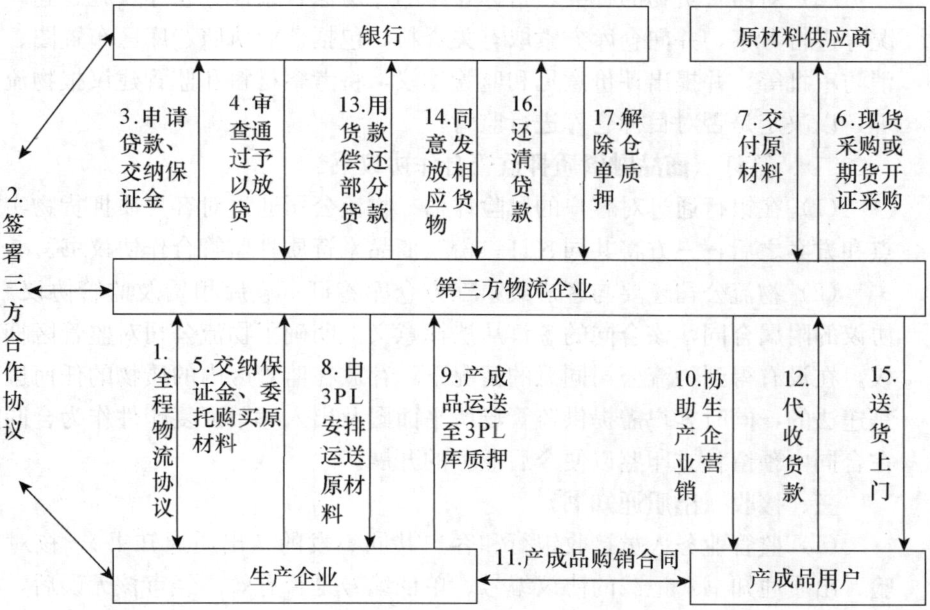

图6—7　物流企业金融授信运作流程图

说明：3PL指第三方物流。

物流授信金融模式有利于企业更加便捷地获得融资，减少原先质押贷款中一些烦琐的环节；也有利于银行提高对质押贷款的全程监控能力，更加灵活地开展质押贷款服务，优化其质押贷款的业务流程和工作环节，降低贷款风险。

与融通仓、保兑仓模式下物流企业只充当质押货物的"监管员"角色不同，在物流金融授信模式下，物流企业直接为客户提供基础性融资服务，此时物流企业的盈利（即赚取授信差价）会更高。但值得注意的是，一方面，物流企业的身份已由"中介"、"代理"变成独立承担责任的"当事人"，因而将面临更大的操作风险和责任风险。另一方面，在我国现阶段还存在一定的法律障碍。我国法律规定，专门经营基础性融资服务的机构只能是以银行为主的金融企业，其他企业不能涉足金融业务。当然，也包括不能收购金融企业。在国外，UPS 公司通过收购美国第一国际银行（First International）将其改造成 UPS 金融部门（UPS Capital），并以此为基础向客户提供金融服务属于个案，另当别论。因此，现阶段物流企业还不具备开展此业务的法律条件。

6.5.4 仓储与配送企业开展仓单质押监管业务的操作流程

限于篇幅，下面以现货质押项下动态质押（核定库存）为例介绍物流质押监管业务操作流程。

一、前期准备工作

（1）物流公司成立考察小组，一般由 2～3 人组成。

（2）对监管货物的种类、目标仓库的库房保管条件、仓库设施、仓库管理组织情况等进行考察，并向仓库方索取有关资料，包括营业执照、库区布置图、仓库设施的消防审批等，并提出评价意见和监管建议，将考察材料和监管建议报物流公司主管经理，以决定是否对目标仓库进行监管。

二、签订《商品融资质押监管合作协议书》

（1）在银行通过对客户的风险评估、物流公司通过对客户质押货物实施监管的地点和方案之后，三方将共同签订一份《商品融资质押监管合作协议书》。

（2）物流公司还要与客户或第三方仓库签订《仓库租赁及监管协议》，作为三方协议的附属合同，该合同的签订从法律意义上明确了物流公司对监管区拥有管理使用权，在没有得到物流公司同意的情况下，存放在监管区内的质物的任何进出库行为都是违法的，同时客户需提供监管场所平面图及出入库单证复印件作为合同附件，三方在合同中预留各方印鉴以便今后业务的开展。

三、接收《出质通知书》

（1）监管业务人员接收银行和客户共同签发的《出质通知书》，核对其真伪，检验《出质通知书》记载的协议编号、单证编号是否有效。经审核无误后，将《出质通知书》记载内容通知有关人员。

（2）监管业务人员在客户出质的货物送达后填制《质物进仓作业单》，交付调度人员复核质物，首次接收质物时，合同三方均应在场，共同确认货物的数量及监管场所，质物审核无误后，物流公司根据《出质通知书》签发《动产质押专用仓单》或者《质物清单》，监管人员正式驻厂（库）监管。

四、质物入库

（1）客户填制《质物入库申请单》，并加盖业务章，标明质物入库时间及品名、重量，物流公司监管业务人员收到《质物入库申请单》后，加盖物流公司预留印鉴确认。

（2）物流公司监管人员与客户保管员共同对质物进行清点验收，监管人员应与保管员清点数目、检查质物外包装上的记载与《质物入库申请单》是否相符。如发现破损、污染或其他异常情况，应通知货主立即解决，并在《质物进仓作业单》备注栏详细记载有关情况。

（3）入库完毕，客户保管员向物流公司监管人员出具“进货传票”，对进入监管区的质物数量、件数等信息重新确认，并加盖业务章。物流公司监管人员核对无误后，将单据妥善保存。

（4）物流公司监管人员根据客户保管员当日提供的“进货传票”填制《质物进仓作业单》，并由客户签章确认。

（5）质物入库堆放在指定区域后，由保管员制作质物标签粘贴于质物包装上，或设立标牌标明监管区及监管货物。

（6）监管人员按照与银行的约定制作相应的单据报表定期传递给部门单据保管员，单据保管员按照银行要求的时间定期以传真的方式将在库信息发送给银行。

（7）质物入库完毕，双方业务人员将原始单证（共三份）制作凭证并登记保管账簿，质物入库完毕。

五、质物出库

1. 质物出库管理规定

一是质物的实际价值超出质物最低价值的，客户就超出部分提货或者换货时，无须追加或补充保证金，可直接向物流公司办理提货或换货，物流公司应严格按照合同的约定予以办理，并保证提货或换货后处于物流公司占有、监管下的质物价值始终不低于质物的最低价值。

二是质物的实际价值等于质物的最低价值的，客户应当事先提出提货申请，并追加或补充保证金（即打款赎货）或者事先向银行提供与所提质物价值相同的质物交付物流公司占有、监管（即以货换货），经银行同意后凭银行签发的《提货通知书》向物流公司办理提货。

2. 质物出库流程

（1）当质物的实际价值超出质物最低价值时，应遵循如下流程：

一是客户填制《质物出库申请单》，并加盖业务章，标明质物出库时间及品名、重量，监管人员收到《质物出库申请单》后，准备安排出货。

二是物流公司监管人员与客户保管员共同对质物进行清点发货，监管人员应与保管员清点数目、检查质物外包装上的记载与《质物出库申请单》是否相符。如发现破损、污染或其他异常情况，应通知货主立即解决，并在《质物出仓作业单》备注栏详细记载有关情况。

三是出库完毕，客户保管员向物流公司出具“出货传票”，对从监管区发运的质物数量、件数等信息重新确认，并加盖业务章。物流公司监管人员核对无误后，将单据妥善保管。

四是物流公司监管人员根据客户保管员当日提供的“出货传票”填制《质物出仓作业单》，并由客户签章确认。

五是监管人员每天按照与银行的约定制作相应的单据报表按时传递给部门单据保管员，单据保管员按照与银行的约定按时将在库信息报给银行。

六是质物出库完毕，双方业务人员将原始单证（共三份）制作凭证并登记保管账簿，质物出库完毕。

七是以上操作无须银行出具指令，客户可以向物流公司直接申请办理提货事宜，这极大地方便了客户，节省了客户的操作时间。

(2) 当质物的实际价值等于质物的最低价值时，应遵循如下流程：

一是客户应当事先提出提货申请，经银行同意后凭银行签发的《提货通知书》向物流公司办理提货。

二是监管人员接到通过银行指定传真机传真来的《提货通知书》后，应核对印章签字是否与预留印鉴一致，并通过电话与银行指定负责人核实相关提货数量，银行应在五日内将正本送达物流公司。

三是监管人员将《提货通知书》及客户提供的《质物出库申请单》一起上报监管经理签字，并在《质物出库申请单》上加盖质押监管业务专用章后交监管人员执行。

四是监管人员根据《质物出库申请单》安排质物出库作业，并保证出库数量不得高于《提货通知书》上的数量。

五是质物出库完毕，客户向物流公司提供“出库传票”，对提出监管区的质物数量、件数等信息重新确认，物流公司监管人员根据客户保管员提供的“出货传票”填制《质物出仓作业单》，并由双方签章确认，物流公司应加盖质押监管业务专用章。

六是物流公司按照银行的《提货通知书》在给客户提货后签发《提货通知书回执》，并送达银行。

七是质物出库完毕，双方业务人员将原始单证（共四份）制作凭证并登记保管账簿，质物出库完毕。

八是《提货通知书》上的提货价值等于或累计等于合同约定的最低价值时，提货完毕后监管解除。

九是所有单据均以物流公司在双方签订的《租赁与监管协议》中预留的质押监管业务专用章为准。

六、盘点

(1) 约定盘点：经三方协商约定，可每周、每月或按约定的时限盘点，每次三方均需到场。

(2) 单独盘点：根据质物的特性，物流公司可自行安排盘点时间、时限及次数。

（3）盘点表由现场监管人员填制，同客户保管员盘点库存无误后，将双方签字的盘点表移交监管经理。

（4）监管经理定期向分管公司领导汇报盘点情况。

（5）通知银行盘点情况。

6.5.5　仓储与配送企业开展物流金融服务面临的风险及解决方案

一、面临的主要风险

在开展仓单质押监管业务过程中，物流企业将面临诸多风险，这些风险可以归纳如下。

1. 市场风险

主要指因政策、经济等方面的变化，导致质押物市场价格波动、变现能力改变，甚至被认定为非法物等。

2. 技术风险

主要指物流企业因缺乏足够的技术支持而引起的风险。比如，价值评估系统不完善或评估技术不高，网络信息技术的落后造成信息不完整、业务不畅、操作失误等。

3. 操作风险

主要指物流管理方面产生的风险，包括组织机构陈旧松散、管理体制和监督机制不健全、工作人员素质不高、管理层决策发生错误等。

4. 法律风险

主要是指当事人之间订立的各种合同有明显瑕疵，给当事人造成某些损失或给不法分子留有可乘之机，如合同中约定的货物质量验收条款不明确、监管合同与借贷合同不一致、要求仓储方放弃留置权、免责条款含糊不清等。一方面，质押业务涉及多方主体，质物的所有权在各主体间流动，很可能产生所有权纠纷；另一方面，我国的《担保法》和《合同法》中与金融物流相关的条款并不完善，又没有其他指导性文件可以依据，因此，业务过程中易产生法律风险。

5. 安全风险

主要指因质物选择或保管不当导致货物丢失或变质等的风险。因此，仓库的安全、员工的诚信、仓单的可信度，以及保存质物的设施能否有效防止损坏、变质等问题都应加以考虑。

6. 信用风险

主要包括质物来源的合法性，以及银行工作人员、监管人员、客户所带来的道德风险。比如，银行工作人员与客户、监管人员与客户串通作弊，监管人员监守自盗，客户强行出库等。在滚动提取货物时提“好”补“坏”，导致坏货风险以及以次充好的质量风险。此外，企业在资金链断裂不能偿还银行贷款的情况下，有时会铤而走险，强行搬运货物，这类风险常常通过合法的方式表现出来，比如制造一起诉讼案件，申请法律部门进行财产保全，或提供文件证明质物不属于出质人、质押合同无效等。而对于物流公司来讲，可能不只是监管费用的损失，还可能是人员的伤亡，更有可能影响到物流公司的信誉。

7. 分包商风险

在质押监管业务中，物流企业可能委托另一家或数家企业开展监管业务，此时必须处理第三方监管库的选择、如何规避监管风险等问题，否则将承担相应的风险。

二、防范对策

1. 具备良好的商业信用和金融信用

只有具备良好的商业信用和金融信用的第三方物流企业，银行才会将其作为合作伙伴，同时为自身的发展提供良好的平台。

银行是仓单质押贷款业务的主体，客户是该业务的客体，第三方物流企业处于中介位置，从目前开展仓单质押贷款业务的情况看，由于第三方物流企业的诚信问题使得银行与第三方物流企业的合作难以持续的情况时有发生，最典型的莫过于客户串通第三方物流企业骗贷。因此，诚信是第三方物流企业与银行合作的基础。

2. 强化自身综合物流服务的能力

仓单质押业务开展的必要条件是将第三方物流企业的仓库改造成具有综合功能的融通仓。融通仓是以质押物资仓管与监管、价值评估、公共仓储、物流配送、拍卖为核心的综合性第三方物流服务平台，它不仅为银企间的合作架构桥梁，而且将融入企业供应链体系中，成为中小企业重要的第三方物流服务提供者。该服务使质押物可正常进入市场流通，从根本上满足企业对流动资金的需求。使用融通仓服务，企业可根据自身经营需要在融通仓内质押存货，在总体价值不低于一定额度的情况下，可以采用以物易物和以保证金置换两种方式使质押物持续流动更新，企业资产正常周转。这一创新为需要扩大流通规模的企业提供了贷款融资、仓储管理、运输配送一体化的综合服务。

3. 具有价值评估、物资拍卖等资质

融通仓企业除提供物流和流通加工等传统服务外，还替代金融机构提供部分金融服务，如资产评价、资产处理等。这部分能力关系到质物价值的准确评估，以及质物能否及时变现的问题，成为仓单质押贷款业务风险控制的关键点。

4. 完善的物流管理信息系统

在信息主导商业发展的今天，增值服务主要是借助完善的信息系统和网络，通过发挥专业物流管理人才的经验和技能来实现的，依托的是企业的 IT 基础。良好而适用的信息系统可以降低企业的交易费用。

5. 建立与金融机构的长期合作关系

通过与银行建立合作关系，取得银行的信任，可以有效地解决金融服务中的效率问题。目前有的企业开展的统一授信方式可以达到这个目的，同时再造了企业的信用。统一授信就是银行把贷款额度直接授权给物流企业，再由物流企业根据客户的需求和条件进行质押贷款和最终结算。物流企业向银行按企业信用担保管理的有关规定和要求提供信用担保，并直接利用这些信贷额度向相关企业提供灵活的质押贷款业务，银行基本上不参与质押贷款项目的具体运作。该模式有利于企业更加便捷地获得融资，减少原先质押贷款中一些烦琐的环节，也有利于银行提高对质押贷款全过程的监控能力，更加灵活地开展质押贷款服务，优化其质押贷款的业务流程和工作环节，降低贷款的风险。统一授信这种方式在实践中已为广大的金融机构所接受。通过与担保公司、保险公司的合作，可以有效降低金融服务风险。

6. 与客户建立长期的合作伙伴关系

物流企业为客户提供物流金融服务的基础是对客户有充分的了解，建立长期的合作关系有利于提高效率，防范物流金融风险。

7. 加强对客户的信用管理

物流企业在金融服务过程中，通过客户资料收集制度、客户资信档案管理制度、客户资信调查管理制度、客户信用分级制度、合同与结算过程中的信用风险防范制度、信用额度稽核制度、财务管理制度等对客户进行全方位的信用管理。具体而言，在选择客户时一定要谨慎，要重点考察企业的经营能力和信用状况。反映企业经营状况是否正常最直接的指标是主营业务的增长率，因此选择客户的主营业务增长率要大于零，最好大于该行业的平均增长率。再者，还要考察客户的资产负债率，一般而言，资产负债率控制在 30%左右是企业财务状况稳健的表现，但随着市场经济和金融业的发展，企业资产负债率普遍提高，这无疑增大了企业的破产风险，因此选择客户的资产负债率应小于 50%。除经济实力外，良好的信用是企业履约的必备条件。评估担保对象的信用状况主要依据担保对象的历史履约情况和履约意愿，具体包括三个方面：首先，应调查客户偿还债务的历史情况；其次，分析客户在以往的履约中所表现的履约能力；最后，应调查客户履约是出于自愿，还是采取法律诉讼或其他行动的结果。凡有不良信用记录的，应杜绝与其合作。信用管理是现代企业的核心管理内容之一。

8. 加强对质押品种的选择管理

要选择使用广泛、易于处置、价格涨跌幅度不大、质量稳定的品种，如黑色金属、有色金属、大豆等，同时还要考察货物来源的合法性，对于走私货物和违禁物品要及时举报。

9. 加强对质押货物的监督管理

仓储企业在开展仓单质押业务时，一般要与银行签订《不可撤销的协助行使质押权保证书》，对质押货物的保管负责，丢失或损坏由仓库承担责任。因此，为了维护自身利益和履行对银行的承诺，仓储企业要加强对质押货物的监管，保证仓单与货物货单一致，手续完备，货物完好无损。

10. 加强对仓单的管理

我国合同法中规定了仓单上必须记载的内容：存货人的名称或者姓名和住所，仓储物的品种、数量、质量、包装、件数和标记，仓储物的损耗标准、储存场所、储存期间、仓储费，仓储货物保险情况，填发人、填发地点和填发时间。但目前我国使用的仓单还是由各家仓库自己设计的，形式很不统一，因此要对仓单进行科学的管理，使用固定的格式，按指定方式印刷；同时派专人对仓单进行管理，严防操作失误和内部人员作案，保证仓单的真实性、唯一性和有效性。

11. 加强对提货单的管理

目前大多由货主和银行开提货单，要逐步转向仓单提货。由货主与银行共开提货单的，要在合同中注明仓单无提货功能。同时要有鉴别提货单真伪的措施。对于同一仓单项下的货物在不同时间提取的情况，要依据货主和银行共同签署的《专用仓单分提单》释放，同时按照仓单编号、日期、金额等要素登记明细台账，每释放一笔，就要在相应仓单下做销账记录，直至销售完成为止。

12. 实施有效的过程监控

在物流过程中，对企业和市场必须有充分的了解，对商品的市场价值、企业的运营状况必须作充分的了解和监控，方可防范物流金融的风险。

习 题

1. 单项选择题

（1）推进包装合理化首先要考虑的因素是（　　）。

A. 保管条件　　B. 装卸搬运条件

C. 运输距离长短和道路情况　　D. 运送工具类型

（2）流通加工成本不包括（　　）。

A. 设备购置费

B. 加工材料费及加工中耗用的电力、燃料费

C. 加工劳务费

D. 产品库存费

（3）（　　）不是库存产生的原因。

A. 经济批量与周转存货　　B. 产品滞销

C. 需求量和购买时间的不确定性　　D. 季节性存货

（4）（　　）不可以作为贷款抵押的动产。

A. 原材料　　B. 产成品

C. 运输途中的货物　　D. 市场滞销品

2. 多项选择题

（1）对于仓储企业而言，可以提供的增值服务包括（　　）。

A. 为顾客提供存货查询服务

B. 进行产品重新包装和组合

C. 建立缓冲仓库满足顾客的突发性订货

D. 客户增值体验、物流解决方案

（2）包装合理化表现形式包括（　　）。

A. 包装轻薄化和单纯化　　B. 加工多样化

C. 集装单元化和标准化　　D. 与装卸搬运、仓储等环节配合

（3）根据目的不同，流通加工可分为（　　）。

A. 为方便消费、省力将商品制成直接可用状态

B. 弥补生产加工的不足

C. 促进销售

D. 衔接不同运输方式

（4）（　　）属于可变的库存成本。

A. 订货成本　　B. 库存持有成本

C. 进货费与购买费　　D. 缺货成本

（5）物流金融服务模式包括（　　）。

A. 垫付货款和代收货款模式　　B. 融通仓模式

C. 保兑仓模式　　D. 物流金融授信模式

3. 是非题

（1）流通加工是指物品从生产者向消费者流动的过程中，根据需要实施包装、分割、计量、分拣、刷标志、拴标签、组装等简单作业。（　　）

（2）一般而言，为了方便物流，流通加工环节应设在消费地。（　　）

（3）所谓库存持有成本，是指为持有存储物资而发生的成本。持有物资的数量越多，持有的时间越长，所承担的持有成本也就越高。（　　）

（4）仓单质押指客户把货物存储在物流企业的仓库中，然后凭物流企业开具的仓单向银行申请贷款，银行根据货值向客户提供一定比例的贷款，同时，由银行监管货物。（　　）

4. 简答题

（1）与常规服务相比，增值服务有哪些不同之处？

（2）阐述库存管理与仓库管理的差别及库存管理的方式。

（3）以现货质押项下动态质押（核定库存）为例，简述物流质押监管业务操作流程。

5. 计算题

某自行车公司计划下年度生产特种轮胎 40 000 只，生产率为每天 200 只，一年按 250 天计算，一次生产准备费用为 200 元，提前期为 5 天，单位生产费用为 15 元，单位维持库存费用为 11.5 元，试求经济生产批量和订货点。

6. 案例分析

深圳市某实业发展有限公司（以下简称 C 公司）是一家从事国内商业批发、零售业务的贸易公司，成立于 1999 年 12 月，注册资金为 1 000 万元，C 公司是国内某大型牛奶生产企业（上市公司，简称 Y 公司）在深圳地区的牛奶总代理。Y 公司资产规模 40 多亿元，年销售额 60 多亿元，是国内经营良好、绩优蓝筹股的上市公司。C 公司作为一家成立时间较晚、资产规模和资本金规模都不算大的民营企业，自由资金根本不可能满足与 Y 公司合作的需要。同时又没有其他可用作贷款抵押的资产，如果进行外部融资，也非常困难，资金问题成为公司发展的瓶颈。此时 C 公司向民生银行提出以牛奶作为质押物申请融资的业务需

求。在了解C公司的实际需求和经营情况的基础上，结合其上游供货商Y公司的情况，民生银行经过研究分析开创性地推出了以牛奶作为质押物的仓单质押业务，给予C公司综合授信额度3 000万元人民币，采用先票后货形式，以购买牛奶做质押，由生产商Y公司承担回购责任。该业务自开展以来，C公司的销售额比原来增加了近两倍，很好地扶持了企业，解决了企业流动资金不足的问题，同时也有效控制了银行的风险。

试分析仓储与配送企业在物流金融服务中的地位及面临的风险与解决方案。

第7章

危险货物和冷藏货物仓储与配送管理

引导案例 **仓库化工原料燃烧起火**

2014年7月4日傍晚，湖北省某市工业区附近的一家化工原料仓库突然发出一声闷响，随后黑烟滚滚，瞬间火焰冲天。消防部门人员及时赶到现场，组织进行扑救，但由于不明着火原因，习惯性用水扑救，火势越来越大。此时，抢救人员立即停止用水扑救，采取其他办法，经过24小时火势方被扑灭。4日这一天，午后倾盆大雨下至傍晚，发现火情的人员反映，火势是从原料仓库内堆放着复合脱氧剂（用作钢水脱氧）的地点开始的。此次事故造成50吨脱氧剂被烧毁，一栋库房坍塌，经济损失严重。

经查，造成这起事故的原因如下：一是事故的直接原因，复合脱氧剂（主要成分为电石，含量约50%以上）在库房漏雨情况下和水发生反应，生成乙炔并放出大量热。生成的大量气体、热量积聚在堆放的脱氧剂中不能及时排走。当热量大于乙炔的自燃点305℃后，导致脱氧剂燃烧，进而引燃库房。二是抢救人员赶赴现场时，在不明着火原因的情况下，盲目用水扑救，犹如火上加油，扩大了火势。这是造成整栋库房被烧毁、加重经济损失的主要原因。

这起事故暴露出如下问题：一是脱氧剂储备库房陈旧老化，局部漏雨，内部潮湿，系半露天仓库；而脱氧剂的包装上既无产品名称，也无防潮设施，且无产品保管、使用说明书，给仓库保管带来不便；脱氧剂包装质量较差，有搬运破裂处，这些均留下了事故隐患。二是缺乏安全救灾对策。仓库业务人员缺乏安全知识，保管人员没有掌握储备物料的物理和化学性质，不能按安全储存需要对仓库提出要求和采取应有的防范措施，不懂得救灾时的对策和安全注意事项。抢救人员（包括消防部门）试图向燃烧处冲水来加速救灾过程，反而扩大了火势。

7.1 危险货物包装及仓储管理

7.1.1 危险货物的概念与分类

一、概念

危险货物（dangerous cargo）是指具有燃烧、爆炸、腐蚀、毒害、放射等性质，在装卸、储存或运输过程中如果处理不当可能会引起人身伤亡、财产毁损的物品。

二、分类

《国际海运危险货物规则》（又称《国际危规》）将包装危险货物分为 9 类。

1. 第 1 类 爆炸品

爆炸品（explosives）是指在外界作用下发生剧烈的化学反应，瞬间产生大量的气体和热量，使周围压力急剧上升，引发爆炸的物质和物品。

按爆炸的危险性和爆炸品在火中的变化分为：

第 1.1 类——有整体爆炸危险的物质和物品。

第 1.2 类——有迸射危险但无整体爆炸危险的物质和物品。

第 1.3 类——有燃烧危险和较小爆炸或（和）较小迸射危险，但无整体爆炸危险的物质和物品。

第 1.4 类——重大危险的物质和物品。

第 1.5 类——极不敏感的物质，但有整体爆炸危险。

第 1.6 类——无整体爆炸危险的极不敏感的物品。

其中，第 1.1 类危险性最大，第 1.6 类危险性最小。

特性为：化学爆炸性、燃烧性、毒性和窒息性等。

2. 第 2 类 气体：压缩、液化和加压溶解气体

气体：压缩、液化和加压溶解气体（gas：compressed，liquefied and dissolved under pressure）是指在 50℃时蒸气压力大于 300kPa 或在 20℃和 101.3kPa 的标准压力下完全呈气态，经压缩或降温加压后，储存于耐压容器或特制的高绝热耐压容器或装有特殊溶剂的耐压容器中的物质。

分为三类：

第 2.1 类——易燃气体。如氢气、甲烷、乙炔等。

第 2.2 类——非易燃、无毒气体。如氧气、压缩空气、氮气、二氧化碳等。

第 2.3 类——有毒气体。如氯气、氨、硫化氢等。

特性为：易燃性、物理爆炸性、麻醉性、毒性和窒息性等。

3. 第 3 类 易燃液体

易燃液体（inflammable liquids）是指闭杯闪点低于 61℃（包括 61℃）时放出易

燃蒸气的液体、混合液体、含有溶解固体的溶液或悬浮溶液。

按包装类分为三类：

包装类Ⅰ：如乙醛、二硫化碳、乙醚等。

包装类Ⅱ：如汽油、乙醇、苯等。

包装类Ⅲ：如松节油、酒精饮料等。

特性为：爆炸性、易燃性、毒害性、挥发性、麻醉性、窒息性和易积聚静电性等。

4. 第 4 类 易燃固体、易自燃物质和遇水放出易燃气体的物质

易燃固体、易自燃物质和遇水放出易燃气体的物质（inflammable solids，spontaneously combustible substance and substances emitting inflammable gases when wet）分为三类：

第 4.1 类——易燃固体和受摩擦可以引起燃烧的固体，自反应及相关物质。如赤磷、硫黄、赛璐珞等。

第 4.2 类——易自燃物质。如活性炭、黄磷、鱼粉等。

第 4.3 类——遇水放出易燃气体的物质。如电石、磷化氢、钠、钾等。

特性为：爆炸性、易燃性、毒害性、腐蚀性和污染性等。

5. 第 5 类 氧化剂和有机过氧化物

氧化剂（oxidizing substances）是指处于高氧化态，具有强氧化性，易分解并放出氧和热量的物质。包括含有过氧基的无机物，其本身不一定可燃，但能导致可燃物的燃烧，能与松软的粉末状可燃物组成爆炸性混合物，对热、震动或摩擦较敏感。

有机过氧化物（organic peroxides）是指分子组成中含有过氧基的有机物，其本身易燃易爆，极易分解，对热、震动或摩擦极为敏感。

分为两类：

第 5.1 类——氧化物质（剂）。如硝酸钠、高锰酸钾、过氧化氢、漂白粉等。

第 5.2 类——有机过氧化物。如氧化苯酰、过氧化二碳酸二苯甲脂等。

特性为：毒性、腐蚀性和强氧化性等。

6. 第 6 类 有毒物质和感染性物质

有毒物质（toxic substances）是指如吞咽、吸入或皮肤接触易于造成死亡、严重伤害或损害人体健康的物质。

感染性物质（infectious substances）是指已知或一般有理由相信含有病原体的物质。所谓病原体，是指已知或有理由相信会使人或动物患感染性疾病的微生物或微生物重组体。

分为两类：

第 6.1 类——有毒物质（剂）。如吞咽、吸入或皮肤接触易于造成死亡、严重伤害或损害人体健康的物质。如氰化钠、苯胺、砷及其化合物等。

第 6.2 类——感染性物质。

特性为：毒性、感染性等。

7. 第 7 类 放射性物质

放射性物质（radioactive substances）是指能自原子核内部自行放出人体感觉器官不能察觉的射线的物质。

特性为：放射性等。

8. 第 8 类 腐蚀品

腐蚀品（corrosive substances）是指化学性质非常活泼，若与人畜或其他物品接触，在短时间内能造成明显破坏的固体或液体物质和物品。如硝酸、硫酸、氢氧化钠等。

特性为：腐蚀性、易燃性、氧化性和毒害性等。

9. 第 9 类 杂类危险货物和物品

杂类危险货物和物品（miscellaneous dangerous substances）是指在运输中呈现的危险性不包括在上述八类危险品中的物质和物品。如干冰、蓖麻籽、自行充气救生设备等。

知识拓展

《国内危规》与《国际危规》分类的区别

《水路包装危险货物运输规则》（简称《国内危规》）依据国家标准《危险货物分类和品名编号》（GB 6944—2005）和《危险货物品名表》（GB 12268—2005），将危险货物分为 9 大类、26 项。在大类上，与《国际危规》基本相同。在小项上与《国际危规》的差异在于：

（1）第 1 类爆炸品中，《国际危规》有第 1.6 类，而《国内危规》没有。

（2）第 3 类易燃液体中，《国际危规》未细分，而《国内危规》分了三个小类。

（3）第 8 类腐蚀品，《国际危规》未细分，而《国内危规》分了三个小类。

（4）第 9 类杂类，该类在《国际危规》和《国内危规》中名称一样，但小类内容差别很大，只有不包括在第 1~8 类的危险品相同，《国际危规》在本类中包括了加温运输的液态和固态物质，还有海洋污染物。而《国内危规》中，除“干冰”一种货物，其他均为另行规定的物品。

《国内危规》根据各种危险货物的危险程度又划分为一级和二级危险货物，而《国际危规》没有分级。在《国内危规》中的一级和二级危险货物的划分情况如下：

（1）第 1 类、第 2 类、第 5.2 类、第 6.2 类、第 7 类均为一级危险货物。

（2）第 3 类、第 4 类、第 5.1 类、第 6.1 类、第 8 类分为一级和二级危险货物。凡是品名编号后三位小于 500 的，为一级危险货物；凡是品名编号后三位大于 500 的，为二级危险货物。

7.1.2 危险货物的包装与标志

一、包装的概念与分类

危险货物包装（transport packages of dangerous goods）是指根据有关法规和标

准，考虑危险货物的特性而专门设计制造的运输包装。

危险货物包装分类（packaging groups of dangerous goods）是指危险货物包装按货物的危险程度和性质特点所作的分组。

1. 按照货物危险程度不同的分类

一般来说，按照危险程度的不同，危险货物包装可分为三类：包装类Ⅰ，适用于高度危险的物品；包装类Ⅱ，适用于中度危险的物品；包装类Ⅲ，适用于低度危险的物品。这种分类方式是通过性能试验并根据各类物质的标准确定的。可在该物质或物品的明细表中查找，也可在《国际海上危险货物运输规则》的总索引中找到。

2. 按照危险货物种类不同的分类

危险货物由于其特殊的物理或化学性质分成9类，其中的第2，4，5，6类还分别分成2～3个小类。各类危险货物有的可采用通用的危险货物包装，有的只能采用本类物品的专用包装。因此，按危险货物的种类，其包装可分为：

(1) 通用包装。适用于第3，4，5，6类危险货物和第1，8类的某些货物。

(2) 爆炸品专用包装。这类包装甚至在爆炸品之间也不能相互替用。为保证爆炸品在储运中的安全，爆炸品的生产设计者往往根据防火、防震、防磁等要求同时设计了爆炸品的包装物，这个设计需与爆炸品的设计同时批准，否则不得进行爆炸品的生产。

(3) 气瓶。这是第2类危险货物的专用包装。其最显著的特点是能承受一定的内压，所以又称压力容器包装。

(4) 放射性物品包装。专用于各种放射性物品。国际原子能机构（IAEA）对放射性物品的运输包装有专门规定。放射性物品的国际运输和大部分国家的国内运输都执行IAEA的有关规定。

(5) 腐蚀性物品包装。腐蚀性物品由于其对材料的腐蚀性需用各种不同的材料来包装。腐蚀品的包装从整体看最庞杂，各种材料、各种形式的包装在腐蚀品中都使用了；而从各腐蚀品的品种看又是最专一的，某种腐蚀品只能用某种材料的包装，某件包装用于一种腐蚀品后，如能重复使用，也只能用于该腐蚀品，而不能移作他用。

(6) 一些特殊货物的专用包装。在可以采用通用包装的第3，4，5，6类危险货物中，有一些品种由于某种特殊性质而需采用专用包装。例如，双氧水专用包装、二硫化碳专用包装、黄磷专用包装、碱金属专用包装、电石专用包装、磷化铝熏蒸剂专用包装等。

二、包装的要求

根据危险货物的性质特点、仓储和配送的要求，危险货物的包装必须满足以下要求。

(1) 盛装危险货物的包装应质量良好，具有相应的强度，包装的结构和封闭性应足以承受正常装卸搬运、仓储、运输过程中的风险，不会因温湿度的改变而影响内部货物的质量。包装表面不应粘附残余物、雨、雪或其他物质。

(2) 包装的材质、形式、规格、方法和重量等要符合规定并与拟装危险货物相适应，便于装卸搬运与运输。常规包装的最大容积为 450L，最大净重 400kg。

(3) 包装材质的性质要与所包装货物的性质相适应，不可发生任何反应。根据货物种类的不同选择合适的包装封口。封口按照严密性可分为：牢固封口（最低要求）、有效封口（液密封口）和气密封口。

(4) 在需要组合包装的情况下，要保证内包装在作业过程中不会发生破裂、被戳穿或渗漏。外包装和内包装之间的衬垫材料应是惰性材料，与货物相适应。

(5) 相互之间会产生化学或其他反应的危险货物不可装在同一大宗包装内或同一外包装之内。

(6) 如果固体物质在装卸运输过程中有可能因温差而变成液体，那么包装必须具备装载液态物质的能力。盛装液体的包装若散发气体而增加内压，则应在包装上安装一个安全阀（泄压阀），确保在装卸、运输过程中不因内压增大而产生危险。向包装内充装液体时，必须留有足够的膨胀余位。

目前，各种运输方式下的危险货物运输规则均附有包装表，对各类包装规定了相应的要求，承托双方应严格执行其规定。

三、危险货物的标志

为了保证运输安全，危险货物运输、装卸有关人员在作业时应提高警惕，以防发生危险，并在事故发生时及时采取正确措施进行抢救。对于危险货物，其运输包装上还必须加上危险性能标贴，其危险性能标贴应符合《危险货物包装标志》等有关规则的规定，标志应正确、明显、牢固、清晰，包括危险品的包装标志、储运图示标志、收发货标志，具体有包装容器的等级、编号，危险品的品名、收发货人、重量尺度、运输地点、操作指示，危险品的危险性质、等级的图示等。

7.1.3 危险货物的储存

一、爆炸品的储存

1. 库房要求

根据爆炸品的特殊性质，储存爆炸品的库房必须远离居民区，建在人烟稀少的地方，半地下仓库是最好的。库房的内外布局和建筑结构的设置要确保储存库区的安全。库房的消防制度必须严格，消防器具齐全，全天有专业人员进行倒班制巡逻，库内严禁烟火。

2. 入库要求

爆炸品入库前工作人员要仔细核对货物的规格、数量与入库证件是否相符；逐件检查包装是否完整。

3. 分区储存

点火器材和起爆器材及其他爆炸品要按照类别分库储存，不可同库存放。库房地面一般应垫 10cm 高的枕木，货物堆垛整齐。

4. 库房温度、湿度的控制与调节

储存爆炸品的库房温度必须低于 30℃，最佳相对湿度是 75%以下，切不可高于

80%。仓库内安置温度计和干湿计以定时观察记录。

5. 装卸、搬运安全操作

专人装卸、专人搬运、专人押运。装卸作业中轻拿轻放，安全堆放，现场应设有“禁止烟火”的明显标志。爆炸品不可与其他货物混装，更不可和与爆炸品性质相悖的货物混运。严禁烈日暴晒、受潮。

［案例］ 2013 年 9 月 10 日 11 时 50 分，随着一声巨响，广东省广州市白云区西槎路鹅掌坦路段增宝仓库发生爆炸，造成 8 人死亡、36 人受伤。7 月 14 日上午 9 时，包括货主、经营仓库租赁生意的老板、仓库管理员、仓库的所有者、负责出口报关的业务员等 9 名事故责任人坐在了广州市中级人民法院的被告席上，他们分别被指控犯有非法存储、运输爆炸物罪，重大责任事故罪及帮助毁灭证据罪。记者了解到，事故发生后，广东省广州市公安部门对现场进行勘验，事故原因认定为增宝仓库 107 库房西侧的一辆集装箱货车在装卸儿童玩具枪用的塑料圆盘击发帽过程中不慎发生爆炸，引起西侧 907 库房内物品爆炸并着火燃烧。现场附近有“8 发塑料圆盘击发帽”包装纸及大量“8 发圆盘击发帽”的燃烧残留物，经提取化验，均检出氯酸钾及磷成分。综合现场勘验、尸体检验、化验结果，该爆炸第一炸点为货车集装箱内，性质为搬运过程中发生的事故。

二、压缩气体和液化气体的储存

经压缩储藏于受压容器中的压缩气体或液化气体都有受热膨胀的特性。如果其膨胀的压力大于容器所能承受的限度或容器因撞击而受损，就会引起爆炸，造成燃烧。有些气体还具有毒害腐蚀和助燃等性质。所以，在这类危险品的储存工作中要把握好每一个环节。

1. 入库要求

入库验收时，首先检查气瓶上的涂色、品名是否与入库单相符，安全帽是否完好，瓶壁腐蚀程度、有无凹陷以及损坏现象，然后脱去安全帽，检查是否漏气。

2. 保管与养护

易燃气体不得与助燃气体、剧毒气体共同储存；易燃气体和剧毒气体不得与腐蚀性物质混合储存；氧气不得与油脂混合储存。液化石油气储罐区应布置在通风良好且远离明火或火花的露天地带，不宜与易燃、可燃液体储罐同组布置，更不应设在一个土堤内。压力卧式液化气罐的纵轴不宜对着重要建筑物、重要设备、交通要道及人员集中的场所。储存气瓶的仓库应为单层建筑，设置易揭开的轻质屋顶，地坪可用沥青砂浆混凝土铺设，门窗都向外开启，玻璃涂以白色。库温不宜超过 35℃，有通风降温措施。瓶库应用防火墙分隔为若干单独分间，每一个分间都有安全出入口。瓶库的最大储存量应按有关规定执行。

3. 安全搬运

压缩气体和液化气体需要专库专存。库房建筑应具有隔绝热源的能力，注意通风，使库房保持干燥。地坪应光滑，不易于在有摩擦时产生火花。库内应设干湿计，定时观测，做好记录。相对湿度应控制在80%以下，防止气瓶锈蚀。库内温度最高不宜超过32℃。夏季气温过高时，可在早晚采用通风降温。库内照明禁用明火工具，应采用防爆照明或干电池灯具。库与库之间的距离应不少于20m，库房与生活区之间距离应不少于50m。储存气体的库房周围不可堆放任何可燃材料。储存易燃易爆气体的库房应设置避雷装置。压缩气体和液化气体必须与爆炸物品、氧化剂、易燃物品、自燃物品、腐蚀性物品隔离。库内搬运气瓶应备有安装橡胶轮的专用小车，并将装瓶槽木架固定在小车上，搬运时应把气瓶的安全帽拧紧并向上安放。每个气瓶要有两个橡胶圈套在上面，防止搬运过程中发生撞击。如果有人工搬运，必须两人抬，但不得用手搬，更不准单人用肩扛、背或在地上滚动、拖拉，注意轻拿轻放。运输时瓶应平放，瓶口朝一个方向，不可交错堆放，且空隙应填紧，防止摇动撞击发生危险。运输工具上应有明显的"危险"标记。气瓶堆放时，应放在专用架上，保持平稳，直立存放，切勿倒置。

4. 加强保管检验

除每日应有一次定时检查外，还要经常查看气瓶有无漏气和堆放不稳等情况。进入毒气瓶库时，应先将库房通风，并戴好面具。如发现漏气，一般应采取下列措施：

首先要了解是什么气体，并根据气体性质做好相应的人身防护，人应站在上风头向气瓶泼冷水，使之降温，然后将阀门拧死。

将气瓶浸入冷水池或石灰水池中，使之吸收，以避免作业环境受到污染，然后再拧紧阀门。如果气阀失控，最好将其浸入石灰水中，不仅可以冷却降压，而且可以使大量毒气溶解在石灰水中。

5. 消防措施

仓库根据所存放气体、液体的性质和消防方法的不同，配备相应的消防器材和用具。最主要的是采用雾状水的消防方法。消防人员应备有防护用具，防止中毒，并且注意扑救时不要站在气瓶的尾部，以防爆炸伤害。

三、易燃液体的储存

1. 入库要求

此类货物入库前需要在验收室或指定的安全地点进行验收，验收时周围不可存放会与易燃液体产生反应的氧化剂、酸类等货物，同时验收地点应配备专用的消防器材以防不时之需。

易燃液体的验收应以检验为主，在需要时可使用适当的仪器对货物的燃、沸点和受热膨胀程度等进行测试，以便仓储保管。对桶装的物品在夏季要特别注意有无膨胀及破裂渗漏，并注意留有安全空隙。瓶装物品的内外包装要牢固，内外封口要严密有效。

2. 库房要求

易燃液体在常温下易挥发、沸点低，因此要储存于阴凉低温的库房内。此类货物的库房可以是地上、地下或半地下的，但不可是铁顶库或露天库房，应远离市区人多的地方，库内安装自动报警系统和自动灭火系统。乙醚、二硫化碳、石油醚等极易燃烧的货物应储存于低温库内，库内安装通风设备，照明系统使用防爆灯。苯、乙醇和各种漆类稀释剂等存放于一般库房内即可。由于易燃液体易挥发，库房的周围不可出现明火，以防挥发气体产生爆燃。储存易燃液体的仓库不可同时存放氧化剂和强酸等性质不同并能够相互反应或消防方法不同的物品。货物的堆垛要稳固，桶装液体垛高一般为2～3桶，其他形式包装的货垛也不宜太大、太高，垛高以2.5m为宜。

仓储期间，易燃液体产生燃烧事故，库内温度过高是主要原因之一，因此加强易燃液体仓库的温度控制是一项重要的工作。尤其是在夏天，存放低沸点易燃液体的库房要特别注意降温问题。虽然湿度对于易燃液体影响不大，但如湿度过大，会造成金属包装生锈，氯或氟硅烷类物品吸湿后，能够分解并产生腐蚀性、刺激性的气体，所以也必须做好防潮工作。

3. 消防安全

易燃液体发生燃烧时火势迅猛，有可能发生爆炸，应及时了解和掌握着火液体的品名、比重、水溶性以及有无毒害、腐蚀、沸溢、喷溅等危险性，以便采取相应的灭火和防护措施。火灾发生时首先要切断火势蔓延的途径，控制燃烧范围。小面积（一般$50m^2$以内）液体火灾，一般可用雾状水扑灭。用泡沫、干粉、二氧化碳、卤代烷（1211，1301）灭火一般更有效。大面积液体火灾则必须根据其相对密度（比重）、水溶性和燃烧面积大小选择正确的灭火剂扑救。比水轻又不溶于水的液体（如汽油、苯等），用直流水、雾状水灭火往往无效，可用普通蛋白泡沫或轻水泡沫灭火。用干粉、卤代烷扑救时，灭火效果要视燃烧面积大小和燃烧条件而定，最好用水冷却罐壁。比水重又不溶于水的液体（如二氧化碳）起火时可用水扑救，水能覆盖在液面上灭火，用泡沫也有效。用干粉、卤代烷扑救时，灭火效果要视燃烧面积大小和燃烧条件而定，最好用水冷却罐壁。具有水溶性的液体（如醇类、酮类等）虽然从理论上讲能用水稀释扑救，但要使液体闪点消失，水必须在溶液中占很大的比例。这不仅需要大量的水，也容易使液体溢出流淌，而普通泡沫又会受到水溶性液体的破坏（如果普通泡沫强度加大，可以减弱火势），因此，最好用抗溶性泡沫扑救。用干粉或卤代烷扑救时，灭火效果要视燃烧面积大小和燃烧条件而定，也需用水冷却罐壁。

四、易燃固体、易自燃物品和遇湿易燃物品的储存

1. 入库要求

易燃固体、易自燃物品燃点低、性质不稳定，易受外界影响而燃烧，因此在入库前要仔细检查货物与包装有无异状和损坏；遇湿易燃物品应在验收室或远离库房的安全地点进行验收，认真检查内外包装有无雨淋水湿情况，内外包装是否完整牢固。上述验收地点必须保持清洁卫生，并备有相应的消防安全设施，若发现货物和包装有问题，要及时处理，不得将隐患带入库房。

2. 保管与养护

储存易燃固体或易自燃物品的库房不宜过大，库与库之间应有一定的安全距离，要阴凉、干燥，便于通风和密封，有防热、隔热措施。防止日光曝晒和辐射热，严禁明火照明。严格掌控库房的温湿度，货物储存堆垛时要注意下垫或做成防潮地坪。

装卸易燃固体、易自燃物品要保证轻拿轻放，不可使用铁制工具作业，不可发生碰撞、滚动。搬运时不得与氧化剂、强酸、强碱、爆炸性物品混运。经常检查库内易燃固体的安全性，如发现问题，及时采取措施。

存放遇湿易燃物品的库房必须干燥，严禁露天，严防漏水、漏雨、漏雪现象。保证下水道通畅，在暴雨或潮汛来袭时库房不受影响。库房周围不可存放盐酸、硝酸等散发酸雾的物品，遇湿易燃物品更不可与含水物、氧化剂、酸、易燃物或灭火方法不同的货物同库存放。库房内放置干湿计，定时检查、记录湿度，库内相对湿度控制在75％以下，最高不可超过80％。同时还要定期对存放货物进行检查。

3. 消防安全

易燃固体着火，绝大多数可以用水扑救，尤其是湿的爆炸品和通过摩擦可能起火的固体以及丙类易燃固体等均可用水扑救，就近可取的泡沫、二氧化碳、干粉等灭火器也可用来应急。对于金属元素等粉末火灾，不可用水施救，也不可用二氧化碳施救。因为这类物质着火时，可产生相当高的温度，高温可使水分子或二氧化碳分子分解，从而引起爆炸或使燃烧更加猛烈。

易自燃物品起火时，一般可用水灭火，也可用干砂土和二氧化碳、干粉等灭火。三乙基铝、铝铁溶剂与水能发生作用产生易燃气体，会加大燃烧的火力和速度，所以当它们燃烧时，不能用水灭火，可用干砂土、干粉等。

遇湿易燃物品燃烧应用干粉、二氧化碳、卤代烷扑救，只有金属钾、钠、铝、镁等个别物品用二氧化碳、卤代烷无效，钾、钠、铝、镁轻金属发生火灾，最好用石墨粉、氯化钠以及专用的轻金属灭火剂扑救。固体遇湿易燃物品应用水泥、干砂土、干粉、硅藻土和蛭石等覆盖。水泥是扑救固体遇湿易燃物品火灾比较容易得到的灭火剂。对遇湿易燃物品中的粉尘如镁粉、铝粉等，切忌喷射有压力的灭火剂，以防止将粉尘吹扬起来，与空气形成爆炸性混合物而导致爆炸发生。

［案例］ 2003年4月17日，聊城地区突降暴雨，致使聊城蓝威化工有限公司存放二氯异氰尿酸钠半成品的库房（礼堂改建）周围积水，水通过北侧中部门槛进入库内，将仓库存放的二氯异氰尿酸钠半成品浸湿，引起化学反应剧烈放热，16点30分左右发生自燃产生有害化学气体，造成严重中毒伤亡。这起事故共造成伤亡137人，其中中毒死亡4人，重度中毒6人，轻度中毒127人。礼堂改建的仓库北门进水，使内部存放的二氯异氰尿酸钠半成品发生自燃是造成事故的直接原因。企业违规储存危险化学品和有关管理人员失职是发生事故的重要原因。

五、氧化剂和有机过氧化物的储存

1. 入库要求

仔细检查货物与入库单是否相符，包装是否符合安全要求。

2. 保管与养护

各类氧化剂和有机过氧化物的性质不同，有些不能相互接触，消防扑救方法各异，因此应合理分类分库存放。这类货物要保存于阴凉的地方，不能接触高温，故要远离烟火和热源，与酸类、还原性物质、易燃固体、水以及其他有机物隔离。但过氧化二苯甲酰储存时要用水作稳定剂，其含水量不低于30%。

储存氧化剂和有机过氧化物的库房温湿度要随时测量、记录。针对各物资对温湿度的不同要求，随时采取措施进行适当的调节，以保证货物的质量。

3. 消防安全

由此类物质引起的火灾一般用水扑救。但碱金属过氧化物着火时，不宜用水，要用二氧化碳灭火器或干砂土扑救。有爆炸危险时，要戴防护面具。若处理量大时，要穿耐热防护衣。

六、毒害品的储存

1. 入库要求

毒害品入库前首先检查是否有与其性质相抵触的物品混运，有无雨淋、水浸、污染，包装是否符合要求，数量是否准确无误。

一般采用感官验收，必要时可进行理化检验。

2. 库房要求

毒害品可存于普通砖木结构库房，地坪要抹光，门窗要严密、遮光，能分解、散发毒性气体，要专库独立隔离储存，通风良好，并设毒气净化装置。有条件的库房可安装机械通风排毒设备，以保持库内空气清洁。储存此类物品的库房温度应该低于32℃，相对湿度应在80%以下，因为有的剧毒品易于挥发，温度过高会加速其挥发，导致库内空气中的毒气浓度过大而发生中毒事件。

按毒害品的性质将其分库保管，一定要与酸类和酸性物质隔离存放。毒害品的包装要严密，不可出现渗透现象。堆码高度要符合规定，不宜过高。

七、放射性物品的储存

1. 入库要求

放射性物品存入库房前必须严格检查物品及包装，做好防护措施。在条件允许的情况下，可以检查放射剂量，以便入库后的保管和人员防护。

2. 保管与养护

仓库应干燥、通风、平坦，要划出警戒线，并采取一定的屏蔽防护，远离其他危险物品或货物、人员、交通干线等，严格执行防护检查等管理制度。库房墙壁厚度不少于50cm，内壁和天花板应用拌有石粉的混凝土抹平，门窗应覆盖铅板，地面应光滑无缝隙以便清扫和冲洗，并采取一定的屏蔽防护。库内应有下水以及渗井，防止外溢扩散。库内要保持清洁，避免湿度过大损坏包装。

存放过放射性物品的地方，应在卫生部门指派的专业人员的监督指导下进行彻底清洗，否则不得存放其他物品。操作人员必须做好个人防护，轻装轻卸，严禁肩扛、背负、摔掷、碰撞。

3. 消防安全

操作人员工作完毕必须洗澡更衣，防护服应单独清洗。当放射性物品着火时，切不可使用消防用水扑救，以防造成更大面积的污染，可使用雾状水进行施救，消防人员要配备防护用品，以免受到沾染。如果人体沾到放射性物品，要立即用肥皂水彻底清洗。

八、腐蚀品的储存

1. 入库要求

入库商品必须附有生产许可证和产品检验合格证，进口商品必须附有中文安全技术说明书。对商品外观、内外标志、容器包装及衬垫进行感官检验。验收在库外安全地点进行。检查液体商品有无异状、挥发、沉淀、杂质，固体商品有无变色、潮解、溶化等现象。

2. 保管与养护

库房应是阴凉、干燥、通风、避光的防火建筑。商品避免阳光直射曝晒，远离热源、电源、火源，库房建筑及各种设备要符合规定。按腐蚀品不同类别、性质、危险程度、灭火方法等分区分类储存，性质相抵触的禁止同库储藏。如储存发烟硝酸、溴素、高氯酸的库房应是低温、干燥通风的一、二级耐火建筑；溴氢酸、氢碘酸要避光储存。

3. 消防安全

腐蚀品着火，可用雾状水、干砂土、泡沫、干粉扑救。但氯乙酸等酸性腐蚀品不能用水流扑救，因为密集水流会使酸液发热沸腾，四处飞溅，伤害人员。

7.2 危险货物道路运输管理

7.2.1 概述

一、道路危险货物运输的概念与范围

道路危险货物运输是指使用道路危险货物运输车辆（以下简称专用车辆），通过道路运输危险货物的作业全过程。其中，危险货物是指具有爆炸、易燃、毒害、腐蚀、放射性等特性，在运输、装卸和储存过程中容易造成人身伤亡、财产毁损和环境污染而需要特别防护的货物。显然，危险货物包括以下四部分物品：（1）列入国家标准《危险货物品名表》（GB 12268—2005）中的危险货物；（2）国家安全生产监督管理总局会同国务院、公安、环境保护、卫生、质检、交通部门确定并公布的未列入《危险货物品名表》的其他危险化学品；（3）国家安全生产监督管理总局汇总公布的《危险化学品名录》、《剧毒化学品目录》中的货物；（4）符合联合国危险货物运输专家委员会制定的《关于危险货物运输的建议书规章范本》中危险货物特性的货物。

根据 2005 年 8 月 1 日起施行的《道路危险货物运输管理规定》，我国对道路危险货物运输实行更为严格的准入与管理制度，比如，实行从业人员资格认证和培训制度，强化对专业车辆与设备的管理（包括对罐体容积与最大载重量进行限制），实施强制保险和车辆安装 GPS 等。

二、道路危险货物运输的规则体系

道路危险货物运输规则体系主要包括法律、行政法规和部门规章等法律、规范，也包括国家标准和行业标准在内的标准、规范等。

国际范围内的道路危险货物安全运输规则的基本体系是由《关于危险货物运输的建议书规章范本》和《国际公路运输危险货物协议》建立起来的，这两个国际规则在危险货物分类、包装、标志标签、准备文件、运输、装卸和参与者的责任等内容体系和格式方面对世界各国道路危险货物运输规则的制定产生了深远的影响。

我国以 2005 年 8 月 1 日起实施的《道路危险货物运输管理规定》为主，《汽车运输危险货物规则》、《汽车运输、装卸危险货物作业规程》、《公路水路危险货物运输包装基本要求和性能试验》等作为配套，结合相关的法律、法规、标准，初步形成了一套比较完整的道路危险货物管理法规体系。我国现行的道路危险货物运输规则内容体系与《关于危险货物运输的建议书规章范本》和《国际公路运输危险货物协议》两个国际规则基本相同，基本覆盖了危险货物品名表、包装和罐体规定、制造和试验要求、运输作业要求以及车辆管理要求等，与《关于危险货物运输的建议书规章范本》是趋同或一致的，只是在规则的具体体现和内容上有所差别。

7.2.2　危险货物道路运输中承托双方的责任

一、托运人关于货物的责任

（1）不能将《危险货物运输规则》（以下简称《危规》）禁止运输的货物托运给承运人。

（2）托运人只能将《危规》所附的品名表上列名的货物托运给承运人。未列名的新产品须提交已经有关部门鉴定的《危险货物鉴定表》或《危险货物技术说明书》办理托运。

（3）托运人托运品名表上列名的货物，其浓度、成分、抑制条件等都必须完全符合品名表上的规定。

（4）危险货物的空包装容器如果是已装过货物的，则按原装过的危险货物的条件托运，但空包装容器外表面不得沾有危险货物。如果是未使用过的新的空容器，或虽装过危险货物但已经经过彻底清洗并被确认是消除危险状态的空容器，可以不按危险货物托运。

（5）托运人必须按《危规》规定的分类分级标准对其托运的货物进行分类和分级。

(6) 托运人托运集装箱或组合包装的货物，如果集装箱内或组合包装内有不同品名的货物，托运人要确认这些货物的性质不会相互抵触而发生化学反应。

(7) 托运人托运与品名表不符的危险货物，应详细介绍该未列名危险货物的性质，并按《危规》规定的分类分级及相应的条件委托运输。

(8) 托运人如果瞒报、错报货物的性质，报错了危险货物的分类分级，或把危险货物按普通货物托运，或在普通货物里夹带危险货物，若造成损失，应由托运人负全部法律责任；若未造成损失，则按合同或法规的规定处理。

二、托运人关于包装的责任

(1) 托运人必须按《危规》的规定对货物进行包装。

(2) 托运人必须对提交的货物包装负全部责任。包装容器既可能是由专门的包装容器生产厂家制造并由其进行规定的包装试验的，也可能是化工物品的生产厂家在其产品出厂时即已具备的，还可能是货物在提交托运之前先委托他人另行包装过的，或者是某托运人通过转手从一次运输转为另一次运输的，等等。但无论何种情况，托运人应对其托运货物的包装质量负全部责任。当然，托运人赔偿承运人损失后可就包装不合格所造成的损失向有关责任方追偿。

(3) 托运人托运货物的单件净重和总净重都不能超过《危规》的规定。

(4) 货物交付运输后，在启运前发现包装破损散漏的，如不能证明是承运人的过错造成的，托运人有责任改换或修理包装；如能证明是承运人的过错造成的，也应由托运人负责改换或修理包装，由承运人赔偿托运人由此蒙受的直接损失。改换或修理后的包装必须符合《危规》的要求。

(5) 托运人托运的货物包装与《危规》的具体规定不一致时，托运人有责任向承运人提供包装试验和适用的情况，以及证明文件。

三、托运人关于包装标记的责任

(1) 托运人交运的货物包装外表必须有《危规》所规定的各种包装标记。

(2) 识别标记必须由托运人按规定制作、打印、粘贴，托运人要对其正确性负责。

(3) 储运指示标记和危险性能标记可以由承运人提供，但必须由托运人自己粘贴在所交付的货物包装的外表，托运人要对这些标记的正确性负责。

(4) 集装箱和组合包装的外表必须有箱内所有危险货物的危险性能标记，同时，箱内所有单件包装的外表都必须有本单件包装内的危险货物的危险性能标记。

(5) 托运人交运的货物包装外表不得有可能引起歧义的文字、图案和无关的标记。

四、托运人关于提交运输单证及添附证明文件的责任

托运人除了必须按《危规》等的规定填写运输单证并做必要的说明外，还必须按规定提交各种添附证明文件，并对它们内容的正确性负责。

五、收货人关于收货的责任

收货人在享有向承运人领取货物、提出赔偿请求的权利的同时，也必须承担接收货物、及时提取货物的义务，否则，因故不能卸货给承运人造成损失的，收货人应予以赔偿。

六、承运人托运受理时的责任

承运人在受理危险货物时，除了必须遵守受理普通货物的一般规定外，还必须按危险货物的运输要求对托运人提交的运输单证、添附证明文件和货物对照《危规》的各项规定进行详尽而严格的审核，审核顺序为：托运单的审核——证明文件检查——危险货物确认——包装检查——危险标志检查等。

（1）对托运单、证明文件的审核。托运人制作的托运单应符合各项要求和规定，托运人应对其递交的托运单的准确性负责。同时，承运人在受理托运时应认真核对托运单上所填写的货物编号、品名、规格、件重、净重、总重、收发货地点和时间，以及所提供的单证是否符合规定。对于托运人提供的证明文件，除了应核对其内容是否与托运单有关记载一致外，还应重点审核其单证签发人的资格以及在需要运输主管部门审批的情况下是否加盖了审批部门的印章等。

（2）危险货物的确认与包装、标志的检查。托运人必须确保其托运递交的货物名称、编号、性能、包装、标志等与托运单及其证明文件上的说明完全一致。在汽车货物运输中，由于货运量较小，因此，无论是对有仓储环节的零担运输，还是对无仓储环节的门到门整车运输，承运人在接收货物时都应对危险货物的包装和标志逐件审核。

一般而言，承运人不可能也没必要对包装内物品的性能、成分进行审核。在包装完好无损、火漆封志或铅封完整的情况下，承运人不对包装内物品负责。因此，承运人应对货物的包装（包括封口）完好情况予以必要的审查，并无义务检查包装内的物品，在大批量运输时更是如此。当然，这并不妨碍承运人认为必要时要求托运人启封开箱检查。此外，对于检查中发现的包装破损，承运人应要求托运人调换包装或修理加固。

七、承运人仓储保管及装卸、堆桩时的责任

承运人在仓储保管及装卸、堆桩时应做到以下几点：

（1）严格按照有关危险货物储存保管的法规进行货物的储存、收发，以确保货物完整无损。

（2）在进行装卸操作时，必须戴防护用具，装卸对皮肤、眼睛、呼吸道有较强刺激、腐蚀、毒害作用的货物，必须有相应的预防措施，否则不得进行作业。

（3）装卸人员在进入危险货物货仓（舱）和集装箱前，应先开仓（舱）通风，排除可能产生和聚积的有毒气体，必要时应进行测定。

（4）危险货物装货堆桩时，装卸人员应认真检查货物包装（包括封口）的完好状况，确保破包不进仓（舱）。

（5）在装卸作业时必须严格遵守各类货物的装卸操作规程，轻装、轻卸，防止货物撞击、重压、倒置，严禁摔甩翻滚。使用的工具不得沾有与所装货物性质相抵触的污染物，不得损伤货物包装。

（6）装卸过程中，有关人员不得擅自离开操作岗位。

（7）装卸前应准备好相应的消防器材和急救用品。按危险货物的危险性大小，最

危险的货物应最后装货最先卸货。

(8) 危险性相抵触或消防方法不同的危险货物不得混载在同一运输工具或同一集装箱内。不同性质的危险货物应按《危规》所附的《危险货物配装表》的规定予以配装。

(9) 货物装上指定垛位后，必须采取坚固措施，使货物在运送过程中，即使运输工具震荡、晃动、摇摆，也不致倒塌或移位。各种货物在运输工具里的装载位置必须符合有关积载的规定。

八、承运人运送和送达交付货物时的责任

危险货物在运送过程中必须经常检查，发现问题及时采取措施。对于需要特别防护的危险货物，应要求托运人安排熟悉货物性能的人员指导操作、交接和随车/机押运。在货物被收货人提取之前，承运人负有妥善保管的义务，当货物危及安全时，承运人应立即报请有关部门予以及时处理。

7.2.3 危险货物道路运输操作程序

一、托运人办理托运

托运人应向具有汽车运输危险货物经营资质的企业办理托运，且托运的危险货物应与承运企业的经营范围相符。

1. 托运单的制作要求

托运人应如实详细地填写运单上规定的内容，即在托运单上填写清楚危险货物的品名、规格、件重、件数、包装方法、起运日期、收发货人详细地址及运输过程中的注意事项，并应注意以下几点：

(1) 托运需控温运输的危险货物，托运人应向承运人说明控制温度、危险温度和控温方法，并在运单上注明。

(2) 托运食用、药用的危险货物，应在运单上注明“食用”、“药用”字样。

(3) 托运需要添加抑制剂或者稳定剂的危险化学品，托运人应当添加抑制剂或者稳定剂，并在运单上注明。

(4) 托运凭证运输的危险货物，托运人应提交相关证明文件，并在运单上注明。

(5) 托运危险废物、医疗废物，托运人应提供相应识别标识。

2. 提交添附证书

托运人应提交与托运的危险货物完全一致的安全技术说明书和安全标签。

托运未列入《危险货物品名表》(GB 12268—2005) 的危险货物时，应提交与托运的危险货物完全一致的安全技术说明书、安全标签和危险货物鉴定表。

托运爆炸物品和需凭证运输的化学危险物品，应当提供公安部门签发的爆炸品准运证或化学危险品准运证。

托运放射性物品，按《放射性物质安全运输规程》(GB 11806—2004) 办理，应当持有指定的卫生防疫部门核发的包装表面污染及辐射水平检查证明书。

托运未列入《汽车运输危险货物品名表》的危险货物新品种，需提交生产或经营单位主管部门审核的《危险货物鉴定表》，经省公路运输管理局批准后办理运输。

使用集装箱装运危险货物的，托运人应提交危险货物装箱清单。

二、承运人受理托运

(1) 业务人员在受理前必须就对货物的名称、性能、防护方法、形态、包装、件重、总重等情况向托运人详细了解，再根据物品的危险性与说明，在承运单据上注明。

(2) 问清包装、规格和标志是否符合要求，对于到达车站、码头的爆炸品、剧毒品、一级氧化剂、放射性物品，在受理前应到现场检查包装情况，对不符合安全运输要求的，应请托运人改善包装后再受理。

(3) 对于添附证书应核对是否齐全、有效。

(4) 了解危险货物运输前的准备工作是否已做好，装卸现场、环境是否符合安全运输条件，必要时应到现场勘察。

(5) 道路危险货物运输企业或者单位不得运输法律、行政法规禁止运输的货物。

三、承运人制定运输计划

(1) 配备合适的车辆。装运危险品必须选用合适的车辆，爆炸品、一级氧化剂、有机过氧化物不得用全挂汽车列车、三轮机动车、摩托车、人力三轮车和自行车装运；爆炸品、一级氧化剂、有机过氧化物、一级易燃品不得用拖拉机装运。除二级固定危险品外，其他危险品不得用自卸汽车装运。

不得使用危险货物运输车辆运输食品、生活用品、药品、医疗器具，不得使用罐式专用车辆或者运输有毒、腐蚀、放射性危险货物的车辆运输普通货物，其他危险货物运输车辆运输普通货物时，必须进行消除危险处理。

运输医疗废物时，应使用有明显医疗废物标识的专用车辆；专用车辆使用后，应当在医疗废物集中处置场所内及时进行消毒和清洁；运送医疗废物的专用车辆不得运送其他物品。

(2) 必须按照货物性质和托运人要求安排车班、车次，选择技术性能良好的车辆，选派技能熟练并熟悉道路的司机驾驶。如无法按要求安排作业，应及时与托运人联系进行协商。运输不同性质的危险货物，其配装应按《危险货物配装表》的规定执行。

四、车辆运行与装卸作业

(1) 车辆与人员必须携带相关证件。

车辆：交通主管部门核发的道路运输证（须加盖道路危险货物运输专用章）、公安车管部门核发的有效行驶证、质量技术监督部门核发的有效槽罐质量检测合格证、剧毒化学品公路运输通行证（运输剧毒化学品），悬挂交通部门核发的危运标志灯牌。

驾驶员：公安部门核发的有效驾驶证、交通主管部门核发的营业性道路运输驾驶员（危险货物运输）从业资格证。

押运员/装卸员：交通主管部门核发的道路危险货物操作证（押运员证、装卸员证）。

(2) 货物运送时要注意气象预报，掌握雨雪和气温的变化，如有注意事项，应在行车路单上注明。

(3) 危险货物的装卸作业应当在装卸管理人员的现场指挥下进行。在危险货物装卸、保管、储存过程中，应当根据危险货物的性质和保管要求轻装轻卸，分区存放，堆码整齐，防止混杂、散漏、破损，禁止危险货物与普通货物混装、混放。

五、交接保管

(1) 承运人自受理托运至送达交货应负保管货物的责任。托运人安排押运人员押运的，承托双方应明确押运人员的权利、义务。

(2) 严格货物交接，危险货物必须点收点交，做到交付无误、签证手续完善。

(3) 装货时发现包装不良或不符合安全要求的，应拒绝装运，待改善后再运。卸货时发生货损货差的，收货人不得拒收，应及时采取安全措施，以免损失扩大，同时在运输单证上批注清楚。司机、装卸人员返回单位后，应向相关人员汇报，及时处理。

(4) 因故不能及时卸货的，在待卸期间行车人员应负责看管所装危险货物，同时及时与托运人取得联系，做出处理决定。

(5) 在装卸过程中如出现泄漏现象，应按规定的防护方法及时采取措施，以免损失扩大。如装运货物在运输或装卸时危及安全，承运人应立即报请当地运输管理部门进行处理。

7.2.4 不同类型危险货物道路运输操作要点

一、爆炸品的运输

(1) 合理选择运输工具。由于爆炸品经碰撞、挤压或摩擦等会产生爆炸，因此公路运输爆炸品货物使用的车辆要保证平稳，尽量无颠簸，禁止使用以柴油或煤气为燃料的机动车。

(2) 装车前应将货厢清扫干净，排除异物，装载量不得超过额定负荷。押运人应负责监装、监卸、数量点收，所装货物高度超出部分不得超过货厢高的1/3；封闭式车厢货物总高度不得超过1.5m；没有外包装的金属桶（一般装的是硝化棉或发射药）只能单层摆放，以免压力过大或撞击摩擦引起爆炸；在任何情况下，雷管和炸药都不得同车装运，或者两车在同时同一场所进行装卸。

(3) 公路长途运输爆炸品时，其运输路线应事先报请当地公安部门批准，按公安部门指定的路线行驶，不得擅自改变行驶路线，万一发生事故也可及时采取措施处置。车上无押运人员不得单独行驶，押运人员必须熟悉所装货物的性能和作业注意事项等。车上严禁捎带无关人员和危及安全的其他物资。

(4) 装卸爆炸品时必须轻拿轻放，不可出现拖拉、翻滚、倒置、碰撞、跌落等现象。所有运输装卸人员要听从现场指挥人员或随车押运人员的指导，严格遵守爆炸品运输和装卸搬运的规定以及货物保密规定，不得对无关人员泄露爆炸品运输的相关消息。

(5) 在运输途中，车辆驾驶员一定要全神贯注驾驶，尽职尽责，严格遵守交通规则和爆炸品运输管理条例。行驶过程中要保持车辆平稳，多注意观察周围是否有异常。多辆车列队运输时，车与车之间保持50m以上的安全距离。一般情况下不得超车、强行会车，非特殊情况下不得紧急刹车。

二、压缩气体和液化气体的运输

(1) 车厢内不得有与所装货物性质相抵触的残留物。

(2) 夏季运输应检查并保证瓶体遮阳、瓶体冷水喷淋降温设施等安全有效。

(3) 气瓶应尽量采用直立运输，直立气瓶高出栏板部分不得大于气瓶高度的1/4。不允许纵向水平装载气瓶。水平放置的气瓶应横向平放，瓶口朝向统一，水平放置最上层气瓶不得超过车厢栏板高度。妥善固定瓶体，防止气瓶窜动、滚动，保证装载平衡。

(4) 装车时要拧紧瓶帽，注意保护气瓶阀门，防止撞坏。车下人员须待车上人员将气瓶放置妥当后，才能继续往车上装瓶。在同一车厢内不准有两人以上同时单独往车上装瓶。卸车时，要在气瓶落地点铺上铅垫或橡皮垫；应逐个卸车，严禁溜放。装卸作业时，不要把阀门对准人身，注意防止气瓶安全帽脱落。气瓶应直立转动，不准脱手滚瓶或传接，气瓶直立放置时应稳妥牢靠。

(5) 易燃气体不得与其他危险货物配装；助燃气体（如空气、氧气及具有氧化性的有毒气体）不得与易燃、易爆物品及酸性腐蚀品配装；不燃气体不得与爆炸品、酸性腐蚀品配装；有毒气体不得与易燃易爆物品、氧化剂和有机过氧化物、酸性腐蚀物品配装；液氯与液氨不得配装。

[案例] 2005年3月29日，康兆永驾驶鲁H00099罐式半挂车（押运员王刚）从山东省临沂沂州化工有限公司（隶属于山东省沂州水泥集团）装载液氯运往南京金陵化工二厂。当日18时40分许，行至京沪高速公路淮安段下行线（北京往上海方向）处，左前轮爆胎造成车辆方向失控，撞坏高速公路中央防撞隔离护栏后冲入对向车道，槽罐车与牵引车脱离，侧翻在上行线（上海往北京方向）行车道内。此时，由马建军驾驶的鲁Q08477半挂货车由南向北驶来，因两车距离过近，避让不及，货车车体左侧与瞬间侧翻的槽罐车顶部发生碰剐，致使位于槽罐顶部的液相阀、气相阀八根螺栓全部切断。液氯随即大量泄漏。鲁H00099车的驾驶员、押运员弃车逃离现场。鲁Q08477车与槽罐车碰剐后冲下坡，马建军受伤，同车人马宇将其拉出车外，爬上护坡至中央绿化带内等待救援。警方发现后，急调120救护车送往解放军八二医院抢救，马建军因氯气中毒经抢救无效死亡。氯气的大量泄漏导致事故现场附近的淮阴区王兴镇、棉花镇、丁集镇、张集乡以及涟水县蒋庵乡部分村庄28名村民中毒身亡，组织疏散村民群众近1万人，造成京沪高速公路宿迁至宝应段（约110公里）关闭20个小时，一夜之前还是绿色的麦田经过几个小时的氯气“浸泡”，已变成金黄一片，经济损失约3 000多万元。

三、易燃液体的运输

(1) 装卸、运输人员必须具有资格证，运输人员必须持有公安部门、交通部门签发的危险物品作业证，运输车辆必须有危险化学品准运证。

(2) 进行装卸作业时，气温必须低于35℃（以调度室记载温度为准），达到或超过35℃，白天不能作业，在17:00后方能作业，必须在次日8:00前结束作业。夏天进行装卸作业时，汽车槽罐、火车槽罐必须先淋水降温，方能进行作业。防静电接地必须符合国家标准，接地线导体直径不小于2.5mm，接线点的油漆、铁锈等绝缘物要清除干净，接地线一定要用夹子接好，连接牢固可靠。打雷、闪电时必须停止作业。作业现场安全、保卫、供应等部门的人员不在现场，装卸操作人员必须停止作业。装卸作业现场严禁携带火种，禁止吸烟，严禁使用手机及其他通信设施，严格执行易燃易爆作业现场的防火防爆规定。

(3) 负责易燃液体运输作业的人员不得让他人驾驶车辆，确保运输车辆接地完好，检查各自车辆的接地链、阻火器完好，无阻火器不得进入作业现场。应配备必要的消防器材（至少有1台灭火器），熟知并遵守危险物品的运输管理规定。在进行装卸作业时，司机不得离开作业现场，在装卸前后要认真检查槽罐阀门确保关闭，防止物料流失。

(4) 易燃液体不得与氧化剂或强酸等货物同车装运，更不能与爆炸品、气体以及易自燃物品拼车。能溶于水或含水的易燃液体不得与遇湿易燃物品同车装运。

> **[案例]** 2008年12月底，在210国道宜君段杨坪村发生一起油罐车侧翻燃烧事故，油罐车的车身和罐体被大火烧得面目全非，罐体的爆炸还引发山火，公路旁边山上一户村民家中存放的2万多斤玉米被全部引燃。

四、易燃固体、易自燃物品和遇湿易燃物品的运输

(1) 运输危险货物车辆的货厢、随车工属具不得沾有水、酸类和氧化剂，运输过程中，应避开热辐射，通风良好，防止受潮。

(2) 运输遇湿易燃物品，应采取有效的防水、防潮措施；雨天运输遇湿易燃物品，应保证防雨、防潮湿措施切实有效。

(3) 装卸场所及装卸用工属具应清洁干燥，不得沾有酸类和氧化剂。搬运时应轻装轻卸，不得摩擦、撞击、震动、摔碰。装卸自燃物品时，应避免与空气、氧化剂、酸类等接触；对于需用水（如黄磷）、煤油、石蜡（如金属钠、钾）、惰性气体（如三乙基铝等）或其他稳定剂进行防护的包装件，应防止容器因受撞击、震动、摔碰、倒置而破损，避免自燃物品与空气接触发生自燃。遇湿易燃物品不宜在潮湿的环境下装卸。若不具备防雨、防潮湿的条件，不得进行装卸作业。装卸容易升华或挥发易燃、有害或刺激性气体的货物时，现场应通风良好，防止中毒；作业时应防止摩擦、撞击，以免引起燃烧、爆炸。装卸钢桶包装的碳化钙（电石）时，应确认包装内有无填充保护气体（氮气）。如未填充，在装卸前应侧身轻轻拧开桶上的通气孔放气，防止爆炸、冲击伤人。电石桶不得倒置。装卸对撞击敏感，遇高热、酸易分解、爆炸的自

反应物质和有关物质时，应控制温度，且不得与酸性腐蚀品及有毒或易燃脂类危险品配装。

（4）易燃固体不得与明火、水接触，不得与酸类和氧化剂配装；遇湿易燃物品不得与酸类、氧化剂及含水的液体货物配装。

五、氧化剂和有机过氧化物的运输

（1）有机过氧化物应选用控温厢式货车运输；若车厢为铁质底板，需铺有防护衬垫。车厢应隔热、防雨、通风、保持干燥。运输货物的车厢与随车工具不得沾有酸类、煤炭、砂糖、面粉、淀粉、金属粉、油脂、磷、硫、洗涤剂、润滑剂或其他松软、粉状可燃物质。

（2）有机过氧化物的混合物按所含最高危险有机过氧化物的规定条件运输，并确认自行加速分解温度（SADT），必要时应采取有效控温措施。运输应控制温度的有机过氧化物时，要定时检查运输组件内的环境温度并记录，及时关注温度变化，必要时采取有效控温措施。运输过程中，当环境温度超过控制温度时，应采取相应补救措施；当环境温度超过应急温度时，应启动有关应急程序。

（3）装卸时，禁止摩擦、震动、摔碰、拖拉、翻滚、冲击，防止包装及容器损坏。

（4）氧化剂不得和易燃物质配装运输，尤其不能与酸、碱、硫黄、粉尘类（碳粉、糖粉、面粉、洗涤剂、润滑剂、淀粉）及油脂类货物配装；漂白粉及无机氧化物中的亚硝酸盐、亚氯酸盐、次亚氯酸盐不得与其他氧化剂配装。

［案例］ 某年 1 月 24 日 10:00 左右，在某路段发生特大汽车追尾事故，造成 5 人死亡、5 人受伤，其中一辆运输车上装载的有毒化工原料泄漏。事故发生在某高速自北向南方向距某市 14 公里处，前方 4 辆汽车相撞，其中一辆面包车上 3 人当场死亡，另一辆挂重庆车牌的运输车被撞坏，造成车上 2 人死亡、1 人受伤，运输车装载的 15 吨四氯化钛部分泄漏。四氯化钛是一种有毒化工原料，有刺激性、挥发快，会对皮肤、眼睛造成损伤，大量吸入可致人死亡。事故现场恰逢小雨，此物质遇水后起化学反应，产生大量有毒气体。某市、某县有关领导闻讯后立即赶赴现场，组织公安、消防人员及附近群众 200 余人对泄漏物质紧急采取以土掩埋等处置措施。

六、毒害品和感染性物品的运输

（1）防止货物丢失。

（2）要平稳驾车，定时停车检查包装件的捆扎情况。

（3）行车要避开高温、明火场所。防止袋装、箱装毒害品淋雨受潮。

（4）用过的苫布，或被毒害品污染的工属具及运输车辆，在未清洗消毒前不能继续使用。

（5）氧化剂不得与有机毒害品配装，毒害品中的氧化物不得与酸性腐蚀品配装，其他无机毒害品与酸性腐蚀物品均应隔离配载。

七、放射性物品的运输

（1）应由检查单位检查剂量后开具《放射性物品剂量检查证书》，根据放射剂量决定运输办法。

（2）放射性物品不得与其他危险品同车运装，避免因其他危险品发生事故而对放射性物品造成影响，防止因放射性物品的辐射使其他危险品发生事故。

（3）车皮挂运时，禁止溜放。车辆运装完毕应彻底清扫。

（4）运输前如检查出包装损坏，不予运输。必要时可派专人押车。

八、腐蚀性货物的运输

（1）运输过程中发现货物散漏时，要立即用干砂、干土覆盖吸收；货物大量溢出时，应立即向当地公安、环保等部门报告，并采取一切可能的消除危害措施。

（2）运输过程中发现货物着火时，不得用水柱直接喷射，以防腐蚀品飞溅，应将水柱向高空喷射形成雾状覆盖火区；对遇水发生剧烈反应，能燃烧、爆炸或放出有毒气体的货物，不得用水扑救；着火货物是强酸时，应尽可能抢出货物，以防止高温爆炸、酸液飞溅，无法抢出货物时，可用大量水降低容器温度。

（3）扑救易散发腐蚀性蒸气或有毒气体的货物时，应穿戴防毒面具和相应的防护用品。扑救人员应站在上风处施救。如果被腐蚀性物品灼伤，应立即用流动自来水或清水冲洗创面 15～30 分钟 ，之后送医院救治。

（4）进行装卸作业前应穿戴具有防腐蚀功能的防护用品，以及带有面罩的安全帽。对易散发有毒蒸气或烟雾的，应配备防毒面具，并认真检查包装、封口是否完好，要严防渗漏，特别要防止内包装破损。

（5）进行装卸作业时，应轻装轻卸，防止容器受损。液体腐蚀品不得肩扛、背负；忌震动、摩擦；易碎容器包装的货物不得拖拉、翻滚、撞击；外包装没有封盖的组合包装件不得堆码装运。

（6）具有氧化性的腐蚀品不得接触可燃物和还原剂。有机腐蚀品严禁接触明火、高温或氧化剂。

（7）腐蚀品不得与普通货物配装；酸性腐蚀品不得与碱性腐蚀品配装；有机酸性腐蚀品不得与具有氧化性的无机酸性腐蚀品配装；浓硫酸不得与任何其他物质配装。

7.3 冷藏货物的包装与仓储管理

7.3.1 冷藏货物的包装与标志

一、冷藏货物的概念

冷藏货物是指需要采取诸如冷藏、保温、防寒、通风等特殊措施的货物，以防止其死亡或腐烂变质。

二、冷藏货物的分类

广义的冷藏货物包括以下两大类：

（1）易腐货物。也称为鲜活易腐货物，是指容易在较短时间内腐烂或变质的货物，比如肉、蛋、水果等。在道路冷藏运输中，此类货物由过去基本以冷冻食品（冷冻肉类、水产品）为主发展到新鲜肉类、水果、蔬菜占较大比例，还有乳制品、冷饮、糕点、巧克力、保健食品等。

（2）有生动植物。也称为活动物，是指有生命的动物、植物，比如活鱼、鱼苗、蜜蜂、家畜、野生动物（包括鸟类）、试验用的动物、两栖动物、昆虫以及其他动物等。

三、冷藏货物的包装与标志要求

冷藏货物的包装与标志应符合如下基本要求：

（1）必须有适合此种货物特性的包装，要注意不至于因运输途中包装破损或有液体溢出而污损装载物。

（2）凡怕压货物，外包装应坚固抗压；需通风的货物，包装箱上应有通气孔；需要冷藏冰冻的货物，容器应严密，保证冰水不至于流出。

（3）为便于搬运，对这类货物的重量应有限制。

（4）每件货物包装上应贴有“鲜活易腐”字样。

7.3.2　冷藏货物的储存

冷库中储存的易腐货品一般是处于产成品阶段的货品。确保货品质量完好并提高冷库的运作效率是冷库管理所追求的目标。冷库的易腐货品管理一般应注意以下几方面。

一、保持库房清洁，严格控制库房温度、湿度

冷库内要保持清洁干净，地面、墙、顶棚、门框上无积水、结霜、挂冰，随有随扫除，特别是在作业以后应及时清洁。要及时清除制冷设备、管系上的结霜、结冰，以提高制冷功能。

定时测试库内温度和湿度，严格按照货物保存所需的温度控制仓库内温度，尽可能减少温度波动，防止货物因变质或者解冻变软而倒垛。

按照货物的通风要求进行通风换气，目的是保持库内合适的氧分和湿度。冷库一般采用机械通风，要根据货物保管的需要控制通风次数和通风时间，如冷库每天2～4次，每次换气量为冷藏间体积的1～2倍，或者使库内二氧化碳含量达到适合的水平。通风将外部的空气带入库内，也将空气中的热量、水气带入库中，因而要选择合适的时机。对于活的动植物，仓库的温湿度调节在适合其生存的状态。

二、降低货品干耗

食品在冷加工与储藏过程中水分会蒸发，即食品的干耗。干耗不仅使食品干枯，降低营养价值，而且会引起重量损失。

防止货品损耗一般采取以下措施。

（1）降低储藏温度。

（2）改进包装。

（3）控制库房湿度。

（4）用冰衣覆盖货品，对冻肉、鱼类货品，可以采取喷水加冰衣的方法。

三、合理利用冷库内空间

按不同类别将货品堆放于不同的位置，有味道的物品与无味道的物品必须分开放置，味道相差大的货物也不要堆放在一起。有包装和没有包装的货物不能存放在一起。货品堆放整齐紧凑、井然有序，这样不仅方便管理，也可提高冷库空间利用率。货品尽量不要放在风机、蒸发器下面，以免水滴在货品上。

四、定期检查

仓库员应每日定时检查，发现变质、过期货品应及时挑出处理。易失水的生鲜产品（如菜叶类）放入冷库时，使产品保持覆盖状态，以免冷风直吹，水分流失。定期检查动植物的情况，看看有无生病、死亡现象，若出现此类情况，应及时采取相应的保护措施。

五、减少货品搬动次数

在冷库中多次搬动货物不仅容易对货物造成损害，增加包装破损的概率，而且会加大人工作业成本。因此，应合理设计冷库的进出货方案，以减少人工搬动货品的次数。

7.4 冷藏货物道路运输管理

7.4.1 概述

一、道路冷藏运输的特点

（1）具有明显的地区性、季节性和不稳定性。冷藏货物大部分是季节性的农副产品，比如，水果集中在第三、第四季度，南菜北运集中在第四季度，水产品集中在春汛和秋汛期间。由于这些农副产品受自然气候的影响较大，所以运量时多时少，运输计划难以掌握。

（2）运送时间紧迫，运输途中需要特殊照顾。由于冷藏货物本身非常娇嫩，冷了会冻坏，热了容易腐烂，活动物在运输中要饮水、进食，活鱼要求换水，蜜蜂长途运输后要求放蜂，等等，因此，承运人不仅要配备专用车辆和设备，安排专人沿途进行照看、饲养，还要以最短的时间、最快的速度运达目的地，以防止鲜活货物死亡、腐烂或变质。

（3）易腐货物需要冷藏链使之不间断地处于低温状态。由于食品组织结构等方面的不同，不同食品有一定的储藏温度、湿度条件（见表 7—1），这就要求在冷藏运输过程中必须控制载体内部的环境，使车内的环境尽量与所运输食品的要求一致，载体内部温度分布要均匀，在运输过程中尽量避免温度波动，确保满足食品储藏条件的要求。

表 7—1　　　　　　　　　不同易腐食品的运输要求

货名	运输温度（℃）	相对湿度（%）	货名	运输温度（℃）	相对湿度（%）
冻结牛肉	−11.1～−9.4	90～95	苹果	−0.6～0	85～88
冻蛋	−12.2～−9.4	60	柑	3.9～4.4	85
鲜肉	0～1.1	1.1	白菜	0～1.1	90～95
猪油	0.6～4.4		香蕉	11.6～12.7	75
干鱼	4.4～10		干果	0～10	70～75

二、我国道路冷藏运输的发展现状与趋势

道路运输是目前冷藏运输中最普遍、最常见的方式，尤其近两年绿色通道的开通在较大程度上扩展了易腐货物的运输范围。然而，我国冷藏运输环节还很落后，易腐保鲜食品的冷藏运输只占运输总量的 20%，其余 80% 左右的水果、蔬菜、禽肉、水产品大多是用普通卡车运输，至多上面盖一块帆布或者塑料布。而西方发达国家公路冷藏运输在食品运输总量中占到 90%以上。由于公路冷藏运输效率低、食品损耗高，整个运输费用占到食品成本的 70%，而按照国际标准，食品运输成本最高不能超过食品总成本的 50% 。

道路冷藏运输技术主要朝三个方向发展：一是朝提高隔热性能方向发展。车厢的隔热性能越好，冷藏汽车的经济效益和社会效益就越佳。二是向新的制冷方式发展，大幅减少能耗、噪声和环境污染是冷藏保温车发展的必然选择。三是朝新型厢体结构方向发展。人们不但要求商品使用性能好、维修性好，而且要求造型美观，因此必然向新型厢体结构发展，以满足市场需求。

7.4.2　冷藏车及其运输要求

一、冷藏车

1. 按功能分类

我国冷藏汽车按专用设备功能分为保温汽车、冷藏汽车和保鲜汽车。只有隔热车体而无制冷机组的称为保温汽车；有隔热车体和制冷机组，且厢内温度可调范围的下限低于−18℃，用来运输冻结货物的称为冷藏汽车；有隔热车体和制冷机组，厢内温度可调范围在 0℃左右，用来运输新鲜货物的称为保鲜汽车。

我国在 20 世纪 50 年代后期开始用保温汽车加冰运输冷藏肉类、禽蛋等易腐食品。六七十年代先后从东欧国家进口数百辆中型保温汽车。七八十年代，从日本、意大利、罗马尼亚等国进口各种吨位的冷藏汽车。70 年代中后期，我国开始生产冷藏保温汽车。

2. 按制冷方式分类

冷藏汽车按制冷方式又分为机械制冷汽车、蓄冷板制冷汽车、液化气体制冷汽车等。隔热厢体一般为一室，也有二室、三室的，以便运输具有不同储藏温度要求的货物。

虽然近几年液化气体制冷、蓄冷板制冷等技术在冷藏汽车中得到广泛应用，但是

我国冷藏汽车几乎全部采用机械制冷方式。

3. 按吨位分类

冷藏汽车按底盘吨位分类，主要有重型、中型、轻型、微型四个种类。

随着我国公路建设的快速发展，公路冷藏运输与铁路、水路相比其比例不断提高，车辆吨位结构发生变化，原来重、中、轻分别占10%，70%，20%，现在分别占10%，40%，50%。

二、道路冷藏运输的基本要求

（1）形成低温环境。易腐食品在进行低温运输前应降到适宜的储藏温度，冷藏运输过程中，载体内只是有效地平衡环境传入的热负荷，维持产品的温度不超过要求保持的最高温度。为维持这一低温环境，运输载体上应当具有适当的冷源，如干冰、冰盐混合物、碎冰、液氮或机械制冷系统。例如果蔬类在运输过程中，为防止车内温度上升，应及时排除呼吸热，而且要有合理的空气循环，使得冷量分布均匀，保证各点的温度均匀一致且稳定，最大温差不超过3℃。有些食品怕冻，在寒冷季节里运输还需要用加温设备（如电热器等），使车内保持高于外界气温的适当温度。

（2）有良好的隔热性能。冷藏运输工具应当具有良好的隔热性能，传热系数 K①要求小于0.4 W/m²·K，甚至小于0.2 W/m²·K，能够有效地减少外界传入的热量，避免车内温度的波动，防止设备过早老化。一般来说，K 值平均每年要递增5%左右。车辆或集装箱的隔热板外侧面应采用反射性材料，并保持其表面的清洁，以降低对辐射热的吸收。在车辆或集装箱的整个使用期间应避免箱体结构部分的损坏，特别是箱体的边和角，以保持隔热层的气密性，并且应该定期对冷藏门的密封条、跨式制冷机组的密封性、排水洞和其他空洞等进行检查，以防止因空气渗漏而影响隔热性能。

（3）可根据食品种类或环境变化进行温度调节。在长距离的冷藏运输过程中，食品可能会面临不同的外部温度，比如从南方运到北方的水果，因此冷藏运输的载体内必须有温度检测和控制设备。温度检测仪必须能够准确连续记录货物间的温度，温度控制器的精度要求高，为±0.25℃，以满足易腐食品在运输过程中的冷藏工艺要求，防止食品温度过度波动。

（4）制冷设备所占空间尽量小。在长途冷藏运输过程中，为了降低单位货物的运输成本，要求在尽可能小的空间内装载尽可能多的货物，因此要求制冷设备所占空间小。

（5）车厢的卫生与安全。车厢内有可能接触食品的所有内壁必须采用对食品味道和气体无影响的安全材料。箱体内壁包括顶板和地板，必须光滑、防腐蚀、不受清洁剂影响、不渗漏、无腐烂，便于清洁和消毒。箱内设备不应有尖角和褶皱，以防进出困难，赃物和水分不易清除。在使用中，车辆和集装箱内碎渣屑应及早清扫干净，防止异味污染货物并阻碍空气循环。对冷板采用的低温共熔液的成分及其在渗漏时的毒

---

① 传热系数 K 值是指在稳定传热条件下，维护结构两侧空气温差为1度（K,℃），1小时内通过1平方米面积传递的热量，单位是瓦/平方米·度（W/m²·K，此处K可用℃代替）。

性程度应予以重视。

（6）良好的组织管理。冷藏运输的组织管理是一项复杂、细致而又责任重大的工作，必须熟悉各种冷藏运输工具的特性、易腐货物的冷藏条件、货源的组织、装车方法、调度工作等，加强运输过程中各个环节的管理工作，保证易腐货物高品质而又快速地到达目的地。

7.4.3　冷藏货物道路运输操作程序

一、受理托运

（1）承运人在受理托运时应与发货人商定运输条件和特约事项，并在运单托运人记事栏内注明商定的运输条件和特约事项。

（2）对于运输途中需要饲养、照料的有生命的动植物，发货人必须安排人员随车押运；对于其他鲜活物品，发货人如要求押运则需经承运人同意。对于安排押运的运输，发货人应在运单内注明押运人员的姓名及必要的情况。押运人员一般每车一名，发货人如要求增派押运人员，在保证安全的前提下，经承运人同意可以适当增加。随车押运人员在法律上视同旅客，但应免费乘车。

（3）选择适当的货物包装。选择良好的包装容器和采用正确的包装方法，对保证易腐货物质量有直接影响。包装必须干净、无异味。

二、装运

（1）载运工具的选用、检查和预冷。应根据货物种类、数量和热状态，外界气温和运输距离，选用合适的冷藏车或保温车。在装车前，应认真检查载运工具的现状，特别注意载运工具是否处于正常状态。根据运输规定，无论载运工具是机械保温还是冰箱保温，在装运货物之前，车内都要经过一定的预冷或达到一定的温度，否则不能装运货物，除非是在寒季装运冻货或在温季装运其他易腐货物。

（2）易腐货物装车前的预冷。对于长途运输的易腐货物，比如水果、蔬菜等，装运前的预冷极为必要。预冷有利于保证货物质量，有利于车内迅速下降到适当的温度，有利于节约冷源和降低运输成本。目前，国外通常采取空气冷却、冷水冷却、直接夹冰冷却，以及真空蒸发冷却等方法对货物进行装车前的预冷。

（3）要保持厢体内清洁。如果货物中的盐分、脂肪及其他化学物质附在厢体内壁或门缝外，不仅不卫生，还会腐蚀厢体，缩短车厢的使用寿命，所以务必始终保持厢体内清洁。

（4）装货时注意保持车厢内冷气循环流畅。为了保持车厢内温度均衡，必须注意货物的码放位置，不能将货物一直装至车厢顶部，也不能让货物堵住冷气的出口和入口。

（5）装卸货物要迅速。冷藏车车厢的门打开后，外部气流将流入厢体内导致厢体内温度升高，因此装卸货物要迅速，此时应使冷冻机组停止工作。

（6）避免货物的机械伤。植物性易腐货物的机械伤给微生物的繁殖创造了条件，因此，在鲜活货物的采收、包装、搬运、堆码、装卸等环节中应予以充分的注意，防止货物的破裂、折断、压碰、磨损、摔砸等，尽量避免货物受到机械伤。

（7）装运绿色蔬菜水果要特别小心。如果厢体内冷气循环不好，货物中央的温度会上升，很容易使绿色蔬菜水果等物品的质量受到损害，因此要特别注意使冷气循环流畅均衡。此外，靠近冷气出口的物品很容易冻伤，因此必须事先用被单等物品将货物遮挡起来。

三、运送

（1）运送易腐货物时，载运工具应保持一定的温度和湿度。目前，有关的运输规则和运输企业均对不同的易腐货物规定了相应的承运温度、冷藏车的温度，以及适宜的湿度，如果运送时未达到限定的温度和湿度，就不能保证该货物安全，会造成腐烂、变质，甚至失去使用价值。

（2）注意通风换气。对植物性易腐货物和活动物，因其呼吸作用的存在，必须注意及时通风换气，排出污浊气体和热量，补充新鲜空气，防止缺氧呼吸。至于通风时间的长短和时机，应根据货物的状态、环境条件而定。

（3）运输途中应给予特殊照顾。承运人应根据货物的实际需要决定是否在沿途进行照看、饲养，以防止鲜活货物死亡、腐烂或变质。

四、交付

为保证货物的质量，在卸货地应做到：

（1）提前安排卸货、储存；

（2）提前通知收货人提货。

习 题

1. 单项选择题

（1）气瓶应尽量采用直立运输，直立气瓶高出栏板部分不得大于气瓶高度的（　　）。

A. 15％　　B. 25％　　C. 30％　　D. 45％

（2）为满足易腐食品在长途运输过程中的冷藏工艺要求，防止食品温度过度波动，温度控制器的精度通常为（　　）。

A. ±0.5 ℃　　B. ±0.35 ℃　　C. ±0.25 ℃　　D. ±0.15 ℃

（3）危险货物的特性不包括（　　）。

A. 爆炸　　B. 易燃　　C. 毒害　　D. 易碎

2. 多项选择题

（1）易燃液体发生燃烧时，小面积（一般 50m²以内）的液体火灾一般可用雾状水扑灭。一般更有效的灭火材料是（　　）。

A. 泡沫　　B. 干粉

C. 二氧化碳　　D. 卤代烷（1211，1301）

（2）目前，国外对货物进行装车前的预冷通常采取的方法是（　　）。

A. 空气冷却　　B. 冷水冷却或直接夹冰冷却

C. 真空蒸发冷却　　D. 氮气冷却

(3) 道路危险货物运输规则体系主要包括（　　）。

A. 国家标准和行业标准在内的标准、规范

B. 法律、行政法规

C. 行业规章等法律、规范

D. 部门规章等法律、规范

3. 是非题

(1) 易燃固体着火，绝大多数不可以用水扑救，尤其是湿的爆炸品和通过摩擦可能起火的固体以及丙类易燃固体等。（　　）

(2) 如果是未使用过的新空容器，或虽装过危险货物但已经经过彻底清洗并被确认是消除危险状态的空容器，可以不按危险货物托运。（　　）

(3) 装运绿色蔬菜水果要特别小心，要使冷气循环流畅均衡，且冷气越大越好。（　　）

4. 简答题

(1) 阐述各种危险货物储存要点。

(2) 危险货物道路运输中托运人关于货物的责任有哪些？

(3) 冷藏货物的包装与标志应符合的基本要求有哪些？

(4) 道路冷藏运输的基本要求有哪些？

(5) 阐述危险货物道路运输托运单的制作要求。

5. 案例分析

2014 年 3 月 20 日 19 时，河南省某汽车运输公司的一辆汽车在执行山西阳城—江苏江阴的运输任务时，行进至京沪高速公路 240 公里处（扬州段）起火，右后轮胎突然爆裂，车厢内放置的三个二硫化碳储存罐由于受碰撞、挤压而破裂，泄漏出来的二硫化碳遇到火花随即爆燃。驾驶人员采取措施但无法灭火，随即拨打 119 和 110 电话，火情最终于 21 日凌晨 3 时左右扑灭，没有造成人员伤亡。上午 10 时左右，中断了近 14 小时的京沪高速公路恢复通行。经查，该运输公司具有危险货物运输资质，该车核定吨位 8 吨，实际载货 14 吨，属于严重超载，汽车轮胎磨损加快，最终导致轮胎爆裂。另外，出车前缺乏对车辆进行必要的检查，轮胎存在重大隐患，也是发生此次事故的主要原因之一。

试说明危险货物运输安全管理的重要性以及危险货物道路运输的操作程序。

第 8 章

国际仓储与配送管理

引导案例　索尼集团公司的全球配送模式

索尼集团公司是日本一家跨国经营和生产电子产品的厂商，在全球拥有 75 家工厂和 200 多个销售网点。据国际物流专家估计，仅仅在电子产品方面，索尼集团公司每年的全球集装箱货运量已经超过 16 万标准箱，是世界上规模较大的发货人之一。目前，索尼集团公司正通过以下两种模式实现全球性索尼物流网络功能。

首先，“链接全球式”。为了进一步降低物流成本，索尼集团公司常常根据实际需要办理集装箱货物的多国拼箱。例如，索尼公司把有半箱货物的集装箱从某产地发往新加坡，在那里把另一种产品补充装入箱子，变成满箱货物的集装箱，然后继续运输，直至北美或者欧洲某目的港。这种物流方法的最大好处首先是避免了等候，因为集装箱运输时间本身就是用金钱买来的，在降低成本的同时也大幅减少通关时间。现在索尼集团已经把新加坡和中国台湾高雄作为索尼产品多国拼箱的集装箱枢纽港。其他方法还有满箱货物的“工厂直接装箱”，或者将一个国家的几家索尼子公司的产品进行拼箱。索尼集团目前把这些物流服务委托给香港东方海外集运公司和马士基海陆船务公司。索尼集团在对美国的跨太平洋出口贸易航线上，常常把产品集中到北美内地某一个配送中心站，或者把货物运送到洛杉矶附近混合中心进行中转或者拼箱，充分发挥索尼集团在北美的亚特兰大、纽约和洛杉矶等地区拥有的仓储能力。索尼集团还利用荷兰作为其拼箱中心。凡是准备运往东欧地区的货物，先从其他各国进口和集中到荷兰这个拼箱中心，然后发送到东欧各地的配送站。但是发往莫斯科的货物不是从荷兰出去的，而是先运往芬兰的赫尔辛基，然后从那里转运到莫斯科和其他俄罗斯腹地。

其次，“牛奶传送式”。分布在世界各地，特别是一些主要国家的物流分支机构已经成为索尼物流管理网络中的重要环节。目前这种环节的作用越来越显著。过去这些物流分支机构的主要功能是为在同一个国家的索尼公司提供服务，现在进行调整，把这些物流分支机构的服务联合起来，发挥全球性索尼物流网络功能。如新加坡和马来西亚有一家索尼物流分支公司把来自当地的零部件拼装成箱，运到位于日本的另一家索尼物流分支公司。后者收到集装箱后立即拆箱，把货物迅速配送到分布于日本各地的索尼工厂车间。

目前，索尼集团公司在世界各地组织“牛奶传送式”服务，进一步提高索尼公司在全球特别是在亚洲地区的产品运输质量。这种服务非常灵活，客户可以通过电话、传真和电子邮件申请服务，甚至可以租用“牛奶传送式”服务车辆进行自我服务。索尼新加坡物流公司正在进一步缩短海运和空运物流的全程时间。由于采用若干出口优先规划，海运已经缩短到 4 天，空运缩短到 1 天。

8.1　国际仓储与配送场所

8.1.1　海关监管场所与海关监管区

一、海关监管场所

海关监管场所是指进出境运输工具或者境内承运海关监管货物的运输工具进出、停靠，以及从事进出境货物装卸、储存、交付、发运等活动，办理海关监管业务，符合海关设置标准的特定区域。

海关监管场所可分为码头类监管场所、公路转关监管点、陆路边境口岸监管场所、货栈类监管场所、堆场类监管场所、仓库类监管场所、储罐类监管场所、快件类监管场所、边民互市贸易类监管场所、台轮停泊点类监管场所、旅客通关类监管场所、国际邮件类监管场所等 12 类。

二、海关特殊监管场所——保税监管场所

保税监管场所是经海关批准设立由海关实施保税制度的特殊场所。

保税监管场所包括保税仓库、出口监管仓库、保税物流中心（分为 A 型和 B 型）三种模式。

1. 保税仓库

保税仓库（bonded warehouse）是指经海关批准设立的专门存放保税货物及其他未办结海关手续货物的仓库，属海关监管场所。

保税仓库包括以下类型：

(1) 公用型保税仓库。由主营仓储业务的中国境内独立企业法人经营，专门向社会提供保税仓储服务。它面向公众开放，任何人均有权使用，是一种最普通的保税仓库形式。

(2) 自用型保税仓库。由特定的中国境内独立企业法人经营，仅存储供本企业自用的保税货物。

(3) 保税工厂。保税工厂是将整个工厂或部分车间置于海关的监管之下，专门从事来料加工装配、复出口等业务，海关对于这类生产性的保税工厂审批较严，对加工项目有严格的规定。

(4) 海关监管仓库。海关监管仓库主要存放已经入境而无人提取的货物，或者无证到货、单证不全、手续不齐，或违反海关规定，海关不予放行，需要监管保存、等候处理的货物，也可以储存已经对外结汇成交，但经海关批准暂时不出境的货物。

2. 出口监管仓库

出口监管仓库（export supervised warehouse）是指经海关批准设立，对已办结海关出口手续的货物进行存储、保税物流配送或提供流通性增值服务的海关专用监管仓库。

3. 保税物流中心

保税物流中心（bonded logistics center）是指经海关批准，由中国境内企业法人经营，专门从事保税仓储物流业务的海关监管场所。

保税物流中心按照服务范围分为保税物流中心 A 型和保税物流中心 B 型。

（1）保税物流中心 A 型是指经海关批准，由中国境内企业法人经营，专门从事保税仓储物流业务的海关监管场所。保税物流中心 A 型按照服务范围分为自用型物流中心 A 型和公用型物流中心 A 型。自用型物流中心是指由中国境内企业法人经营，仅向本企业或者本企业集团内部成员提供保税仓储物流服务的海关监管场所。公用型物流中心是指由专门从事仓储物流业务的中国境内企业法人经营，向社会提供保税仓储物流综合服务的海关监管场所。

（2）保税物流中心 B 型是指经海关批准，由中国境内一家企业法人经营，多家企业进入并从事保税仓储物流业务的海关集中监管场所。

显然，保税物流中心 A 型分为自用型和公用型两种，而保税物流中心 B 型一定是公用型物流中心。

保税物流中心是在整合“两仓”（保税仓、出口监管仓）功能的基础上设立的，相对于“两仓”而言，规模更大、功能更多。如仓储面积更大、货物存储期限更长（2 年，特殊情况经批准可延期，延期不得超过 1 年）。享受“入中心即退税”政策，除法律法规另有规定外。可开展分送集报、中心内货物流转、简单加工等。

三、海关监管区

海关监管区（space under the customs’ supervision and control）是指设立海关的港口、车站、机场、国界通道、国际邮件互换局和其他有海关监管业务的场所，以及虽未设立海关但经国务院批准的进出境地点。

海关监管的空间效力范围是进出境运输工具、货物、物品所处的空间，具体包括：进出境运输工具在境内的运行路线、停靠地点；进出境货物、物品的进出境地点、存放区域；加工贸易进口货物的加工、储存区域；保税仓库、保税工厂；经济特区、经济技术开发区、经济开放区、沿海开放城市；受海关管理的减免税进口货物的使用区域；其他海关监管的空间范围。

海关监管区是由海关全权负责管理的区域，在这个区域里，对海关来说，法律和行政法规赋予海关很多执法权；对管理相对人来说，进出海关监管区的运输工具、货物、物品以及相关人员都应当办理有关的海关手续。

四、海关特殊监管区

海关特殊监管区是经国务院批准，设立在中华人民共和国关境内，赋予承接国际产业转移、联接国内国际两个市场的特殊功能和政策，以海关为主实施封闭监管的特定经济功能区域。

海关特殊监管区具有以下特征：

（1）需要经过国务院审批，纳入国家级开发区范畴，同时享受国家赋予开发区的优惠政策；

（2）采取封闭围网管理，海关特殊监管区域基础和监管设施验收有严格的标准；

（3）具有一线二线的通关特征；

（4）具备保税功能，即对区内的货物实施保税政策。

海关特殊监管区现有六种模式：保税区、出口加工区、保税物流园区、跨境工业园区、保税港区、综合保税区。

1. 保税区

保税区（bonded area）是经国务院批准设立的、海关实施特殊监管的经济区域，是我国目前开放度和自由度最大的经济区域。其功能定位为“保税仓储、出口加工、转口贸易”。根据现行有关政策，海关对保税区实行封闭管理，境外货物进入保税区，实行保税管理；境内其他地区货物进入保税区，视同出境；同时，外经贸、外汇管理等部门对保税区也实行比区外相对优惠的政策。

2. 出口加工区

出口加工区（export processing zone）是国家划定或开辟的制造、加工、装配出口商品的特殊工业区，可享受减免各种地方税收的优惠。出口加工区一般选在经济相对发达、交通运输和对外贸易方便、劳动力资源充足、城市发展基础较好的地区，多设于沿海港口或国家边境附近。

3. 保税物流园区

保税物流园区（bonded logistic zone）是指经国务院批准，在保税区规划面积或者毗邻保税区的特定港区内设立的，专门发展现代国际物流业的海关特殊监管区域。

4. 跨境工业园区

跨境工业园区是经国务院批准设立的海关特殊监管区域。园区实行保税区政策，与中华人民共和国关境内的其他地区（以下称区外）之间进出货物在税收方面实行出口加工区政策。具体包括珠海跨境工业园区、霍尔果斯边境合作区。

5. 保税港区

保税港区（bonded port）是指经国务院批准设立在国家对外开放的口岸港区和与之相连的特定区域内，具有口岸、物流、加工等功能的海关特殊监管区域。保税港区将港口的物流功能和保税的特殊政策完美结合，实行出口加工区、保税区、保税物流园区和港区的“四区合一”，更能充分发挥港口的区位优势和保税的政策优势。

6. 综合保税区

综合保税区（comprehensive bonded zone）是设立在内陆地区的具有保税港区功能的海关特殊监管区域，由海关参照有关规定对综合保税区进行管理，执行保税港区的税收和外汇政策。

保税港区与综合保税区整合原来保税区、保税物流园区、出口加工区等多种外向型功能区后，成为我国目前开放层次最高、优惠政策最多、功能最齐全、手续最简化的特殊开放区域。表 8—1 显示了特殊监管区域的政策与功能比较。

表 8—1　　不同类型海关特殊监管区域的政策与功能比较

比较项目	保税港区	保税区	出口加工区	保税物流园区
集装箱港口功能	集装箱枢纽港在区域内	无	无	通过专门通道和卡口与港口相联系
海关管理	一个海关统一监管	港口与区域分别由两个海关监管，以转关方式实行监管衔接	港口与区域分别由两个海关监管，以转关方式实行监管衔接	港口与区域分别由两个海关监管，卡口通行涉及两个海关监管
贸易和物流	有	有	无	有
加工制造	有	有	有	无
出口退税	国内货物入区退税	国内货物入区离境后退税	国内货物入区退税	国内货物入区退税
集装箱增值业务	国际航线汇集，区内可以开展集装箱拆拼箱、中转等增值业务	无	无	可开展集装箱拆拼箱等增值业务。中转条件有限
多式联运	具备直接的海铁联运、水水联运条件	无	无	间接和有限的水水联运
区域空间	大（接近 10 平方公里）	大（10 平方公里）	小（一般 2 平方公里左右）	小（一般 1 平方公里左右）

综上所述，我国目前已形成了“以保税区和保税港区联动为龙头，以保税物流中心（A 型、B 型）为枢纽，以优化后星罗棋布的出口监管仓库和公用型、自用型保税仓库为网点”的三个层次、六种监管模式的多元化保税仓库物流监管体系，从而形成全国范围内的保税物流网络，以满足不同地区、不同层次的国际物流发展需要。

知识拓展

自由贸易区

自由贸易区最早产生于 17—19 世纪的西欧，随着德国汉堡、不莱梅等自由港的兴盛，对外贸易和转口贸易蓬勃发展，使得这种特殊的经济区域形式逐渐得到关注和认可。而第一个现代意义上的自由贸易区是 1958 年在爱尔兰设立的沙侬自由贸易区，与之前相比，它包含了出口加工的功能。第二次世界大战之后，各国为促进本国经济和贸易的恢复发展，积极引进外资，发展对外经济，在此背景下自由贸易区在全球范围内广泛设立推行。

自由贸易区有两种含义：一是指一国在本土内划定的置于海关辖区之外、以贸易为主要内容的特殊区域；二是指由两个以上的国家或地区通过签订自由贸易协定，相互取消绝大部分贸易壁垒，以促进共同发展。在此，我们仅讨论第一种含义的自由贸易区。

1973 年《京都公约》曾对自由贸易区做出解释：自由贸易区指一国的领土部分，在这部分领土内运入任何货物就进口税及其他各税而言，被认为在关境以外，并免于实施惯常的海关监管制度。

在我国，自由贸易区同样符合"境内关外"的特征。"境内"即指自由贸易区在中华人民共和国境内，因此适用中国法律。所谓"关外"，则是指对于海关而言，自由贸易区视作境外，货物从国外运至自由贸易区不征收进口关税，由自由贸易区运至境内非自由贸易区则视为进口，反之亦然。而所谓的"一线放开，二线管住"说的就是这个意思："一线"即国境线而非关境线，是指自由贸易园区与境外的界限，而"一线放开"是指对境外进入的货物，海关实行备案管理不查验货，检验检疫部门只检疫不检验，并实行区、港一体化运作管理，区内、区港之间的货物可以自由流通；"二线"是指自由贸易区与海关境内的通道口，"二线管住"是指货物从自由贸易区进入国内非自由贸易区，或货物从国内非自由贸易区进入自由贸易区时，海关必须依据本国海关法的规定征收相应的税收，同时海关对出区的货物实行严格的监管，防止走私。

自改革开放以来，中国经济一直保持迅猛的发展势头，成为全球第二大经济体，但我国在国际贸易和分工中仍处于不利地位，金融实力相对薄弱。为在激烈的国际竞争中占有更大的优势，促进对外开放水平的进一步提高，推动我国开放型经济的长期稳定发展，中国开始推进自由贸易区的建设，目前已批准建立上海、广东、天津、福建四大自由贸易区。

如表 8—2 所示，一般认为自由贸易区几乎涵盖了保税区、出口加工区等其他海关特殊监管区域的特征，是中国目前对外自由度最高的特殊区域。这一特征决定了它具有如下功能：

(1) 贸易功能，包括进出口贸易、转口贸易、区内贸易。

(2) 出口加工功能。

(3) 仓储物流功能。

(4) 展销功能。

(5) 商业零售功能。

(6) 金融和货运等服务功能。

(7) 其他功能，包括咨询、信息、旅游、餐饮和娱乐等。

表 8—2　　自由贸易区和保税区的比较

	保税区	自由贸易区
区域性质	境内关内	境内关外
海关监管	作为海关特殊监管区域	"一线放开，二线管住，区内自由流动"
产业功能	保税仓储、出口加工、转口贸易	国际贸易、仓储物流、出口加工、金融服务、展销零售等
国际贸易	以转口贸易为主	进出口贸易、转口贸易、区内贸易
税收政策	保税制度	保税制度，入区退税
金融投资	基本不涉及	内外资一致；实行备案制度，取消审批制度；实行负面清单制度；外汇管理体制改革

8.1.2 多式联运海关监管中心

一、多式联运海关监管中心的概念与特点

多式联运海关监管中心是指设在国家或区域物流节点城市，满足各种运输方式的货物换装、仓储、中转、集拼、配送等作业集合为一体的综合型海关监管场所。

(1) 多式联运海关监管中心大多依托物流枢纽——全国 18 个铁路集装箱中心站和相关港口或机场构建多式联运平台，实现“前港后站、一体运作”。比如，青岛多式联运海关监管中心的运营使位于胶州市的中铁联集青岛中心站实现了与港口的无缝对接，打造出“前港后站、一体运作”的海铁联运模式。2014 年 12 月 27 日，青岛多式联运首个班列顺利启运，班列实行定时、定点的“公交化”运行模式，每日平均在胶州和黄岛间开行集装箱班列 2 对，铁路部门和地方政府还特意加大对海铁联运的支持力度，使海铁联运胶黄段实现免费运输。也就是说，企业只要通过多式联运发运货物，从青岛多式联运海关监管中心到青岛前湾港之间的铁路运输就可免费。随着多式联运业务的成熟，中心站将适时增加车辆编组，增加班列开行密度，增开胶州至烟台、威海、临沂、潍坊等省内循环货运班列，以及至西安、广州、乌鲁木齐等“一带一路”节点城市对开班列，对内辐射省内外集疏港货源，对外辐射日韩、中亚、欧洲、美国等国家的过境以及进口货源，贯通亚欧、联通世界的多式联运物流网络正在形成。截至 2015 年 2 月 25 日，中心到发总运量达 11 299 标准集装箱，相对 2014 年同期实现翻倍增长，日均到发 202 标准集装箱，开行 115 个联运班列。

(2) 海关、检验检疫部门按照各自职责，对多式联运海关监管中心进出口货物实施“一次申报、一次查验、一次放行”，无须再到出境口岸二次查验，这将大幅提升监管中心通关效率，切实缓解港口集装箱集中查验、装卸、堆存压力，有利于多式联运海关监管中心成为区域主要货物集散交易集聚地。

(3) 多式联运海关监管中心采用现代科技手段，实现监管作业电子化、自动化、智能化，最大限度地简化货物通关手续，提高物流运输效率。

二、多式联运海关监管中心的功能

多式联运海关监管中心通常具有整车作业、多式联运、综合服务、交易展示等功能。同时正在积极申建公用型保税仓库，逐步拓展功能，开展拆拼箱、跨境电商、邮政快件等业务，最终将实现海、陆、空、铁、邮多种运输方式的自由换装，以及保税仓储、分拨、集拼、跨境电商等多种业务类别的自由集散。具体而言，利用多式联运监管中心的功能、政策和区位优势，大力发展海铁联运业务，科学布局海、陆、空、邮通道及配套区域，实现不同运输方式间的无缝衔接；将自由贸易区政策、跨境电子商务等新兴业态与多式联运海关监管中心相结合，加速形成区域综合性物流集散中心，积极建设“一带一路”的物流枢纽和贸易中心。

三、多式联运海关监管中心的产生背景与发展现状

十八届三中全会提出“建设国际物流大通道，发展多式联运，形成横贯东中

西、联接南北方的对外经济走廊”的战略部署。2014年9月12日，国务院出台《物流业发展中长期规划（2014—2020年）》。规划中，多式联运工程位列重点工程之首，明确指出“加快多式联运设施建设，构建能力匹配的集疏运通道，配备现代化的中转设施，建立多式联运信息平台。完善港口的铁路、公路集疏运设施，提升临港铁路场站和港站后方通道能力。推进铁路专用线建设，发挥铁路集装箱中心站作用，推进内陆城市和港口的集装箱场站建设。构建与铁路、机场和公路货运站能力匹配的公路集疏运网络系统”。

为更好地推动多式联运的发展，贯彻落实国家“一带一路”发展战略，海关总署计划在全国重要节点城市设立多式联运海关监管中心，并指出“通过整合监管资源，优化监管流程，实现中心运转高效、运行成本较低的目标”。多式联运海关监管中心还可享受上海自由贸易区海关政策。

2014年8月21日，全国首家多式联运海关监管中心在西安落地，开启了多式联运发展的全新时代。2014年12月11日，青岛多式联运海关监管中心正式获批，全国第二家、沿海地区第一家多式联运海关监管中心在青岛胶州落地，多式联运真正实现了“海陆空”的全面对接。随后海关总署批复同意在郑州、成都、满洲里设立多式联运海关监管中心。

8.1.3　外贸仓库与国际配送中心

一、外贸仓库

外贸仓库是进出口商品储存、中转、接发的服务场所。一般而言，外贸仓库通常取得海关监管资格，故也属于仓库类监管场所。

按仓库所处地理位置和商品在外贸流通中的职能不同，外贸仓库可分为：

（1）口岸仓库，又称周转仓库。口岸仓库，顾名思义，多分布于商品集中发运出口的沿海港口城市。口岸仓库多以暂存的形式储存出口待运商品或进口待分拨商品。这也决定了其主要功能是进行商品物资的周转，具有存储规模大、时间短、周转快等特点。

（2）中转口岸，又称内地转运仓库，是以中转储备货物为主要目的的仓库。它处于货物运输系统的中间环节，存放那些等待转运的货物，一般货物在此仅做临时停放。中转仓库大多设置在商品生产集中的地区（或城市）和出运港口之间铁路、公路、水路交通运输方便的大、中城市，其主要职能是严格按照进出口商品的合理流向，收储、转运本地区和外地区经过口岸出口的商品。这种大中型中转仓库工作量繁重，一般都设有铁路专用线，将外贸商品的运输和储存紧密结合起来。

（3）加工仓库。加工仓库是指承担储存与加工双重职能的仓库，主要是根据市场的需要，对储存的商品进行选择、整理、分级、包装等简单的流通加工。加工仓库一般而言进出批量较小、规格繁多、时间紧迫、吞吐频繁，要注意加工、储存、分发、装运之间的相互衔接，以防出现差错。目前，兼有加工功能的仓库是物流企业仓储服务发展的趋势。

（4）一般储存仓库。该仓库以商品仓储功能为主，多用于进出口商品的长期储存，并且所储存商品的流通性较小。因而在对一般储存仓库进行管理时，需注意合理确定库存水平，减少资金占用，并加强对在库商品的质量控制，注意养护。

二、国际配送中心

国际配送中心（international distribution center）也称为全球配送中心，是向区域、国际范围内用户提供配送服务的配送中心。国际配送中心是国际物流活动中商品、物资等集散的场所，就范围而言，可以大到某些小国家和地区，小到港口码头、保税仓库、外贸仓库等。

国际配送中心具有以下特点：

（1）经营规模大，辐射范围广，配送设施和设备的机械化、自动化程度高。

（2）配送方式采用大批量、少批次和集装单元。

（3）配送对象主要是超大型用户，如区域配送中心和跨国工商企业集团。

（4）存储吞吐能力强。例如荷兰的国际配送中心不仅在国内外建立了许多现代化的仓库，而且装备了很多现代化的物流设备。该中心在接到订单之后 24 小时之内即可装好货物，仅用 3～4 天的时间就可把货物运送到欧盟各国的用户手中。

国际配送中心在国际物流系统中处于非常重要的地位，国际配送中心的主要作用体现在以下几个方面：

（1）结合高效率的信息情报网，能够迅速、准确地掌握流通过程中的库存情况，从而避免了库存积压和库存量分布不均。

（2）国际配送中心的建立有利于形成快速、有效的发送体制，保证了在提高顾客服务水平的同时降低发送费用。

（3）通过国际配送中心集中进货，使工厂与仓库之间按计划、有规律地进行大批量运输成为可能，有利于降低运输费用。

（4）对于品种、规格繁多的商品，通过国际配送中心进行配售，有利于减少中间环节，提高流通效率。

（5）在国际配送中心，顾客可以在一张订单上同时订购几种、几十种商品，这样就可以大大减少订购时间和费用。此外，配送中心可以根据顾客的订单，对许多商品进行统一加工和包装，以降低加工成本，节省包装材料。

8.2 国际仓储业务

8.2.1 国际仓储概述

一、国际仓储的概念与特点

国际仓储是指利用外贸仓库及相关国际物流设施设备进行外贸物品的入库、存储、出库等作业。

与国内仓储相比，国际仓储具有以下特点：

1. 环境差异大，具有复杂性

在正常的商品交易环境中，供给和需求在短期内不平衡，这种不平衡体现在时间和空间两个方面，运输服务消除了商品在价值和使用价值之间的空间距离，而仓储则解决了产销在时间上的背离。在国际贸易领域，供需的不平衡性体现得更为复杂，一方面，各国使用的仓储标准和仓储设施存在差异；另一方面，各国的风俗文化、法律制度等人文社会环境的不同也会对仓储的具体操作产生影响。因此，国际仓储对于相关业务操作的要求远高于国内仓储。

2. 信息标准化程度高，技术性强

由于国际仓储环节多、复杂性高，因此就需要提高各环节的信息技术水平，如电子数据交换、条码技术、射频识别（RFID）等，以便提高效率和水平。

3. 增加了通关、检验检疫等业务

为了适应海关等监管机构的需要，国际仓储增加了通关、检验检疫等业务。

二、国际仓储的作用

国际物流涉及境内运输、进出境通关、货物检验检疫、货物换装、国际运输等众多环节，而在各个环节的进行或交接中安排合理的仓储作业可以更好地保证整个国际物流的正常运作，提高国际物流系统的效率。

1. 解决国际贸易中产销在时间上的背离

在绝大多数的国际贸易活动中，因受原材料、生产周期等因素的影响，商品的供给和需求往往存在时间差异。为了更好地促进国际货物流通和贸易活动的正常运行，合理地设置外贸仓库并进行国际仓储具有重要的意义。

2. 提供延伸性的物流增值业务和服务

随着国际仓储的不断发展，仓储已经不仅仅是简单的货物存储，而是可以提供其他延伸性的物流增值业务和服务，比如进行包装、加工、分拣等活动。这些增值活动可以提高整个物流链的生产价值及物流服务质量。特别地，在国际仓储中，对商品质量进行检验也是一个重要的环节。对于国际贸易而言，要求在商品进出库时对货物的质量和状态进行检查，使其符合仓储管理的要求、国家进出口标准以及国际贸易合同的要求。

3. 便于进行国际贸易换装和清点作业

由于在国际贸易中，货物种类、运输批量、运输距离等都与国内运输有较大区别，因此在国际运输中经常会涉及运输方式的转换环节，由此需要对商品进行换装和清点作业。其中清点既包括对数目的核查，又包括对质量的把控，主要体现在货品入库和货品出库两个关键环节，保证商品符合出口标准。

4. 作为调节国际贸易市场商品价格的重要手段

商品的价格是由其自身的价值决定的，但市场供求关系的变化会对价格产生动态影响。当国际市场对某种商品供大于求时，卖方竞争压力增大，商品价格下跌，此时对商品进行合理的储存可以降低国际市场上的供给量，促进商品价格的回升，达到调节国际贸易市场商品价格的目的。当国际市场供小于求时，国际仓储可利用同样的机制对商品价格进行调节。

8.2.2 保税仓储业务

一、保税货物的概念与特征

保税货物是指经海关批准未办理纳税手续进境，在境内储存、加工、装配后复运出境的货物。

从以上定义可看出，保税货物具有以下三个特征：

(1) 特定目的。我国《海关法》将保税货物限定成为两种特定目的而进口的货物，即进行贸易活动（储存）和加工制造活动（加工、装配），将保税货物与为其他目的暂时进口的货物（如工程施工、科学实验、文化体育活动等）区别开来。

(2) 暂免纳税。《海关法》第五十九条规定："经海关批准暂时进口或暂时出口的货物，以及特准进口的保税货物，在货物收发货人向海关缴纳相当于税款的保证金或者提供担保后，准予暂时免纳关税。"保税货物未办理纳税手续进境，属于暂时免纳，而不是免税，待货物最终流向确定后，海关再决定征税或免税。

(3) 复运出境。复运出境是构成保税货物的重要前提。从法律上讲，保税货物未按一般货物办理进口和纳税手续，因此，保税货物必须以原状或加工后产品复运出境，这既是海关对保税货物的监管原则，也是经营者必须履行的法律义务。

二、保税货物的类型

中国海关监管的保税货物主要有仓储保税货物与加工贸易保税货物。

1. 仓储保税货物

此类保税货物可分为两种形式：一是储存后复运出境的保税货物，包括国际转运货物（转口贸易）和供应国际运输工具的货物。二是储存后进入国内市场的保税货物，包括进口寄售用于维修外国商品的零配件（如果用于保修期内维修，可以免税，如果用于保修期外维修，则要征税。不包括进口耐用消费品）以及存入保税仓库的未办结海关手续的一般贸易货物和其他未办结海关手续的货物。

2. 加工贸易保税货物

此类保税货物主要指为加工贸易而保税进口的料件，以及用这些保税料件生产的半成品、产成品，用于进行加工装配的进口零备件、元器件、包装材料、辅助材料。

与一般仓储相同，保税仓储业务也由入库、保管、出库三个环节构成。但因涉及海关监管，因而出入库时的操作流程有一定的特殊性。

三、保税货物入库业务流程与单证

1. 入库业务流程

客户提供所需单证—保税仓库审核加盖公章—海关审批后同意入库并盖章—保税仓库代办通关手续—海关放行—货物入库—单货相符收货（单货不符报告海关）—在报关单上签章并提交海关—台账、实物账核销。

2. 入库所需单证

货主或其代理人（外商）与保税仓库需签订仓储协议，提供货物发票、提单、装箱单、卫生证或其复印件、产地证或其复印件、海关及检验检疫部门需要的其他单证。

四、保税货物出库业务流程与单证

1. 出库业务流程

客户提供所需单证—保税仓库审核加盖公章—海关审批后同意出库并盖章—保税仓库代办通关手续—经海关放行后，单货相符货物出库—台账、实物账核销。

2. 出库所需单证

原货物发票、提单（重新制作）、原装箱单、入库时的进口报关单、出口报关单、场站收据（下货纸）、海关及检验检疫部门需要的其他单证。

此外，除了保税储存进出口货物及其他未办结海关手续的货物之外，还可以对所存货物开展流通性简单加工和增值服务，即不改变货物化学性质的服务作业，包括分级分类、分拆分拣、分装、组合包装、打膜、加刷条码、刷贴标志、改换包装、拼装等具有商业增值功能的辅助性作业以及检测维修等。但保税物流园区内不得开展商业零售、加工制造、翻新、拆解及其他与园区无关的业务。

8.3 国际配送业务

8.3.1 国际配送概述

一、国际配送的概念与特点

国际配送是指在合理区域范围内，根据用户要求对物品进行拣选、加工、包装、分割、组配等作业，并按时送达国内外指定地点的物流活动。

与区域配送、城市配送相比，国际配送具有以下特点：

(1) 国际性。国际配送以邻国之间的配送为主，因而属于国际物流的范畴。国际配送跨越不同地区和国家，跨越海洋和大陆，运输距离长，以海运为主，这就需要合理选择运输路线和运输方式，尽量缩短货物的运输距离和在途时间，加速货物的周转，以降低物流成本。

(2) 复杂性。由于各国社会制度、自然环境、经营管理方法以及生产习惯不同，因此国际配送不仅使地域和空间范围变大，而且所涉及的内外因素更多，难度提高，风险加大。

(3) 标准化。国际配送的标准化主要体现在配送工具和设施的统一标准，比如，集装箱和托盘统一规格及条形码技术等。

(4) 精细化。为了适应各制造厂商的生产需求以及多样、少量的生产方式，国际物流的高频度、小批量配送随之产生。早在 20 世纪 90 年代，中国台湾电脑业就创建了一种“全球运筹式产销模式”，它采取按客户订单分散生产的形式，将电脑所有零部件、元器件和芯片外包给世界各地的制造商去生产，然后通过国际物流网络将这些零部件、元器件和芯片集中到物流配送中心，再由物流配送中心发送给电脑生产厂家。

此外，国际配送还具有配送时间性强，配送对象主要是超大型用户（如区域配送中心和跨国工商企业集团），经营规模大，辐射范围广，配送设施和设备的机械化、自动化和信息化程度高等特点。

二、国际配送的分类

（1）按实施配送的节点不同进行分类，包括保税仓库配送、保税物流中心配送、保税港区配送等。

（2）按配送商品的种类和数量的多少进行分类，包括单（少）品种大批量配送、多品种少批量配送、配套成套配送等。

（3）按配送时间和数量的多少进行分类，包括定时配送、定量配送、定时定量配送、定时定路线配送、即时配送等。

（4）按经营形式不同进行分类，包括销售配送、供应配送、销售—供应一体化配送、代存代供配送等。

8.3.2 国际配送模式与作业流程

一、国际配送模式

1. 进口分拨

它是指利用保税区“境内关外”的特性和“免税、免证、保税”的优惠政策，货物直接在境外“备案”后进入保税区内仓库。经过存储、分拣或者简单加工等不改变货物海关编号的操作后，根据国内、国外不同客户的需求，办理进口至国内或者出境至国外的出库手续。

此种模式既可以是全部进口分拨，也可以是部分进口分拨、部分分拨出境。该模式具有以下特点：一是进口环节大批量，而进入国内市场则采用多批次、小批量；二是物流运作的主体比较多元化，既有跨国公司和专业化国际企业在保税物流园区设立的分支机构，也可以由其代理商负责，或委托保税物流园区内物流企业进行物流运作。

2. 出口集拼

出口集拼是指多家供应商货物出口到保税物流园（港、区）进行集拼后，出境给国外客户。

此种模式具有两大优势：一是适合各种性质的企业进行集拼。比如，A工厂是国内一般贸易客户，出口需退税。B工厂是加工贸易企业，需出口核销。C工厂是国内没有进出口权的工厂，出口只能买单报关。采购商希望把这三种性质企业的产品集拼后出口，国内普通仓库不能完成这种形式的集拼，但保税区可以解决以上问题。三间企业分别送货到保税区。A工厂的货物出口到保税区后即可办理退税。B工厂是加工贸易企业，货物出口到保税区后即可核销。C工厂没进出口权，即买单出口，物流公司可协助调汇进境。二是境内外货物可以同时在保税区集拼，境外货物免税且自由通关进入保税区。货物拼装出口，既可以是国内生产的成品进行组合拼装，也可以是国外进口的和国内生产的成品一起组合拼装。比如，国内供应商 A 出口鼠标到保税区，国内供应商 B 出口散热器到保税区，台湾地区供应商 C 经中国香港码头送货到保税区（或经深圳码头转关到保税区），在这个过程中，A、B 供应商出口到保税区即可以退税或核销，台湾地区供应商 C 免税且自由通关进入保税区。另一包材供应商把包材出口到保税区，对以上套件进行包装、分拣、贴唛等简单加工内容。

此种模式具有以下特点：一是国内出口商品进入保税物流园区的是少品种、大批量的物流，而离境的则是经过集配和优化运输选择的多品种、大批量、多方向的物流；二是物流运作主体比较多样化。

二、国际配送作业流程

国际配送是指国外货物通过海运或其他运输方式运进国内的保税物流园区内，进行货物的分拣、商业性简单加工、批量换装后向国内配送。其运作流程如图 8—1 所示。

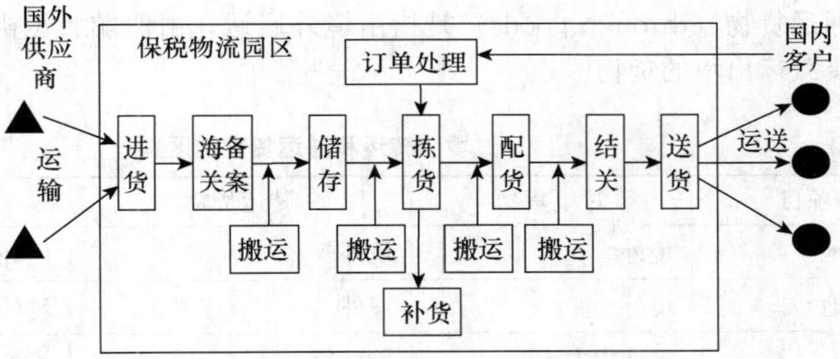

图 8—1 国际配送运作流程

8.4 国际中转与采购业务

8.4.1 国际中转业务

一、相关概念

根据我国《海关法》的规定，过境、转运和通运货物均是由境外启运，通过中国境内继续运往境外的货物，即“两头在外，途经我国的货物”。

1. 过境货物

过境货物（transit goods）是指由境外启运、通过我国陆路运输，不论是否换装运输工具，继续运往境外的货物。

2. 转运货物

值得注意的是，广义的转运既包括“一头在内、一头在外”经由我国口岸或国外口岸中转的转运，也包括“两头在外”经由我国口岸中转的转运。

“一头在内、一头在外”经由我国口岸中转的转运，通常称为国内中转或转运。

“一头在内、一头在外”经由国外口岸中转的转运，或者“两头在外”经由我国口岸中转的转运，通常称为国际转运。

根据《海关法》的规定，转运货物（transshipment goods）是指由境外启运，在境内设立海关的地点换装运输工具，不通过境内陆路运输而继续运往境外的货物。显然，《海关法》下的转运仅指“两头在外”经由我国口岸进行的国际转运。如果转运的货物为集装箱货物，则俗称“国际中转箱”，是指由境外启运，经我国中转港换装国际航线船舶后继续运往第三国或地区指运口岸的集装箱。由于在我国境内进行不同运输方式之间的转运必然会涉及境内陆路运输，这显然属于过境货物的范畴，因此，《海关法》下的转运仅指同一种运输方式之间的转运，比如，转船、转机（飞机）、转车（火车、汽车）。此外，由于各国之间国际货物转运大多为船与舶之间的转运，故“转运”与“转船”往往可以相互替代。

3. 通运货物

通运货物（through goods）是指由境外启运，由船舶、飞机载运进境并由原运输工具载运出境的货物。

表 8—3　　过境、转运和通运货物的区别

项目	过境货物	转运货物	通运货物
启运地	境外	境外	境外
目的地	境外	境外	境外
托运人	境外货主	境外货主	境外货主
收货人	境外货主	境外货主	境外货主
是否已办理进出口手续	未办理	未办理	未办理
是否通过境内陆路运输	通过	不通过	不通过
是否换装运输工具	不换装、同一种或不同运输方式间换装	同一种运输方式间换装	不换装
进出境运输工具	车、船、机	车、船、机	船舶或飞机
海关监管目的	防止货物在口岸换装中混卸进口或混装出口	防止货物在口岸混同进口货物卸地并监管其原状，如数运出境外	防止货物在口岸混同进口货物卸地并监管其原状，如数运出境外
海关查验	外型查验	外型查验	外型查验

［案例］苏州工业园综合保税区内的三星电子顺利将一批货物经由太仓港、上海洋山港出口至荷兰鹿特丹。该批货物实现了苏州“虚拟海港”与上海洋山港的初次对接。苏州与太仓“区港联动”衍生版“水水中转”模式正式开始运作。三星电子货物在园区口岸一次报关后利用陆路运至太仓港，在太仓港直接装船运到上海洋山港。在洋山港办理货物核销手续后就启程运往目的地荷兰鹿特丹。

“水水中转”模式的优势主要集中在降低内陆运输成本上。据介绍，按照目前的物流成本，一个集装箱从苏州直接运往洋山港的成本在 1 900 元左右，而通过太仓港转运，每个集装箱可节约 400 元成本。“水水中转”模式的成功运用为苏州“虚拟海港”成为上海港、宁波港等周边海港的货物疏散港和喂给港拓宽了道路。自 2008 年 2 月苏州与太仓港实行“区港联动”以来，园区综保区就先后对该模式进行了突破创新。2009 年 1 月 8 日综保区开启内陆拼箱点模式，利用“苏州工厂—日本工厂 60 小时极速海陆绿色通道”，使得苏州进出口日本货物的海运时间等同甚至少于空运，而成本则下降 80%。3 月 4 日，近铁物流有限公司首次运作“区港联动”模式的出口业务，使得该模式延展至综保区内的保税物流企业。

二、转运货物的海关监管

1. 准许办理转运的货物

具备下列条件之一的货物准予办理转运：

（1）持有通运或联运提单的；

（2）进口载货清单上注明是转运货物的；

（3）持有普通提单但于起卸前已向海关声明转运的；

（4）误卸的进口货物，由运输工具经理人提供证件的；

（5）因特殊情由申请转运经海关核准的。

2. 禁止转运的货物

（1）来自或运往我国停止贸易国家或地区的货物；

（2）我国法律、法规禁止进出境的货物；

（3）国际禁运的货物。

此外，国际转运集装箱及其货物不得转为进口货物，进口货物不得转为国际转运货物。

3. 通关程序与单证

参照《大连海关海运国际转运货物监管操作规程》的规定，国际转运货物进境地、出境地虽属同一市级行政区域但不属同一海关管辖的，转运货物必须由在海关备案登记的监管车辆承运。手续办理如下：

（1）船舶代理公司向进境地海关递交单列的转运货物进境舱单，一式三份，由进境地海关加盖国际转运单证章。一份进境地海关留存，一份做关封交于船舶代理公司，另一份加盖国际转运放行章交于专用堆场，专用堆场凭此放货出港。

(2) 国际转运货物运至出境地海关后，船舶代理公司向出境地海关提交关封，填写《外国货物转运准单》一式两份和《转运货物放行通知单》一式两份，出境地海关核对相关单证，无误后在《转运货物放行通知单》上加盖转运货物放行章，专用堆场凭此将货物装船。

(3) 船舶代理公司在船舶离境后三日内向出境地海关递交单列的国际转运货物出境舱单，理货公司在船舶离境 24 小时内向海关递交理货报告。

(4) 出境地海关要核对出口舱单是否与《外国货物转运准单》、出口理货单一致，不符的修改数据，有走私违规行为的交缉私部门处理，一致的核销存档。在船舶离境五日内将一份《外国货物转运准单》做关封交进境地海关核销存档。

8.4.2 国际采购业务

一、国际采购的概念与主要趋势

国际采购是指采购的国际、国内货物进入区内，经过出口集运的综合处理和商业性简单加工后向国外分销。

国际采购的发展趋势体现以下四个方面：第一，集中采购趋势非常明显。第二，整合供应商以获得成本优势。第三，为与供应商互动，全球制造商迅速采用基于 IT 系统的采购流程，在线询价和在线拍卖越来越普遍。第四，在中国设立国际采购中心。

二、国际采购服务的概念与内容

国际采购服务是指采购代理商接受客户的委托，办其代办物流服务、资金结算、供应商管理，并按照订单需求准时送达指定地点的过程。

国际采购服务的内容主要包括：

(1) 采购商寻找：帮助国内制造商找到更多海外采购商；

(2) 供应商管理：随时跟进供应商的进度，保证交货时间；

(3) 采购执行服务：为企业寻找最合适的供应商、最优惠的快递公司，降低企业国际采购成本；

(4) 资金结算：在国际采购中提供币种兑换、前期资金垫付等服务。

［案例］ 物流企业在园区内建立专门的网络，配备专业的人员，运用先进的物流管理系统，对来自境外和国内供应商的货物实施有效的库存管理，并根据客户的要求提供企业资金服务，实现供应链上的物流、信息流、资金流三位一体。该物流模式让生产性企业真正实现了“零库存”。其主要业务特点为：一是国内和海外的多家供应商可按订单供货；二是货物在园区内保税存放、组配、简单加工；三是园区内物流公司替国内外供应商管理库存，并向国内生产企业汇报库存信息；四是园区内物流公司根据国内生产企业的实际生产需求，向

其分批或集中配送；五是国内客户可与海外供应商直接结算，也可通过保税物流园区内物流公司结算。其操作流程如图 8—2 所示。

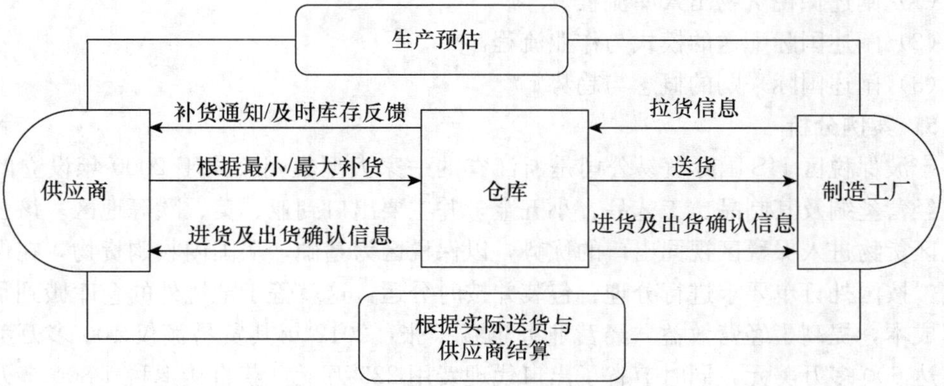

图 8—2　供应商管理库存模式操作流程图

习　题

1. 单项选择题

(1) 不属于保税监管场所的是（　　）。

A. 保税港区　　B. 保税仓库　　C. 出口监管仓库　　D. 保税物流中心

(2) 由境外启运、通过我国陆路运输，不论是否换装运输工具，继续运往境外的货物称为（　　）。

A. 转运货物　　B. 过境货物　　C. 通运货物　　D. 中转货物

(3) 目前被认为政策功能最齐全的海关监管区是（　　）。

A. 综合保税区　　B. 保税物流中心C. 多式联运海关监管中心　　D. 国际配送中心

2. 多项选择题

(1) 按仓库所处地理位置和商品在外贸流通中的职能不同，外贸仓库可分为（　）。

A. 口岸仓库　　B. 中转口岸　　C. 加工仓库　　D. 一般储存仓库

(2) 除了保税港区、综合保税区外，我国海关特殊监管区域还包括（　　）。

A. 保税区　　B. 保税物流园区C. 出口加工区　　D. 跨境工业园区

(3) 与国内配送相比，国际配送具有的特点为(　　)。

A. 国际性　　B. 复杂性　　C. 标准化　　D. 精细化

3. 是非题

(1) 外贸仓库是进出口商品储存、中转、接发的服务场所。一般而言，外贸仓库通常取得海关监管资格，故也属于仓库类监管场所。(　　)

(2) 与国内仓储相比，国际仓储具有环境差异大、信息标准化程度高等特点。(　　)

（3）保税港区、综合保税区与自由贸易区在功能上没有差别。（　　）

（4）多式联运海关监管中心通常设在内陆运输枢纽站。（　　）

4. 简答题

（1）阐述保税货物出入库流程。

（2）阐述国际配送的模式与作业流程。

（3）阐述国际采购的概念与趋势。

5. 案例分析

宁波保税区 HS 国际贸易公司是浙江省的一家大型集团公司于 2000 年设立的全资子公司，经营丝绸及其制品、工艺品、小五金，并主要出口到亚、美、欧等地区。该公司利用非保税区货物进入保税区视同出口的优势，以保税区为基础，从国内收购货物，在保税区进行仓储，按国外订单要求进行分理、包装并按时分运，这就等于把境外的仓库搬到了境内，节约了成本，提高了经营效益。经营业务迅猛扩张，2012 年其贸易额仅 100 多万美元，2014 年已达 600 多万美元，同时节省了出口代理费用 225 万元，获直接退税 1 800 多万元，而如果通过原办法则只能获得 400 万元左右的利益。目前，该公司为进一步利用保税区优势在保税区购买 1.2 万平方米的土地建设仓储加工用房，决定建立丝绸服装的仓储、分理、分运中心。

试回答：什么是保税货物？企业通过保税区开展业务经营有哪些益处？

附　录

附样 1　仓单格式 1

仓单　　　　　　　　　　　　　　　　　　　No. ________

有效期至　　年　月　日止

<table>
<tr><td colspan="2">客户名称：
地址：
代码：　　　　　　联系人：
电话：　　　　　　传真：
合同号：　　　　　特殊养护要求：

到货方式/日期：　　　年　月　日

分割提取：</td><td>原合约号（唛头）：　　　　　验收通知单号：
储存货位：　　　　　　　　　质量证明文件：
产品技术（验收）标准：
计量方式：　　　　　　　　　产地：
车船号：　　　　　　　　　　危险品级别：
损耗标准：　　　　　　　　　收费标准：
包装方式：　　　　　　　　　结算方式：</td></tr>
<tr><td colspan="3">仓储物代码/名称/品种/规格/型号/计量单位及数量</td></tr>
<tr><td colspan="3">说明/备注：</td></tr>
<tr><td>制单：
填发地点/日期：
保管人（章）：
地址：
电话：
出质确认：
转让确认：</td><td>复核：
年　月　日
代码：</td><td>背书栏
客户（存货人/出质人）：
此仓单及其项下的货物全部质押给________。

质权人：</td></tr>
</table>

附样 2　仓单格式 2

________有限公司仓单（正本）

编号：________

货主名称		入库验收单号		备注/批注
品名		商标		
生产厂（产地）		规格、型号		
吨数		台数、件数		
生产日期		提货/出库日期		
入库日期		提货/出库吨数		
货位号		首期仓储付至		
仓库地址		电话/传真		
出库/提货记录：				

制单：________审核：________

出单公司：________（预留印鉴）

法定代表人或授权人：________（签字）

日期：____年__月__日

注意事项：

1. 本仓单分正本、副本，共两份，仓单正本用于提货，副本由出单公司留存，不能用于提货。
2. 本仓单可以背书出质，出质须经出单公司鉴证确认。

附样 3　仓单背书记录栏

仓单背书记录栏

货主（出质人）背书	银行（质押权人）背书	出单单位鉴证确认
此仓单及其项下的货物全部质押给________。 预留印鉴： 经手人： 时间：　年　月　日	盖章： 经手人： 时间：　年　月　日	预留印鉴： 经手人： 时间：　年　月　日

附样 4　国际道路运单

国际道路货物运单

No：000000

发货人： 名称： 国籍：	收货人： 名称： 国籍：
装货地点： 国家　　　　市 街道	卸货地点： 国家　　　　市 街道

货物标记和号码	件数	包装种类	货物名称	体积（m^3）	毛重（kg）

发货人指示	
a. 进/出口许可证号码：　　从　　在　　海关	
b. 货物声明价值	
c. 发货人随附单证	
d. 订单或合同号	包括运费交货点
e. 其他指示	不包括运费交货点

	应付运费			
运送特殊条件	发货人	运费	币别	收货人
承运人意见				
承运人	合计			

编制日期 到达装货　时　分 离去　时　分 发货人签字盖章 承运人签字盖章	收到本运单货物日期 到达卸货　时　分 离去　时　分 收货人签字盖章
汽车牌号　车辆吨位 司机姓名　拖挂车号 行车许可证号　路单号	运输里程　过境里程 收货人境内里程 共计
海关机构记载：	收货人可能提出的意见：

说明：本运单使用中文和相应国家文字印制。

附样 5　国内道路运单 1

本运单经承托双方签章后具有合同效力，承运人与托运人、收货人之间的权利义务和责任适用于《汽车货物运输规则》及《汽车运价规则》等规定。

×××公司道路货物运单

启运日期：　年　月　日　　　　　　　　　　　　　　　　　编号：

承运人		地址 邮编		电话 传真		车牌号		运输 证号		车 型		挂车 牌号	
托运人		地址 邮编		电话 传真		装货 地点							
收货人		地址 邮编		电话 传真		卸货 地点							

货物名称及规格	包装形式	体积 长×宽×高（厘米）	件数	实际重量（吨）	计费重量（吨）	计费里程（公里）	货运周转量（吨公里）	货物等级	运价率	运费金额（元）	其他杂费 费目	其他杂费 金额（元）	保价、保险 费目	保价、保险 金额（元）
											装卸费			
											过路费			
											过桥费			
合计														

货物运单签订地		结算方式	付款币种 / 计价单位		运杂费合计	万　千　百　拾　元　角　分
特约事项			托运人签章或运输合同编号： 年　月　日		承运人签章： 年　月　日	收货人签章： 年　月　日

第一联　存根

注：适用于普通货物运输、大件货物运输、危险货物运输等。

附样 6　国内道路运单 2

本运单经承托双方签章后具有合同效力，承运人与托运人、收货人之间的权利义务和责任适用于《集装箱汽车运输规则》及《集装箱汽车运价规则》的规定。

×××公司道路货物运单

启运日期：　　年　月　日　　　　　　　　编号：

承运人		地址邮编		电话传真		车牌号		运输证号		车型		挂车牌号	
托运人		地址邮编		电话传真		接箱货地点							
收货人		地址邮编		电话传真		卸箱货地点							

集装箱箱型及数量		箱号		封志号		船名	航次	场站货位	卸船或进港日期	提空箱地	还空箱地	箱货交接方式

箱内货物名称及规格	包装形式	体积长×宽×高（厘米）	件数	实际重量（吨）	计费重量（吨）	计费里程（公里）	箱运周转量（吨公里）	货物等级	运价率	运费金额（元）	其他杂费		保价、保险	
											费目	金额（元）	费目	金额（元）
											装卸费			
											过路费			
											过桥费			
合计														

货物运单签订地		结算方式		付款币种 / 计价单位		运杂费合计	万　千　百　拾　元　角　分
特约事项		托运人签章或运输合同编号： 年　月　日			承运人签章： 年　月　日	收货人签章： 年　月　日	

第一联　存根

注：适用集装箱汽车运输。

附样 7 国内道路运单 3

本运单经承托双方签章后具有合同效力，承运人与托运人、收货人之间的权利义务和责任适用于《汽车货物运输规则》及《汽车运价规则》的规定。

×××公司道路货物运单

托运日期： 年 月 日　　　　编号：

起运站：		到达站：		经由：		全程	公里
托运人		地址		电话		邮编	
收货人		地址		电话		邮编	

货物名称及规格	包装形式	体积 长×宽×高（厘米）	件数	实际重量（吨）	计费重量（吨）	计费里程（吨）	运价率（元/吨公里）	运费（元）	站务费（元）	装车费（元）	中转费（元）	仓理费（元）	路桥费（元）	保险、保价费（元）	货位
保险、保价价格： 元		合计													

货物运单签订地		起运日期： 年 月 日	运杂费合计	万 千 百 拾 元 角 分	
特约事项		承运人签章： 年 月 日	托运人签章： 年 月 日	货运站收货人签章： 年 月 日	

第一联 存根

注：适用汽车零担货物运输。

附样 8 汽车货运事故记录

汽车货运事故记录

运单号码	
记录编号	

托运人		地址		电话	
收货人		地址		电话	
车辆单位		地址		电话	

车号		驾驶员		起运日期	年 月 日 时	到达日期	年 月 日 时

出事地点		出事时间	年 月 日 时	记录时间	年 月 日 时

原运单记载	货签号码	货物名称及规格	包装形式	件数	件重	重量	体积	保险、保价价格	备注

事故发生详细情况及原因	

承运人签章	年 月 日	托运人或收货人签章	年 月 日

注意事项	1. 受损方应在签注本记录的次日起 180 天内向对方提出赔偿要求，逾期无效。 2. 责任方应在收到赔偿要求书的次日起 60 天内处理完毕。 3. 本记录应一式三份：承运人、托运人、责任方各一份，每增加一个责任方，增加一份。

附样 9　汽车货运事故赔偿要求书

赔偿要求书

第　　号

索赔人名称		运单号码	
赔偿的货物名称及损失情况			
赔偿款项及计算方法			
货运事故记录编制单位			
希望领款地点及账号			
附件名称与份数			
索赔人（签章） 年　月　日			

赔偿要求书收据

第　　号

兹收到　　　　　于　　年　月　日提出的关于

要求赔偿　　　元的赔偿要求书壹份。

附件：　　　　　　　　经办人（签章）：　　　　　　　年　月　日

附样 10　查询及出质通知书

编号：________________

致：______________________________（监管方）：

贵公司同意为________________________公司（以下简称出质人）存放于贵公司仓库或者场地的下列货物进行保管，并按照深发______________仓监字第______________号《仓储监管协议》的规定履行监管责任。现出质人将上述货物质押给质权人深圳发展银行________________，请贵单位核实下列明细清单中的货物是否处于贵公司的占有和监管之下，如确认无误，请贵单位严格按照《仓储监管协议》履行监管责任；在监管期间，质物的最低价值/数量始终不低于人民币__________万元或者____________吨，在质物的实际价值/实际数量等于质物的最低价值/最低数量时，保证按照《仓储监管协议》的约定给出质人办理提货手续。

货物明细为：

名称	规格	重量	数量	生产厂家	单价	凭证号	货位号

银行（质权人）：深圳发展银行________________

货主（出质人）：________________________

__________年______月______日

附样 11 质物清单

编号：__________

致：深圳发展银行__________

出质人将下表货物存入监管方拥有使用权的仓库/场地，并由监管方进行保管。监管方同意对上述货物进行保管，并按照相关协议履行监管责任。

出质人将下表货物质押给贵行，并对质物的真实性、合法性负责。该质物已经交付给贵行指定的监管方占有、保管、监管，作为深发__________综字第__________号《综合授信额度合同》项下债务的质押担保，本质物清单为深发__________额质字第__________号《最高额质押担保合同》或深发__________质字第__________号《质押担保合同》不可分割的附件，并构成对上述《最高额质押担保合同》或深发__________质字第__________号《质押担保合同》中质押标的的变更。

出质人保证在监管期间，质物的最低价值/最低数量始终不低于为人民币________万元或者__________吨，在质物的实际价值/实际数量等于质物的最低价值/最低数量时，出质人保证按照深发__________仓监字第__________号《仓储监管协议》的约定办理提货手续。

货物明细为：

名称	规格	重量	数量	生产厂家	单价	凭证号	货位号

货主（出质人）签章（预留印鉴）：

________年____月____日

本公司业已收到贵行与出质人共同签发的编号为__________的《查询及出质通知书》，并确认本公司同意对出质人存放于我公司拥有使用权的仓库/场地的货物（详见上表）进行保管，业已知晓我公司保管的出质人的货物（详见上表）质押给贵行。上述质押物确已在本公司的占有、保管、监管之下。本公司将严格按照深发__________仓监字第__________号《仓储监管协议》的规定履行占有、保管、监管责任。

在我公司监管期间，质物的最低价值/最低数量始终不得低于人民币______________万元或者__________吨，在质物的实际价值/实际数量等于质物的最低价值/最低数量时，保证按照《仓储监管协议》的约定给出质人（及其指定人）办理提货手续。

本《质物清单》构成对质押物的确认。

监管方签章（预留印鉴）：

________年____月____日

附样 12　查复及出质确认书

编号：________________

致：深圳发展银行__________

贵行与________________________________公司（以下简称出质人）共同签发的编号为____________的《查询及出质通知书》我单位业已收到。我公司同意为出质人存放于我公司仓库的下列货物按照合同法以及行业惯例以及我公司与出质人之间的约定提供仓储服务，并出具下列仓单/提货单/质押物清单/其他证明我方已保管质押货物的书面凭证。我单位确认出质人所有的仓单/提货单/质押物清单/其他证明我方已保管质押货物的书面凭证（明细见下表）确由我单位签发，仓单/提货单/质押物清单/其他证明我方已保管质押货物的书面凭证所对应的以下货物已经存放入我单位，我单位对该仓单/提货单/质押物清单/其他证明我方已保管质押货物的书面凭证的真实性、有效性负责。我单位业已知晓该仓单/提货单/质押物清单/其他证明我方已保管质押货物的书面凭证载明以下货物已质押给深圳发展银行________________，我单位将严格按照深发__________仓监字第__________号《仓储监管协议》的规定履行占有、保管和监管职责。

货物明细为：

名称	规格	重量	数量	生产厂家	单价	凭证号	货位号

监管方：__________（预留印鉴）

__________年____月____日

附样 13 提货申请书

编号：__________

致：深圳发展银行________

根据深发______仓监字第________号《仓储监管协议》的约定，本公司（在选择项内打“√”）：

□、已将共计________万元的保证金/金钱划入本公司在贵行开立的保证金账户/特户________上，该笔保证金作为深发________综字第________号《综合授信额度合同》项下债务的质押担保。

□、已归还深发________贷字第________号贷款合同项下______万元贷款。

□、以本公司持有的号码为________，出票人为________，金额为________，收款人为________的银行承兑汇票作为深发______综字第______号《综合授信额度合同》项下债务的质押担保。

□、已归还深发________承字第________号汇票承兑合同项下______万元银行承兑汇票。

按照约定，现申请办理如下质押物的提货手续。

货物明细为：

名称	规格	重量	数量	单价	凭证号	货位号	备注

此次提货的价值为________万元，提货经办人为________，身份证号码为__________。

货主（出质人）：________（预留印鉴）

______年____月____日

附样 14　提货通知书

编号：________________

致：______________________________（监管方）

根据深发__________仓监第__________号《仓储监管协议》的约定，本行同意贵公司前来办理下表中质物的提货、出库手续，提货的经办人为__________，身份证号码为__________。请贵公司予以审核并办理以下货品的提货、出仓和出库手续为盼！

货物明细为：

名称	规格	重量	数量	单价	凭证号	货位号	备注

本次提货后，质物的最低价值为__________万元或者最低数量为____________，并构成对授信协议项下质押担保的质物的变更。

深圳发展银行________________（预留印鉴）

指定人员签字：__________（预留签字）

________年____月____日

附样 15　提货通知书（回执）

编号：____________

致：深圳发展银行____________

贵行签发的________号《提货通知书》已经收悉。根据深发________仓监第________号《仓储监管协议》的约定，本公司已办理贵行签发的以上《提货通知书》的提货、出库手续，提货人为________公司。本次提货明细如下表：

名称	规格	重量	数量	生产厂家	单价	凭证号	货位号

本次提货后，质物的最低价值为________万元或者最低数量为________。

监管方：________________________（预留印鉴）

________年____月____日

参考文献

1. 孙家庆编著. 国际物流理论与实务. 大连：大连海事大学出版社，2005
2. 孙家庆，唐丽敏等. 物流战略方案设计. 大连：东北财经大学出版社，2008
3. 梁军主编. 仓储管理. 杭州：浙江大学出版社，2009
4. 田源编著. 仓储管理. 北京：机械工业出版社，2006
5. 蒋长兵等编著. 仓储管理——战略、规划与运营. 北京：中国物资出版社，2010
6. 李永生，郑文岭主编. 仓储与配送管理（第 3 版）. 北京：机械工业出版社，2009
7. 杜会敏主编. 仓储与配送管理. 南京：东南大学出版社，2015
8. 李雪松等编著. 现代物流仓储与配送. 北京：中国水利水电出版社，2007
9. 吉亮主编. 仓储和配送管理. 北京：北京大学出版社，2014
10. 杨敏主编. 配送中心运营管理. 北京：北京理工大学出版社，2007
11. 周万森编著. 仓储配送管理. 北京：北京大学出版社，2005
12. 王成林主编. 配送中心规划与设计. 北京：中国财富出版社，2014
13. 李毅学编著. 物流规划理论与案例分析. 北京：中国物资出版社，2010
14. 黄浩主编. 仓储管理实务. 北京：北京理工大学出版社，2008
15. 朱国俊等主编. 仓储与配送管理. 北京：清华大学出版社，2011
16. 李权等主编. 仓储与配送. 北京：科学出版社，2014
17. 谢毅松等主编. 仓储与配送. 北京：人民交通出版社，2015
18. 刘阳威等主编. 物流仓储与配送管理实务. 北京：清华大学出版社，2013
19. 林芳. 我国物流配送模式研究. 西南交通大学硕士论文，2004
20. 张彦. 基于精益思想的配送中心作业系统分析与优化. 南京航空航天大学硕士论文，2007
21. 李宁. 物流配送网络规划问题研究. 北京交通大学硕士论文，2011
22. 郝红娟. 物流中心仓储区规划方法研究. 吉林大学硕士论文，2007
23. 张连富. 配送中心物流系统规划方法研究. 吉林大学博士论文，2007
24. 吴荣波. 物流中心规划相关问题的研究. 西南交通大学硕士论文，2009
25. 王昭玉. 一汽大众物流仓储中心货位优化研究. 吉林大学硕士论文，2013

教师教学服务说明

中国人民大学出版社管理分社以出版经典、高品质的工商管理、统计、市场营销、人力资源管理、运营管理、物流管理、旅游管理等领域的各层次教材为宗旨。

为了更好地为一线教师服务，近年来管理分社着力建设了一批数字化、立体化的网络教学资源。教师可以通过以下方式获得免费下载教学资源的权限：

在中国人民大学出版社网站 www. crup. com. cn 进行注册，注册后进入“会员中心”，在左侧点击“我的教师认证”，填写相关信息，提交后等待审核。我们将在一个工作日内为您开通相关资源的下载权限。

如您急需教学资源或需要其他帮助，请在工作时间与我们联络：

中国人民大学出版社　管理分社

联系电话：010-82501048，62515782，62515735

电子邮箱：glcbfs@crup. com. cn

通讯地址：北京市海淀区中关村大街甲 59 号文化大厦 1501 室（100872）